Food Service Management

글로벌 시대 외식산업 현장에의 쉽고 빠른 이해와 접근

외식경영의 이해

최병호 저

(주)백산출판사

머리말

오늘날 외식기업은 글로벌화를 통하여 급속한 성장을 거듭하고 있으며 그 규모와 매출 증대 면에서도 다국적 기업으로 성장 발전하고 있는 것이 현실이다.

따라서 외식기업은 외식기업의 성격과 서비스 산업의 성격을 동시에 가지고 있는 복합적이면서도 중요한 연구의 대상임에 틀림이 없다.

급변하는 글로벌 시대 외식산업의 현장을 감안해 볼 때 본서가 외식기업 분야를 공부하는 후학들에게 현장을 빠르고 쉽게 이해하고 외식경영 이론을 정립하는 데 많은 도움이 될 것이라 생각한다.

또한 저자는 호텔 외식현장에서 20여 년간 근무하면서 축적한 현장 경영관리와 대학에서 학생들을 지도하면서 쌓은 연구 경험을 토대로 후학들에게 도움을 드리고자 본서를 준비하였다.

최선을 다했지만 부족한 부분이 많을 것이라 생각한다. 많은 분들의 애정어린 질책과 조언을 바라며 앞으로 더욱 충실한 내용으로 보답할 것을 약속드린다.

끝으로 본서 출간을 위하여 애써주신 ㈜백산출판사 진욱상 사장님과 진성원 상무님께 감사드리며 편집부의 김호철 부장과 직원분들의 노고에도 감사의 말씀을 전하고 싶다.

2020.12

저자 최병호

차례

제 1 장

Food Service Management

외식산업의 이해

학습목표

1. 외식산업에 대해 이해할 수 있다.
2. 외식산업의 분류에 대해 이해할 수 있다.
3. 외식산업의 경영환경에 대해 이해할 수 있다.

Food Service **Management**

Chapter 1

외식산업의 이해

Food Service Management

1 외식산업의 개요와 특징

1) 외식의 의의

외식산업은 경제적, 사회적, 문화적 외부환경 변화에 매우 민감한 산업으로 소비자 욕구의 다양화, 고객 맞춤화, 건강지향, Well-being 푸드 지향 추세 등에 따라 환경이 크게 변화하고 있다. 외식(外食)이라는 단어는 국어사전에서 “집에서 직접 해 먹지 아니하고 밖에서 음식을 사 먹음”이라 정의하고 있다. 특히 인간의 사회활동 증가로 인하여 외식의 횟수와 외식의 범위가 더욱 확대되고 있고, 미래에는 외식과 내식의 구분이 없어지는 시대도 도래할 것으로 예상되고 있다. 외식은 다양한 업종과 업태의 등장, 음식의 다양한 공급방법들, 식생활의 변화, 외식업관련 유통구조 변화 등으로 외식의 범위를 명확하게 규정하기 어렵기 때문이다.

표 1-1 과 같이 조리주체, 조리장소, 취식장소를 중심으로 내식 · 중식 · 외식의 범위를 정의할 수 있다. 내식은 조리주체가 집안의 사람으로 집안에서 조리하여 집안에서 먹는 식사를 말한다. 식품전문점 · 슈퍼마켓 등에서 식재료를 구매하여 가정 내에 있는 사람의 가사노동을 통한 조리작업을 거치게 된다.

중식은 조리주체가 가정 외의 사람으로 조리장소는 원칙적으로 가정 외에 있으며 취식장소가 가정 내에서 이루어지는 식사를 말한다. 델리숍(deli shop)에서 조리된 음식, 인스턴트식품, 편의점의 도시락, 가정식 대용식품(Home Meal Replacement) 등과 같이 반조리 또는 완전 조리된 음식을 테이크아웃, 택배 또는 출장요리 서비스(Catering) 등을 통해 식사를 해결하는 형태를 의미한다.

외식은 집 밖의 사람에 의해 집 밖에서 조리된 음식을 집 밖에서 먹는 식사를 말한다. 멋진 레스토랑에서 식사하는 경우 등이 외식에 해당된다.

도이 토시오(土井利雄)는 내식에 대하여 가정 내의 식사는 가정에서 조리가공을 하는 내식적 내식과 가정에서 일부 조리가공은 하지만 조리된 상품이나 반찬을 말하는 외식적 내식으로 구분하였다. 또한 외식에는 가정에서 먹을 수 있는 식사내용을 가정 외에서 간단하게 먹을 수 있도록 하는 배달도시락, 배달피자 등과 같은 대중적인 식사를 내식적인 외식으로 보았다. 반면에 외식적인 외식은 그야말로 외식의 개념으로 맛있는 음식을 제공하는 전문 외식업체에서의 식사라고 표현하였다.

[표 1-1] 외식과 내식의 개념적 구분

<table>
<tr><th colspan="3">구분</th><th>주요 내용</th><th>특징</th></tr>
<tr><td rowspan="4">식
생
활</td><td rowspan="2">내식</td><td>내식적인 내식</td><td>가정 내의 일상적인 식사</td><td>순수 내식</td></tr>
<tr><td>외식적인 내식</td><td>완제품 또는 반제품을 구입하여 가정 내에서 식사(배달음식, 출장음식)하는 형태</td><td rowspan="2">가정 식사의
연장성
식사형태</td></tr>
<tr><td rowspan="2">외식</td><td>내식적인 외식</td><td>가정 내의 조리식품을 가지고 가정 밖에서 식사(가정에서 만든 도시락)하는 형태</td></tr>
<tr><td>외식적인 외식</td><td>가정 밖의 음식점 등에서 비용을 지불하고 식사하는 형태</td><td>순수외식</td></tr>
</table>

외식의 경우 가정 외에서 생산된 것을 가정 내 · 외를 불문하고 먹는 경우를 어느 정도 외식에 포함시켜야 한다고 주장되면서 인스턴트식품, 레토르트(Retort)식품, 통조림, 냉동식품, 반조리제품 등을 외식에 포함시키는 것도 가능하다고 하였다.

이상에서와 같이 외식에 대한 여러 정의들을 종합해 보면, 외식이란 식생활, 식사, 음식 및 소비자의 식사형태, 장소 등이 가정 내에서 이루어지는지 아니면 가정 외에서 이루어지는지에 따라서 외식과 내식에 대한 정의를 내리는 것이 가장 일반적이라고 볼 수 있다.

외식산업은 외식서비스산업이라고도 하며, 가정에서의 식사 범위를 벗어나 음식과 음료를 생산하고 제공하는 다양한 외식경영활동의 본질적인 요소를 포함하고 있다. 즉 한식, 중식, 일식, 양식, 패스트푸드, 패밀리 레스토랑 등의 일반 외식업체, 호텔의 식음료업장, 단체급식, 아이스크림, 커피전문점, 제과점, 카페 등을 통해 다양하게 이루어지는 아주 넓은 의미의 외식경영활동을 하는 사업들의 집합체이다.

외식산업은 1950~1960년대 미국의 경제발전에 따른 식생활의 변화와 함께 미국에서 'Food service Industry'라는 용어로 정착되면서 사용되었다. 일본에서는 1970년대부터 '외식산업'이란 용어를 쓰기 시작하였다. 우리나라에서는 해외브랜드 외식기업들이 본격적으로 진출하기 시작한 1980년대 후반부터 업소들의 업종 및 업태가 다양해지고 대규모화, 전문화되는 양상이 나타나면서, 외식산업이라는 용어가 본격적으로 사용되기 시작하였다.

따라서 외식산업이란 "식사와 관련된 음식, 음료, 주류 등을 제공할 수 있는 일정한 장소에서 직간접적으로 생산 및 제조에 참여하는 특정인 또는 불특정다수에게 상업적 혹은 비상업적으로 판매 및 서비스 경영활동을 하는 모든 업소들의 집합체"라고 정의 내릴 수 있다.

[표 1-2] **외식산업과 음식점의 차이점**

구분	외식산업	음식점
식자재 유통	도매업자 및 직거래	대형마트 및 재래시장
상권	광역상권	지역중심상권
외식업체 환경	다양성	단일성
교육	매뉴얼 위주	경험 위주
경영방침	경제성, 전문화, 신속성, 표준화	전통, 개성, 독립성, 창의성
조리	대량생산	조리사의 경험과 육감
규모	대규모	소규모

2) 외식산업의 형태

업종(type of business)은 외식업체에서 판매하는 음식을 단순하게 유형화한 것이다. 외식산업은 크게 네 가지로 구분되는데, 한식, 일식, 양식, 중식 등을 말한다. 최근에는 동서양의 음식재료를 혼합한 퓨전음식의 유형과 민족음식(Ethnic Foods)의 유형이 등장하고 있다. 무엇을 먹을 것인지와 무엇을 판매할 것인지에 대한 부분이다.

업태(type of service)란 고객의 다양한 취향이나 기능을 기준으로 가격, 서비스, 서비스 제공시간, 분위기, 판매방법 등에 따라 분류하는 것이다. 예를 들어 레스토랑의 대분류를 서비스, 패밀리 다이닝, 캐주얼 다이닝, 디너 하우스, 디너 다이닝으로 구분하는 방법이다.

어떻게 먹을 것인지와 어떻게 판매할 것인지에 대한 부분이다.

[표 1-3] **업종과 업태에 따른 분류**

구분	특징	유형
업종	• 한식 · 양식 · 중식 · 일식 등 • 영업의 종류 • 생산자 또는 공급자 중심	한국식 레스토랑 서양식 레스토랑 동양식 레스토랑
업태	• 메뉴 · 서비스 · 이용 동기 · 주고객층 · 입지 · 판매방법 · 가격 등 외식의 목적과 동기 • 고객중심, 소비자의 욕구와 이용 동기 중심 • 서비스의 형태	셀프서비스 테이블서비스 카운터서비스

3) 외식산업의 특징

외식산업의 특징을 살펴보면, 음식과 음료를 만들거나 가공한다는 점에서는 제조업과 같지만 일반 모든 불특정 다수에게 직접 판매한다는 점에서는 소매업이고, 상품의 생산 외에 판매장소가 갖는 특성과 인적자원인 무형적 서비스가 판매와 직접 연결되어 있어 매출액에 막대한 영향을 미친다는 점에서는 서비스업의 성격을 갖고 있다. 따라서 오늘날 외식산업은 음식의 제조와 서비스 등이 조화된 복합산업이라 할 수 있다.

이윤화, 김성화의 저서 『2020 대한민국을 이끄는 외식 트렌드』에서는 새롭게 주목할 만한 외식 트렌드 키워드로 제시했다. 인증이나 경험 같은 진실성을 중시하는 외식에서의 소비현상을 엿보는 '좋아요를 파는 식당', 기술과 외식의 만남을 다룬 '잇테크(eat-tech)', 다양한 사회현상에 의해 개인화된 소비성향과 이에 따른 포장 및 배달 외식의 성장, 공유 주방과 구독 경제 등의 이슈를 다룬 '개인주의자들의 외식' 그리고 신(新)한류 열풍에 따른 'K-푸드 열풍' 등을 새로운 키워드로 꼽았다. 셰프 자체가 브랜드가 되어 호텔과의 협업, 다점포화, 가정간편식(HMR) 시장으로 확장해 나가는 '셰프들의 전략적 다이닝 확장' 이슈를 다뤘다(이윤화, 김성화, 2020).

(1) 높은 인적 의존성

외식산업은 타 산업에 비해 서비스부문에서의 높은 인적 의존성이 차지하는 비율이 매우 높다고 볼 수 있다. 따라서 인건비가 차지하는 비중이 매우 높아 노동집약적 산업이라 할 수 있다. 특히 서비스의 제공여부에 따라 기업의 존속여부가 결정되므로 외식산업에서 인적자원이 제공하는 서비스는 매우 중요하다.

(2) 다품목 소량의 주문판매

한국의 외식기업 해외브랜드에는 세계적 대규모의 체인기업도 있으나, 개별 외식업체단위로 보면 영세성을 보인다. 현재 우리나라의 외식업체를 분석해 보면, 직원 4명 이하 외식업체가 전체의 70% 수준이며, 외식업체당 매출액, 직원 1인당 매출액도 타 산업과 비교하여 낮아서 노동생산성도 낮게 나타나고 있다.

외식산업은 진입장벽이 낮아 누구나 쉽게 참여할 수 있는 것으로 인식하고 있다. 그러나 경영자의 자질 부족과 경영전략 등의 실패로 인하여 폐업률이 다소 높은 사업이기도 하다. 또한 대다수의 외식관련 업소들이 영세성으로 인해 임대형식으로 운영하고 있기 때문에 안정성이 낮은 편이다.

(3) 시간과 공간의 제약성

외식산업은 영업이 가능한 시간이 제약되어 있다. 한정된 시간에 대부분의 영업이 이루어지므로 직원들의 인력관리가 필요하고, 공간을 활용할 때도 수요가 불규칙하므로 공간이용에 여러 가지 문제점이 발생한다.

외식산업은 서비스의 제공이 매우 중요한 부분이다. 특히 서비스는 소멸성, 비분리성이라는 특성을 가지고 있는데 외식업체를 이용하는 고객들은 원하는 음식을 먹기 위해 가끔 대기해야 할 때도 있다. 대기는 고객이 서비스받을 준비가 되어 있는 시간부터 서비스가 개시되기까지의 시간을 의미하며, 고객들은 서비스를 제공받기 전, 서비스를 제공받는 도중 그리고 서비스를 제공받고 난 후에 모두 대기할 수 있다.

대기는 시간적, 장소적 제약으로 발생하는 것이지만 모든 고객들이 이것을 이해하는 것은 아니다. 많은 고객들은 대기하는 것을 부정적인 경험으로 인식하고 있다. 따라서 외식업체의 경우 이러한 서비스의 제공을 위해 시간적, 공간적 제약을 잘 해결해야만 할 것이다.

(4) 식자재 부패의 용이성

외식업체에서 음식을 생산하는 식자재와 상품의 보존방법 및 보존기간이 짧기 때문에 관리를 잘 하지 못하면, 부패의 위험성이 매우 높으므로 관리를 잘 해야 한다. 또한 위생관리의 문제도 발생할 수 있으므로 다른 어떤 산업에 비해 위생관리에 특히 관심을 기울여야 하는 산업이다.

(5) 높은 입지의존성

외식산업은 그 영업점을 고객이 스스로 찾아와 상품을 구매하거나 서비스를 제공받는 곳이기 때문에 외식업체의 장소에 따라 영업실적에 큰 차이를 보이게 된다. 따라서 다른 산업에 비해서 입지의존도가 매우 높은 산업이라고 볼 수 있다.

외식업체의 영업은 여러 요인에 의해 결정되지만, 실제로 가장 큰 영향을 주는 요인은 외식업체가 입지한 요인에 의해 영업의 상당부분이 결정되므로 입지의존성이 다른 업종보다 크다고 볼 수 있다. 대부분의 외식업체가 번화가, 역전 오피스가, 교외의

도로변 등에 위치해 있으며, 중소도시에서도 중심가나 주택단지에 있는 것은 입지조건에 의해 영업실적이 크게 좌우된다.

(6) 수요예측의 불안정성

외식산업의 기타 특징들을 보면, 첫째, 직원의 이동이 심하다. 둘째, 타 산업과 비교하여 성장률이 높고 많지 않은 자본으로 창업이 가능하므로 타 업종으로부터 수시로 위협을 당할 수 있다. 셋째, 대량화, 표준화, 전문화 등에 의한 능률향상이 대단히 어려운 산업이다.

다음에 제시된 트렌드의 키워드 변화를 보면, 세월이 흐르면서 새로운 부분이 나타나는 것으로 볼 수 있다.

2015	2016	2017	2018	2019	2020
먹방 신드롬	나 홀로 다이닝	나 홀로 열풍	가심비	뉴트로 감성	그린오션
로케팅 소비	미각 노마드	반(半)외식의 다양화	빅블러	비대면 서비스화	Buy me - For me
한식의 재해석	푸드 플랫폼	패스트 프리미엄	반(半)외식의 확산	편도족의 확산	멀티 스트리밍 소비
		한식의 리부팅	한식단품의 진화		편리미엄 외식

출처 : 농림축산식품부

[그림 1-1] 외식트렌드 키워드 변화

② 외식산업의 분류

외식산업은 각 나라의 국민소득이 향상되면서 다양한 식생활의 변화와 외식행태의 변화를 가져왔다. 각 나라마다 외식산업의 정의와 범위를 합리적으로 설정하기 위한 연구가 이루어져 왔다. 미국과 일본의 경우에는 이미 외식산업의 분류가 체계적으로 이루어져 있으며, 우리나라의 경우에도 시대적인 환경변화에 대응하면서 보다 유연한 외식산업의 분류가 필요한 것 같다. 다음에서는 미국, 일본 및 한국 등이 분류하고 있는 외식산업의 분류체계를 비교함으로써 보다 명확한 외식산업의 범위에 대해 살펴보고자 한다.

1) 미국 외식산업의 분류

미국의 레스토랑협회(NRA)에서는 외식산업을 3가지로 나누어 영리를 목적으로 한 상업적 외식업(Commercial restaurant services)과 공공의 목적을 가진 특정지역과 단체를 위한 비상업적 외식업(Institutional restaurant services), 군인을 위한 외식업(Military restaurant services)으로 분류하고 있다. 외식산업 분류기준은 영리목적, 서비스형태와 수준, 주 메뉴특성, 고객 1인당 평균 객단가, 기타 주류 판매여부 및 결제방법 등이다.

(1) 상업적 푸드 서비스(Commercial restaurant services)

영리를 목적으로 한 사업체 또는 체인 레스토랑 등으로 음식을 판매하는 외식업체를 말한다. 패스트푸드, 패밀리 레스토랑, 커피숍, 카페테리아, 레스토랑, 자동판매기 등을 말한다.

(2) 비상업적 외식업(Institutional restaurant services)

비영리를 목적으로 영업한 단체 급식소를 말하고, 공공의 복지를 위해 운영되는 외식업체를 말한다. 초·중·고 단체급식, 회사 직원을 위한 식당, 병원, 양로원과 고아원 등이 해당된다.

(3) 군인을 위한 외식업(Military restaurant services)

넓은 의미로 비상업적 외식업에 포함할 수 있고, 취사 담당의 병사와 사병들이 담당한다. 급식시설은 고위직 장교와 하사관 등이 이용하는 고급 장교식당과 일반 군인

대상인 셀프 서비스까지 다양하다.

[표 1-4] 미국 레스토랑협회(NRA)의 외식산업 분류

분류		세분류
상업적 푸드 서비스 (Commercial restaurant services)	일반외식업체	• 일반음식점 • 전문음식점 • 카페테리아 • 출장음식 • 일반음식, 아이스크림 판매점
	숙박업음식점	• 호텔 레스토랑 • 모터호텔(Motor hotel)레스토랑 • 모텔 레스토랑
	위탁경영	• 구내식당 • 공장, 사무실, 대학, 병원 등 • 기내식 • 공공시설 구내식당
	기타	• 편의점 • 모빌식당 • 자판기, 포장마차 등 • 일반 오락 및 스포츠센터 음식판매
비상업적 외식업 (Institutional restaurant services)		• 직원 급식 • 초·중·고 단체급식 • 대학교 급식 • 병원 급식 • 양로원, 고아원, 기타 장기 투숙기관 급식 • 클럽, 스포츠, 오락캠프 급식 • 커뮤니티 센터 급식
군인을 위한 외식업 (Military restaurant services)		• 장교식당 및 장교 클럽 • 일반군인 급식

미국은 1997년 서비스산업의 표준산업분류를 SIC 체계로 개편하였다. 외식산업을 서비스의 유형과 수준에 따라 분류하였고, 각각에 대한 정의와 사례가 구체적으로 명시되어 있다. 2002년 북미산업분류체계(NAICS)에 의하면, 외식산업은 숙박 및 외식업 내에서 외식업에 속한다. 외식업은 풀 서비스 레스토랑(full service restaurants), 한정된

서비스 외식업(limited service eating places), 스페셜 외식업(special food services)으로 분류한다.

[표 1-5] 북미산업분류체계(NAICS)에 의한 외식산업 분류

대분류	중분류	소분류	세분류
숙박 및 외식업	외식업	풀 서비스 레스토랑 (full service restaurants)	• 풀 서비스 레스토랑
		스페셜 외식업 (special food services)	• 알코올 음료 판매점 • 알코올 음료를 판매하는 바 • 칵테일 라운지 • 나이트클럽 • 간이주점
		한정된 서비스 외식업 (limited service eating places)	• 한정된 서비스 레스토랑 • 카페테리아 • 스낵과 비알코올올성 음료를 판매하는 바

2) 일본 외식산업의 분류

일본은 통상산업성(경제산업성 ; Ministry of Economy, Trade and Industry)에서 상업 통계의 목적으로 분류된 일본 표준산업분류표를 가장 일반적으로 사용하고 있는데, 일본의 표준산업분류에서는 일반음식점과 유흥음식점으로 구분하고 있다. '일반음식점'은 '즉시 그 장소에서 주로 요리 또는 기타의 식료품을 먹고 마시게 하는 사업소 및 알코올을 포함하지 않은 음료를 먹고 마시게 하는 사업소'로 보고 있다. 유흥음식점은 '즉시 그 장소에서 먹고 마시는 사업소 중 주로 유흥, 먹고 마시게 하는 사업소 및 주로 알코올을 포함하는 음료를 먹고 마시게 하는 사업소'로 정의하고 있다.

외식산업통합조사연구센터에서는 식사 및 음료, 영업 및 비영업을 기본으로 구분하여 외식업을 분류하고 있다. 외식은 급식주체부문과 음료주체부문으로 일차로 구분되며, 급식부문 내에서 다시 영업급식을 별도로 세부 분류하고 있으며, 영업급식 내에 국내선 기내식과 숙박시설 외식을 구분하고 있다.

[표 1-6] 일본 주요 외식산업 분류

분류	내용	
일반음식점	식당, 레스토랑	• 일반식당 • 일본요리점 • 서양요리점 • 중화요리 및 기타 동양요리점
	소바, 우동점	• 소바, 우동점
	스시점	• 스시점
	찻집	• 찻집, 다방
	기타 일반 음식점	• 기타 일반 음식점
유흥음식점	요정 바, 카바레 나이트클럽 주장, 비어홀	• 요정 • 바, 카바레 나이트클럽 • 주장, 비어홀

3) 한국 외식산업의 분류

우리나라는 1980년대 후반부터 외식산업에 대한 연구가 활발하게 진행되었고 점차 발달하기 시작하였다. 우리나라는 정부 주도하에 외식업체에 대한 분류체계가 구분되었다. 지금까지의 분류기준을 보면, 한국표준산업분류표상의 분류(Korea Standard Industrial Classification; KSIC), 식품위생법상의 분류, 관광진흥법상의 분류 등에서 찾아볼 수 있다.

(1) 한국표준산업분류표상의 분류

한국표준산업분류표상의 분류는 산업에 관련된 통계작성을 위한 표준분류로서 산업활동의 동질성을 기준으로 하여 모든 산업활동을 체계적으로 유형화한 것이다. 이 분류에서 음식점업은 접객시설을 갖춘 구내에서 또는 특정장소에서 직접 소비할 수 있도록 조리된 음식물 또는 직접 조리한 음식물을 제공·조달하는 산업활동을 말한다.

외식산업은 대분류인 숙박 및 음식점업 내에 중분류인 음식점 및 주점업에 포함되고 소분류인 음식점업과 주점 및 비알코올 음료점업으로 세분하고 있다.

구내에서 직접 소비할 수 있는 접객시설을 갖추고 조리된 음식을 제공하는 식당,

음식점, 간이식당, 카페, 다과점, 주점 및 음료점업 등을 운영하는 활동과 독립적인 식당차를 운영하는 산업활동을 말한다. 또한 여기에서 접객시설을 갖추지 않고 고객이 주문한 특정음식을 조리하여 즉시 소비할 수 있는 상태로 주문자에게 직접 배달(제공)하거나 고객이 원하는 장소에 가서 직접 조리하여 음식물을 제공하는 경우를 한국표준산업분류에서 정의하고 있다.

[표 1-7] 한국표준산업분류표에 의한 외식산업의 분류

<table>
<tr><th>대분류</th><th>중분류</th><th>소분류</th><th>세분류</th><th colspan="2">세세분류</th></tr>
<tr><td rowspan="17">I
숙박 및
음식점업</td><td rowspan="17">56
음식점 및
주점업</td><td rowspan="17">561
음식
점업</td><td rowspan="5">5611
일반
음식점업</td><td>56111</td><td>한국 음식점업</td></tr>
<tr><td>56112</td><td>중식 음식점업</td></tr>
<tr><td>56113</td><td>일식 음식점업</td></tr>
<tr><td>56114</td><td>서양식 음식점업</td></tr>
<tr><td>56119</td><td>기타 외국식 음식점업</td></tr>
<tr><td>5612
기관
구내식당업</td><td>56120</td><td>기관 구내식당업</td></tr>
<tr><td rowspan="2">5613
출장 및
이동음식업</td><td>56131</td><td>출장음식서비스업</td></tr>
<tr><td>56132</td><td>이동음식점업</td></tr>
<tr><td rowspan="5">5619
기타
음식점업</td><td>56191</td><td>제과점업</td></tr>
<tr><td>56192</td><td>피자, 햄버거, 샌드위치 및 유사 음식점업</td></tr>
<tr><td>56193</td><td>치킨전문점</td></tr>
<tr><td>56194</td><td>분식 및 김밥전문점</td></tr>
<tr><td>56199</td><td>그 외 기타 음식점업</td></tr>
<tr><td rowspan="3">5621
주점업</td><td>56211</td><td>일반 유흥주점업</td></tr>
<tr><td>56212</td><td>무도 유흥주점업</td></tr>
<tr><td>56219</td><td>기타 주점업</td></tr>
<tr><td>5622
비알코올
음료점업</td><td>56220</td><td>비알코올 음료점업</td></tr>
</table>

(2) 식품위생법상의 분류

「식품위생법 시행령」 제21조 영업의 종류에서는 식품접객업이라는 용어로 외식사업의 종류 및 영업내용을 명시하고 있다. 개정 전에는 외식업체를 세분하여 구분하였지만, 개정 후에는 표 1-8 과 같이 음식을 주로 판매하는 휴게음식점영업과 일반음식점영업, 그리고 주류를 주로 판매하는 단란주점영업 · 유흥주점영업으로 대별하여 그 범위 및 내용을 명시하고 있으며 집단급식소의 설치 · 운영과 계약에 따라 음식류를 조리하여 제공하는 위탁급식영업, 빵, 떡, 과자 등을 제조 · 판매하는 제과점영업으로 구분되고 있다. 생활수준의 향상과 외식산업의 국제화가 요구되고 있지만, 아직은 크게 음식점영업과 주점영업으로 대별하고 있다. 식품위생법령에서 외식업체를 구분하는 기준은 주상품이 무엇인지 확인하고, 주류 판매의 허용 여부를 확인한다. 그리고 유흥종사자를 두거나 유흥시설을 갖추고 고객이 노래를 부르거나 춤을 추는 행위는 허용 여부 등에 의해 결정하고 있다. 특히, 주류 판매 여부에 따른 식품접객업의 분류에서 업종별로 규제하고 있는 부분에서는 시대의 흐름에 맞도록 수용 · 개선시켜야 할 부분이 있다.

[표 1-8] 「식품위생법 시행령」 식품접객업의 내용

종류		영업 내용
음식점영업	휴게음식점영업 (신고)	주로 차류, 아이스크림류 등을 조리 · 판매하거나 패스트푸드점, 분식점 형태의 영업 등 음식류를 조리 · 판매하는 영업으로서 음주행위가 허용되지 아니하는 영업. 다만, 편의점, 슈퍼마켓, 휴게소, 그 밖에 음식류를 판매하는 장소(만화가게 및 인터넷컴퓨터게임시설제공업을 하는 영업소 등 음식류를 부수적으로 판매하는 장소를 포함한다)에서 컵라면, 일회용 다류 또는 그 밖의 음식류에 물을 부어주는 경우는 제외함
	일반음식점영업 (신고)	음식류를 조리 · 판매하는 영업으로서 식사와 함께 부수적으로 음주행위가 허용되는 영업
주점영업	유흥주점영업 (허가)	주로 주류를 조리 · 판매하는 영업으로서 유흥종사자를 두거나 유흥시설을 설치할 수 있고 손님이 노래를 부르거나 춤을 추는 행위가 허용되는 영업

종류		영업 내용
주점영업	단란주점영업 (허가)	주로 주류를 조리 · 판매하는 영업으로서 손님이 노래를 부르는 행위가 허용되는 영업
단체영업	위탁급식영업 (신고)	집단급식소를 설치 · 운영하는 자와의 계약에 따라 그 집단급식소에서 음식류를 조리하여 제공하는 영업
다과점영업	제과점영업 (신고)	주로 빵, 떡, 과자 등을 제조 · 판매하는 영업으로서 음주행위가 허용되지 아니하는 영업

③ 외식산업의 경영환경

외식산업의 경영환경은 내부환경과 외부환경으로 구성된다. 외식업체의 내부환경은 조직 내에서 조직목표를 달성하기 위해 필요한 기능들로 구성된다. 내부환경을 이루는 세 가지 기능은 고객과의 접점에서 급식소 정면(front of the house: FOH)인 식단 내에서 수행되는 서비스의 기능과 주방에서 수행되는 급식소 후면(back of the house: BOH)의 기능, 그리고 경영기능을 포함한다.

외식산업 경영자와 직원의 과업 수행에 영향을 미치는 외부환경 요소에는 정부규제, 지역시장 상태, 노동력 시장 상태, 국가경제 상태, 공급업체와의 관계, 새로운 기술, 미디어 등이 포함된다. 역동적으로 변화하는 경영환경 변화에 적절하게 대응하기 위해서 외식산업 경영자들은 외식산업을 둘러싼 내부환경과 외부환경 요소들을 정확하게 인지하여야 한다.

1) 내부환경

내부환경은 고객과 직접 접촉되는 외식업체의 전면인 식당 내에서 수행되는 서비스 기능으로 좌석안내, 판매, 배식서비스, 퇴식, 요금 지불 등의 기능이 포함된다. 외식업체 후면인 주방에서 수행되는 기본기능에는 메뉴계획, 구매, 재고관리, 음식생산, 시설유지 관리 등의 기능이 수행되는데 이 기본 기능은 외식업체가 추구하는 콘셉트와 외식업체를 방문하는 고객의 취향에 따라 다양해진다.

내부환경을 구성하는 경영기능은 계획, 조직, 지휘, 통제의 기능으로 분류된다. 첫째, 계획은 경영기능에서 가장 핵심적인 단계로 적절한 계획이 동반되지 않으면 성공적인 경영을 이루지 못하게 된다. 둘째, 조직이란 조직의 목표를 수립하고, 그 목표달성을 위하여 최선의 방법을 찾는 행위를 의미한다. 조직은 경영 목표가 구체화되면 목표수행을 위하여 요구되는 활동과 부서, 직위나 권한관계를 설정하고, 이를 조직구성원들에게 분담하여 체계적으로 활동하도록 하는 과정을 말한다. 셋째, 지휘는 구성원들이 계획에 따라 업무를 성공적으로 수행할 수 있도록 동기를 부여하고 지도하며 감독하는 행위를 말한다. 넷째, 통제는 조직이 추구하는 목표달성을 위하여 조직구성원이 업무를 정확하게 수행하는지의 여부를 검토하는 것으로 업무수행이 제대로 이루어지지 않으면 이에 대한 시정조치를 강구하는 것을 말한다.

외식업체에서 제공하는 서비스 기능과 주방기능이 경영기능과 유기적으로 연결되면 성공적으로 운영할 수 있을 것이다.

2) 외부환경

외식산업의 외부환경을 샌더스와 힐(Sanders & Hill, 1998)은 7가지로 구분하여 제시하였다.

첫째, 정부규제가 중요하다고 제시하고 있다. 외식산업은 업체의 신고, 자격, 검사, 보고 등 여러 절차에서 정부의 법적인 규제하에 놓여 있어 법과 정치환경이 큰 비중을 차지하므로 외식관리자는 외식산업을 규제하는 법률에 대한 운영지식이 필요하다. 정부규제와 같은 정치환경은 외식산업에 영향을 미치는 중요한 요인으로 볼 수 있다.

둘째, 지역시장 상태가 외부환경으로 외식업체에 영향을 미치고 있다. 외식업체 경영자는 주변 지역시장에 대한 변화에 민감하게 대처해 나가야 한다. 지역시장의 경쟁상태 및 경쟁기업의 개업, 폐업, 주변 도로환경이나 도로패턴의 변화 등이 외식업체에 영향을 미치고 있다.

셋째, 외식업체 직원의 모집 및 고용 등은 노동력 시장상태의 영향을 받고 있다.

노동력 시장상태에 수요, 공급상황이 외식업체 직원들을 고용할 때 영향을 미치게 된다.

넷째, 국가경제 상태는 모든 개개인뿐만 아니라 사업체에도 지대한 영향을 미치는 중요한 요인이다. 외식산업 시장의 규모가 빠르게 커지고 있는 가장 큰 요인은 우리나라의 경제적 발전에 따른 국민소득의 증가로 외식기회가 늘어났기 때문이다.

다섯째, 공급업체와의 관계도 중요한 부분이다. 구매는 내부환경 요소이고, 동시에 외부환경과 관련된다. 외식업체에서 양질의 음식을 제공하기 위해서는 공급되는 식자재의 품질이 매우 중요하다. 믿을 수 있는 공급업체를 선정하여 신뢰를 형성하여 좋은 관계를 유지해 나가는 것이 필요하다.

여섯째, 새로운 기술이 중요하다고 제시하였다. 우리가 누리는 일상생활은 모두 기술과 관련되어 있다. 오늘날 기술의 변화는 급격하게 일어나고 있고, 그 영향력도 점점 커지고 있다. 새로운 정보시스템 소프트웨어와 하드웨어의 도입으로 외식산업은 빠르게 발전하고 있다.

일곱 번째, 미디어가 포함되는데 TV, 라디오, 신문, 인터넷 등으로 볼 수 있다. 이 중 인터넷이나 SNS 등은 시장과 비즈니스에 영향을 미치는 여러 기술들 중 가장 강력한 요소로 외식업체의 경쟁력 및 수행능력을 향상시키며 특히 구매, 판매, 마케팅 분야와 같은 기능적 분야에 큰 효과를 미치고 있다.

사 례

[문화 트렌드] 햄버거 주문도 기계 앞으로? 중 · 장년층 디지털 소외감 극복하려면

▸ 김밥집 무인주문기에서 무인코인노래방까지

4~5년 전부터 대형 패스트푸드점에 등장했던 키오스크가 최근 1~2년 사이 급격히 늘어나고 있다. '천막'이나 '현관'을 뜻하는 터키어에서 유래한 키오스크(kiosk)는 원래 대형 천막으로 만든 간이 시설물을 가리켰는데 유럽의 공원이나 역 앞에서 신문이나 담배 등을 파는 간이매점을 가리킨다. 대도시, 시내 중심지, 프랜차이즈 식당에만 있는 것도 아니다. 동네 김밥집, 돈까스집에도 있다. 외식 프랜차이즈 중 2017년 키오스크를 처음 도

입한 KFC는 불과 1년 만에 거의 모든 매장에 키오스크를 설치했다. 맥도날드와 버거킹 역시 200여 곳에 키오스크를 도입했다.

2017년 5월 가장 먼저 무인편의점을 도입한 곳은 세븐일레븐. 현재 12곳을 운영 중이고 이마트24는 21곳, 씨유와 지에스25도 외식업체 수를 늘려가고 있다. 그 외 무인스터디카페, 무인 PC방, 무인 셀프빨래방 그리고 기존 노래방에 위협적으로 부상한 무인코인노래방 등 디지털 무인시스템은 무섭게 영역을 넓히고 있다.

▶ **인건비 절감, 비대면 선호, 1인 가구의 영향**

최저임금 인상이 가장 큰 이유라는데 굳이 토를 달고 싶지는 않다. 중요한 부분일 것이다. 그러나 최저임금의 인상폭을 거론하지 않더라도 어차피 자영업자에게 인건비 절감 말고 경비를 줄일 수 있는 선택지가 많지 않다.

최근 들어 홀로 아니면 기껏해야 두어 명이 함께 식당을 시작하는 젊은 사장들의 경우 주문을 받고 서빙, 결제를 도와줄 직원이 필요한데 키오스크가 그 역할을 하고 있는 것이다. 키오스크 한 달 대여료는 10~30만 원 수준이라고 한다. 또한 비대면(非對面) 선호의 영향도 있다. 2030세대에서 시작된 비대면 트렌드는 "찾으시는 거 있으세요?"라며 눈 맞추며 다가오는 직원을 불편해 하는 것. 1인 가구의 증가로 혼밥, 혼술, 혼영이 늘어나면서 '무인' 서비스를 더 선호하는 경우다. 혼자 혹은 몇 명인지 일일이 대답하는 것도 불편해서 사장이나 직원 눈치를 보지 않고 1인분만 주문할 수 있고 또 내가 앉고 싶은 자리에 앉을 수 있는 식당을 찾게 된다. 예전엔 고기 1인분만 시켜 먹거나 직장인들 점심시간에 혼자 식당에 가는 것도 눈총받곤 했다. 실제로 무인판매대를 갖춘 곳들 중엔 1인용 좌석을 따로 구비하여 혼밥족들이 마음 편하게 식사할 수 있도록 배려한다.

–오피니언뉴스(2019.8.17)

제 2 장

Food Service Management

외식산업의 서비스운영관리

학습목표

1. 외식산업의 서비스에 대해 이해할 수 있다.
2. 외식산업의 접객서비스에 대해 이해할 수 있다.
3. 서비스 구매과정에 따른 관리에 대해 이해할 수 있다.
4. 서비스의 물리적 증거 관리에 대해 이해할 수 있다.

Food Service **Management**

Chapter 2

외식산업의 서비스운영관리

Food Service Management

1 서비스의 이해

1) 서비스란 무엇인가?

외식산업은 서비스산업 중에서도 대표적인 인적 서비스산업이다. 외식업체에서 제공하는 눈에 보이지 않는 서비스가 외식업체의 품위와 평가를 결정하게 된다. 그렇다면 진정한 의미에서의 서비스란 무엇인가? 서비스는 상황적 환경에 따라 달라질 수 있고, 서비스의 제공자는 의도와는 달리 그것을 받아들이는 사람들의 견해와 개성, 환경 등의 요인들이 크게 지배하기 때문에 한마디로 말하기는 참 어려운 것이다.

흔히 우리는 외식업체를 방문했을 때 개인적으로 받은 서비스의 느낌대로 그 외식업체를 평가하게 되고 서비스 질의 평가는 입에서 입으로 전달되어 그 업체의 서비스 수준과 평가요인이 된다. 서비스의 사전적 정의는 '행위, 과정 그리고 성과'다. 우리 주변에서 발생하고 있는 많은 행위들, 예를 들면 음식점에서 맛있는 식사를 하는 것, 은행에서 돈을 찾는 것, 병원에서 진료를 받는 것, 미용실에서 머리를 하는 것 등은 주로 고객들을 위한 행위이며 과정이자 성과라고 볼 수 있다.

미국 마케팅학회에서는 "서비스란 판매 목적으로 제공되거나 상품판매와 연계해서 제공되는 제 활동, 편익, 만족"이라 정의하고 있다. 즉 서비스는 무형적 성격을 띠는 일련의 활동으로서 고객과 서비스 직원의 상호관계로부터 발생한다. 그리고 고객의 문제를 해결해 주는 것으로 서비스는 서비스 제공자와의 상호작용을 포함하게 된다.

사회가 점차 고도화되고 소비자의 생활방식, 의식구조, 레저패턴 및 가치관 등이 달라지면서 서비스 행위는 점차 고도화, 세련화되고 있다. 특히 외식산업에 있어서 서비스는 매우 중요하다고 볼 수 있다.

패밀리 레스토랑의 식사비용에는 유형적인 식음료 제공에 대한 비용뿐만 아니라 편리한 입지, 고급스러운 인테리어, 아늑한 분위기 등 무형적 요소에 대한 비용도 함께 포함되어 있기 때문에 서비스로 분류된다. 반면에 패스트푸드점은 무형적 부분보다는 음식이라는 유형적 요소가 더 많은 부분을 차지하고 있다.

2) 서비스의 특징

서비스는 무형성, 비분리성, 이질성 그리고 소멸성 등의 네 가지 특징을 지니고 있는데 간략하게 살펴보면 다음과 같다.

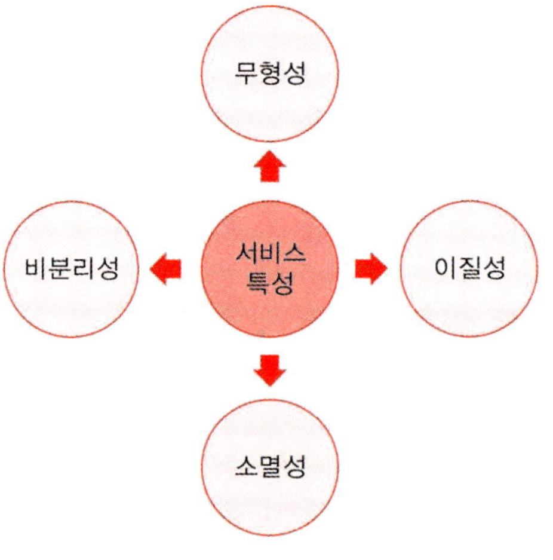

[그림 2-1] 서비스의 특성

(1) 무형성

서비스의 기본 특성은 형태가 없는 무형성이라고 볼 수 있다. 객관적으로 누구에게나 보이는 형태로 제시할 수 없으며, 물체처럼 만지거나 볼 수 없어서 그 가치를 파악하거나 평가하는 것이 어렵다. 레스토랑 서비스, 법률 서비스, 의료 서비스 등이 이런 특성을 잘 나타내고 있다. 이러한 서비스의 무형성으로 인해 서비스상품은 진열하기 곤란하며, 그에 대한 커뮤니케이션도 곤란하다.

무형성 때문에 생기는 불확실성을 줄이기 위하여 구매자는 그 서비스에 관한 정보와 확신을 제공하는 유형의 증거를 찾는다. 레스토랑의 외부 모습은 그 점포에 도착한 고객이 처음으로 보는 것이다. 레스토랑 주변의 배경과 청결 상태는 그 레스토랑의 운영상태를 보여주는 증거를 제공하기도 한다. 즉 여러 가지 유형적 요소들이 무형의 서비스 질에 대한 신호를 제공해 주고 있다.

따라서 무형성으로 인한 이와 같은 문제점을 해결하기 위해서는 실체적인 단서를 강조하고, 구전 커뮤니케이션을 자극하는 방안이 있다. 강렬한 이미지를 창출하고, 구매 후 커뮤니케이션 등에 신경을 써야 한다. 예를 들어 음식점 서비스인 경우 식당의 명성이나 유명도, 외적인 시설 등에서 고객의 관심을 끌 수 있도록 해야 한다.

(2) 비분리성

일반적으로 제품은 생산과 소비가 분리되어 일단 생산된 후 판매되고 나중에 소비된다. 그러나 서비스의 경우 생산과 동시에 소비가 이루어지고 있다.

또 고객들이 참여하므로 집중화된 대량생산체제를 구축하기 어렵다. 제품의 경우에는 구입 전 소비자가 시험해 볼 수 있다. 그러나 서비스의 경우에는 구입 전 시험할 수 없다. 서비스는 사전에 품질통제가 어렵기 때문에 비분리성에 따른 여러 가지 문제들을 해결하기 위해서는 고객을 응대하는 서비스 직원을 신중하게 선발하고, 관리해야 할 것이다.

예를 들면 어느 음식점에서 요리가 훌륭했다 하더라도 서비스를 제공하는 직원의 태도가 좋지 않다든가 주의성이 없는 경우, 고객은 그 음식점에 대해 전반적으로 좋지 않는 경험으로 기억되고, 평가하게 될 것이다.

(3) 이질성

서비스의 과정에는 여러 가지 변수들이 많기 때문에 한 고객에 대한 서비스는 개인별로 차이가 있을 수 있다. 이것을 서비스의 이질성이라고 한다. 같은 서비스업체에서도 직원에 따라 제공되는 서비스의 내용이나 질에 차이가 있을 수 있다. 또 같은 직원이라도 시간이나 고객에 따라 다른 서비스를 제공할 수 있다.

예를 들면 어떤 고객의 경우 어느 날은 좋은 서비스를 받고, 다음 날 같은 직원으로부터 호의적이지 않은 서비스를 받을 수도 있다. 마음에 들지 않는 서비스를 받은 경우 그 직원의 건강상태나 감정에 문제가 있을지도 모른다. 따라서 서비스는 생산과 소비가 동시에 일어나기 때문에 질적 수준을 관리하는 데 많은 어려움이 따른다.

(4) 소멸성

서비스는 1회로 소멸하는 것이고, 그 이후에 서비스의 편익도 사라진다. 그러나 제품은 구입된 후에 그 상품의 물리적 형태가 존재하는 한 몇 회라도 반복하여 사용할 수 있다. 저장되지 않는 이러한 특성을 서비스의 소멸성이라고 한다. 따라서 이를 해결하기 위해서는 수요와 공급 간의 조화를 이루는 전략이 필요하다.

외식업체에서 예약을 하고 나타나지 않는 고객으로 인해 다른 고객에게 서비스를 제공하지 못했다면, 그 외식업체에서는 커다란 손실을 입게 된다. 따라서 서비스 수익의 최대화를 위해 판매를 위한 수용능력과 수요를 적절히 관리해야 한다.

3) 서비스의 부수적인 특성

서비스는 여러 가지 부수적인 특징을 가지고 있는데 이는 다음과 같이 요약할 수 있다.

서비스는 소유권의 이전을 수반하지 않고, 서비스의 중요한 가치는 고객과 서비스 제공자 간의 상호작용 가운데 생산된다. 서비스는 인력에 의존하는 경우가 많고, 서비스의 수요, 공급에는 시간적, 공간적 조절이 중요한 요소가 된다. 서비스의 평가는 주로 고객들이 주관적으로 하고, 서비스의 유통경로는 존재한다고 해도 매우 짧으며, 서비스는 생산계획이 확실하지 않다. 서비스품질의 평가는 즉시 이루어지는 경우가 많고, 마지막으로 제품의 혁신은 소재 및 과정 기술에 민감하고, 서비스 혁신은 정보와 커뮤니케이션 기술에 민감한 편이다.

② 외식산업의 접객서비스

1) 접객서비스의 의의

접객서비스 관리항목
환영(고객 맞이), 예약확인, 대기, 테이블안내, 착석, 메뉴판 제공, 주문받기, 주문서 작성법, 주문전달방법, POS(Point of Sales), 음식 서빙방법, 식사 중 서비스, 식기 치우기와 디저트 제공, 배웅, 계산방법, 전체적 관리 및 점검

외식산업에 있어서 접객서비스는 고객이 있어야만 가능하다. 외식업체의 분위기가 훌륭하고 맛있는 음식, 정중한 서비스, 청결한 환경 등이 구비되어 있는 경우에 반드시 고객이 방문해야 의미가 있으며, 사업으로서의 가치가 있다.

고객이 존재하지 않는다면 외식업체의 존재가치가 사라지게 되는 것이다. 직원이 바쁘기 때문에 기다려야 되는 것이 당연하다거나 불친절한 행동과 불량한 태도는 고객의 지지를 잃고 만다. 몸도 마음도 모두가 고객 지향적이며 고객입장에서 이해할 때 접객서비스는 시작되는 것이다.

외식산업에서 접객서비스란 "직업에 대한 강한 의지적 욕망과 전문적인 지식을 소유하고 고객에게 취하게 되는 직원의 모든 행동과 태도에 대한 표현이다"라고 정의할 수 있다. 따라서 접객서비스는 고객의 입장에서 즐거움과 쾌적함을 느낄 수 있도록 노력과 정성이 수반되어야 하며, 어떤 고객에게나 최상의 친절과 진정성을 가지고 서비스를 해야 한다. 접객서비스는 고객에 대한 단순한 형식보다는 마음속에서 우러나는 서비스를 제공해야 하는 것이다.

고객서비스에 있어 고객에 대한 성의 있는 서비스는 매출을 올리는 데 기본적으로 중요한 요소라고 할 수 있다. 그렇다면 서비스가 좋은 외식업체라는 평가를 받기 위해서는 어떠한 점이 잘 지켜져야 하고, 준비되어야 하는 것일까?

첫 번째 매장이 깨끗해야 한다. 판매하는 상품이 아무리 우수하고 가격이 저렴하다 해도 외식업체 내부가 불결하다면 고객은 이러한 외식업체를 다시는 방문하지 않을 것이다.

두 번째 직원이 친절해야 한다. 고객의 눈을 보면서 응대하고, 미소 짓는 직원은 좋은 품질의 상품 이상으로 고객을 외식업체로 유인하는 요소이다.

세 번째 고객들에게 신속하게 서비스를 제공해야 한다. 절도 있고 정확하며, 신속하게 고객을 응대하는 태도를 현재 판매업계에서는 공통적으로 실행하려 노력하는 상황이다. 이제는 고객이 외식업체를 평가하는 수준이 높아져 질 높은 서비스를 제공받기를 원하는 것이다.

네 번째 직원의 복장, 용모이다. 아무리 직원의 얼굴이 잘생기고 태도가 공손하더라도 복장도 준수해야 고객이 서비스받는 느낌을 받을 것이다. 고객을 상대하는 경영주 이하 직원은 항상 자신의 용모, 복장을 점검해야 할 것이다.

2) 접객서비스의 기본 전략

인간의 서비스에 대한 사고방식은 진심으로 상대방에게 최선을 다해야 사업의 성공까지 연결된다는 것을 인식해야 한다. 인적 서비스 역할의 중요성이 커지는 외식산업에서 서비스 매뉴얼을 통해 교육과 훈련이 계속 이루어져야 할 것이다. 접객서비스를 실행하기 위한 기본적인 전략으로 복장, 태도, 웃는 얼굴 그리고 배려 등에 대하여 살펴보면 다음과 같다.

[표 2-1] 비언어적 메시지

비언어적 메시지	
시각적 요소	얼굴, 안색, 눈의 움직임, 미간 주름, 시선 처리 등 시각적 요소에 영향이 가장 큰 것은 미소와 끄덕임 그리고 시선
청각적 요소	목소리톤, 높낮이, 템포, 리듬 언어의 버릇(표현이나 자주 사용하는 용어 등), 청각적 요소에 가장 영향이 큰 것은 목소리 톤과 리듬
후각적 요소	후각적 요소에 영향이 가장 큰 것은 향기. 좋은 향기는 마음을 편안하게 만들어줌
신체감각적 요소	몸의 움직임, 제스처, 행동, 팔짱, 머리 혹은 코를 만진다. 호흡의 깊이 등 신체적 요소에 가장 영향이 큰 것은 제스처, 손가락을 사용하는 것, 팔짱을 끼는 것, 코를 만지는 등의 행동패턴

(1) 태도

복장, 옷차림이 단정하면, 다음으로 중요한 것은 직원이 고객을 대하는 태도이다. 이를 위해서는 고객 맞이, 식사제공 그리고 배웅 등에 이르기까지 직원의 태도 즉, 동작이나 말씨가 고객의 눈으로 보아서 호감이 가도록 해야 한다. 그중에서 가장 중요한 것은 자신의 점포 특성에 맞추어 접객 동작이나 말씨의 기준을 명확히 해두는 것이다. 따라서 이러한 기준들을 명확하게 정하고, 직원들을 교육, 훈련함으로써 철저하게 실행해 가는 것이 필요하다.

(2) 복장, 몸차림

고객에게 환영의 마음, 환대하는 마음을 표현하기 위해서는 우선 복장, 몸차림이 단정해야 한다. 단정한 복장, 몸차림을 위해서는 다음과 같은 몇 가지 내용들을 고려해야 할 것이다.

첫째, 외식업체 사정에 맞게 직원들의 복장, 몸차림 등 각 항목에 대한 기준을 명확히 한다. 조리장, 영업장에 있어서의 기준을 남녀별로 자신의 점포에 맞도록 알기 쉽게 리스트를 만들어 채용할 때부터 이 기준을 반드시 지키도록 새로운 채용자에게 철저히 가르치는 것이 중요하다.

둘째, 무엇보다도 먹는 일에 관한 것이기 때문에 '청결해야 한다'는 것이 필수조건이다. 머리끝에서 발끝까지 늘 청결을 염두에 두고 복장과 몸가짐을 생각해야 한다.

셋째, 외식업체는 고객이 주역이 되며 직원은 '고객이 음식을 즐길 수 있도록 협조' 하는 보조역할을 하는 사람이다. 이런 점에서 절대로 직원이 고객보다 더 눈에 띄는 존재가 되어서는 안 된다. 항상 검소한 복장, 몸차림을 갖추는 것이 원칙이다.

(3) 웃는 얼굴

웃는 얼굴은 상대방을 환영한다는 의지표시 수단으로 환대하는 마음을 표현하는 최고의 수단이라 할 수 있다. 맥도날드 햄버거 메뉴판에는 '스마일 프리', 즉 미소는 무료라고 쓰여 있다. 이것은 '우리 점포에서 파는 햄버거나 튀긴 감자 속에 당연히 이 미소가 들어 있지 않은 상품이라면, 고객에게 대금을 받지 않겠다'고 하는 사상, 이념을 스마일 프리라는 말로 표현하고 있는 것이다. 여기에는 '웃는 얼굴이야말로 고객과 가장 가까워지는 가장 좋은 방법이다'라고 하는 맥도날드 창시자의 경영철학이 담겨 있는 것이다. 미소 띤 얼굴의 서비스도 상품인 것이다. 따라서 '미소도 상품이다'라고 하는 사고방식을 직원을 채용할 때부터 철저하게 가르치는 것이 중요하다.

(4) 배려

외식업체에 오는 고객은 그 점포의 직원에게 항상 고객으로서 대우받기를 원하고 있고, 무엇인가를 스스로 해주기를 기대하고 찾는 것이다. 예를 들어 컵에 물이 조금밖에 남지 않았다면 다시 따라주는 것이다. 고객이 요구하기 전에 행동을 취하는 것이 서비스인 것이다. 직원은 항상 테이블에서 눈을 떼지 말아야 한다. 조리장에서 객석까지 요리를 이동할 때도, 식사가 끝나 치울 때도 항상 테이블 위를 주시하고 있어야 한다.

특히 만원일 때보다는 객석의 20~30%가 찼을 경우에 무료한 시간의 배려방법이 더욱 중요하다. 왜냐하면 만석일 때에는 전 직원이 긴장되어 있기 때문에 큰 실수도 없을 뿐만 아니라 고객들도 '만원이니까' 하고 조금은 관대하게 보고 참아주기 때문이다.

3) 감동의 접객서비스

음식 맛은 시간이 지나면 잊기 쉽지만 서비스는 여전히 고객의 마음속에 자리 잡게 된다. 특히 불친절한 서비스는 고객의 마음속에 간직되어 다시는 그 업소를 찾지 않게 만들지도 모른다. 모든 소비자를 모두 충족시킬 수 있는 서비스는 없다. 그러나 여러 소비자들에게 인정받을 수 있는 서비스는 분명히 우리 가슴속에 존재한다. 그것은 진실에서 우러나오는 가식 없는 미소, 따뜻한 몸가짐, 격의 없는 말 한마디 등과 같은 평범한 것들이라고 볼 수 있다.

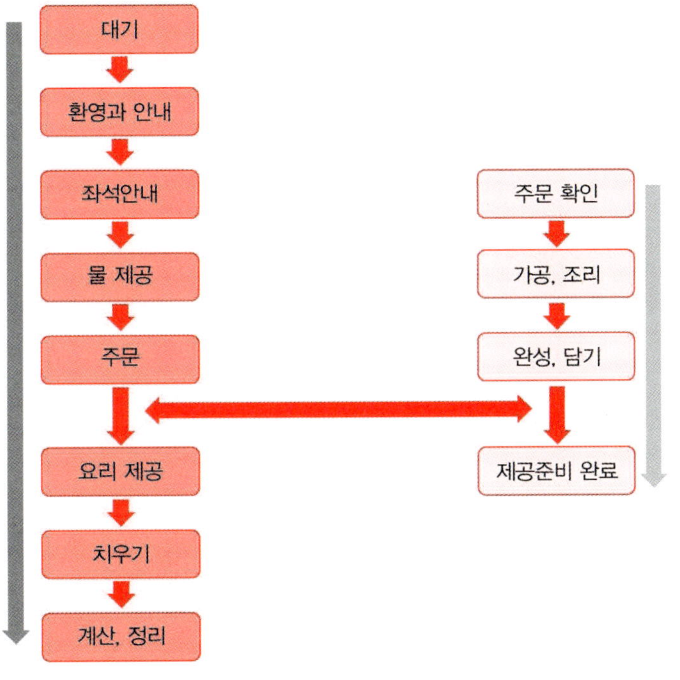

출처: 최병호, 이현재(2015)

[그림 2-2] 고객서비스 요령

4) 데이터베이스 정보의 구축

고객이 단골집이라 생각하고 방문하는데, 직원 누구 하나 알아주는 사람이 없다면 고객은 실망할 것이다. 이 같은 관점에서 외식업체에서는 데이터베이스의 정보를 구축하여 전략적으로 이용하는 것이 바람직하다.

고객의 이름, 나이, 주소, 직업, 소득수준, 즐겨 찾는 메뉴, 생일, 결혼기념일 등 개인적인 자료를 컴퓨터에 수록하여 1:1 서비스 전략을 펼쳐나가는 것이다. 그래서 다음 번 방문한 점포에서 자기의 이름을 기억해 주고, 결혼기념일에 축하전보를 받아볼 수 있다면 고객들은 매우 즐겁고 기뻐할 것이다. 고객감동은 큰 격식이나 없던 서비스를 개발하는 데 있는 것이 아니고, 말 그대로 고객을 따뜻하게 대하고 고객과 친해질 수 있는 분위기를 만들어나가는 데 있다.

5) EAST산업

외식산업을 두고 EAST산업이라고 한다. 말 그대로 먹는 산업이다. 그런데 우리가 알고 있는 음식만을 먹는 것은 아니다.

첫째, 오락, 즐거움(Entertainment)이 있다. 피자집에 오는 고객들은 단지 배고픔을 채우기 위해서 오지 않는다. 피자문화 자체를 체험하고, 피자를 먹는 즐거움이 좋아서 방문하는 경우가 많다.

둘째, 분위기, 환경(Atmosphere)이 좋아야 한다. 고객은 언제, 어느 업소를 방문하든지 자기가 찾는 곳이 쾌적한 공간이기를 원한다. 특히 정중한 서비스를 받으며 음식을 맛있게 먹고 나오다가 문득 주방의 불결한 모습들을 보았을 때 고객은 기분이 많이 상할 것이다. 또한 직원들은 먼저 청결하고 산뜻한 이미지를 줄 수 있어야 하며, 이들의 옷차림, 말씨 등이 점포에서 취급하는 메뉴와 인테리어, 음악 등과 조화를 이룰 때 고객은 맛은 물론이고 그 분위기에 젖어들 수 있을 것이다.

셋째, 위생(Sanitation)이 좋아야 한다. 외식업체의 위생은 어떠한 서비스보다 우선되어야 하며, 백번을 강조해도 지나치지 않음을 명심해야 한다.

넷째, 맛(Taste)을 먹는다. 소비자가 찾아가는 외식업체의 음식 맛은 고객의 취향에 맞아야 한다. 그러기 위해서는 고객의 입맛이 어떻게 변해 가는지 면밀히 분석할 필요가 있다.

이처럼 EAST를 충족시키기 위해서는 서비스가 기본이 되어야 한다. 적절한 서비스 없이는 아무리 좋은 환경, 음식, 분위기, 깨끗한 위생시설 등이 있다고 해도 물거품이 될 수 있다. 따라서 서비스는 외식경영의 시작이며 과정이고, 마지막이 되어야 한다. 외식산업을 두고 인적 서비스산업이라 부르는 것도 사람이 최고의 제품이 되어야 하기 때문이다.

③ 서비스 구매과정에 따른 관리

1) 서비스 과정의 중요성

서비스 과정이란 서비스가 전달되는 절차나 그 활동들의 흐름이다. 서비스의 과정은 서비스상품 그 자체이기도 하고, 동시에 서비스 전달과정인 유통의 성격도 있다.

서비스는 동시성과 분리성 때문에 고객과 분리해서 생각할 수 없다. 서비스의 고객은 서비스가 이루어지는 과정 안에서 일정한 역할을 수행한다. 예를 들어 자동차 같은 상품을 구매한 고객은 자동차의 제조과정에 대해서는 별 관심을 두지 않는다. 그러나 근사한 레스토랑에 방문한 고객들은 음식뿐만 아니라 레스토랑에 도착하여 자리에 앉아서 안락한 분위기를 즐기며, 주문을 하고, 음식을 받고 식사하는 전 과정과 서비스를 받는 과정에서 얻어지는 경험을 훨씬 더 중요하게 생각한다.

이러한 서비스 과정의 단계와 서비스 제공자의 처리능력은 고객의 눈에 정확하게 보인다. 그러므로 이러한 일련의 과정들은 서비스품질을 결정하는 데 매우 중요한 역할을 하고, 구매 후 고객의 만족과 재구매 의사결정에도 영향을 끼칠 수 있다.

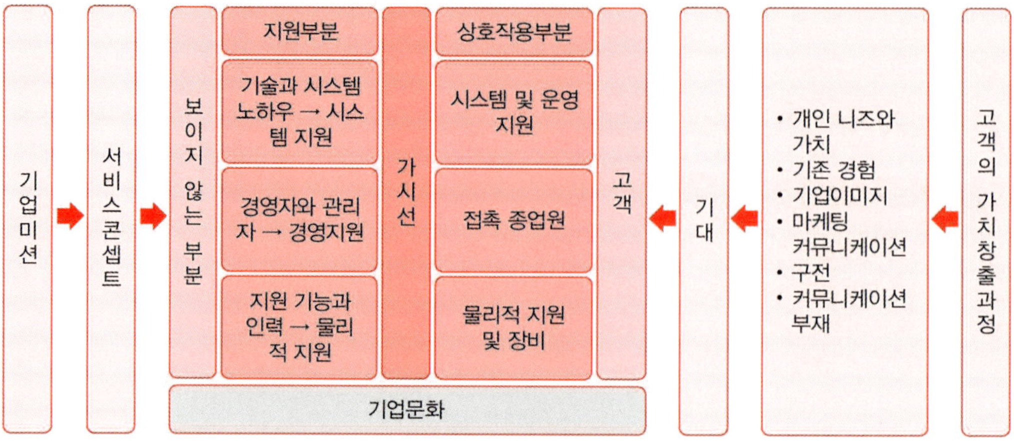

출처 : Gronroos(2007)

[그림 2-3] 서비스 프로세스 모델

2) 서비스 구매과정에 따른 관리

(1) 서비스 구매 전 과정

가. 대기관리의 중요성

서비스는 소멸성, 비분리성 때문에 고객들이 서비스를 받기 위해 종종 기다려야 한다. 서비스를 받고자 하는 고객은 많은 반면에 서비스를 제공하는 시설은 부족한 경우가 있다. 이때 고객들이 줄을 서서 기다리는 대기의 상황이 발생한다. 고객의 대기를 효과적으로 관리하여 고객에게 만족을 주기 위해서는 다음의 원칙들을 알고 있어야 한다.

첫째, 아무것도 하지 않고 대기하는 것이 뭔가를 하고 있을 때보다 더 길게 느껴진다. 둘째, 언제 서비스받을지 모른 채 무작정 대기하는 것이 얼마나 기다려야 하는지를 알고 기다리는 것보다 대기시간이 더 길게 느껴진다. 셋째, 불공정한 대기시간이 더 길게 느껴진다.

가장 이상적인 상황은 대기를 만들지 않는 것이지만, 서비스는 소멸하는 성격을 가지고 있다. 따라서 수요가 항상 일정하여 도착하는 고객의 수를 완전히 파악할 수 있을 때와 전적으로 예약시스템에 의해 손님받는 경우를 제외하면 대기상황은 발생할 수밖에 없다.

나. 대기관리를 위한 서비스 기법

① **예약제도의 활용** : 예약을 활용할 때에는 중복예약에 관한 방침을 미리 정하는 것이 중요하다. 일반적으로 예약에 대해서는 부도율이 어느 정도 존재하기 때문에 일정 수준의 초과예약을 받게 된다.

② **커뮤니케이션의 활용** : 고객들은 서비스 시설에 도착하기 전에 가장 혼잡한 시간을 알고 있지만, 유사한 생활패턴으로 인하여 가장 혼잡한 시간에 고객들이 많이 모이는 경우가 있다. 다소 한가한 시간에 도착하는 고객에게 인센티브를 제공하는 커뮤니케이션 전략을 사용한다.

③ **공정한 대기시스템의 구축** : 먼저 온 사람이 먼저 서비스를 받는 원칙이 지켜져야 한다는 것이다. '식사하기 전에 정당하게 대기하는 것은 상관없지만, 늦게 온 다른 손님이 먼저 식사하게 되는 상황이 발생하면 소비자들은 불만을 가지게 된다. 이때 반드시 인식해야 하는 것은 예약과 도착순서의 원칙 중 어느 것에 우선하느냐는 것이다. 만일 예약손님과 예약 없이 방문한 손님을 분리할 수 없다면 예약한 부분을 반드시 주지시켜야 할 것이다.

다. 대기관리를 위한 고객의 인식관리 기법

① **서비스가 시작되었다는 느낌을 주어야 한다.**

서비스가 제공되기 전의 대기가 서비스가 이루어지는 과정 중의 대기보다 더 길게 느껴지기 때문에 기업은 고객에게 서비스가 시작되었다는 느낌을 주는 것이 필요하다. 아무것도 하지 않고 기다리는 것이 뭔가를 하는 것보다 더 길게 느껴질 수 있으므로 간단히 읽을거리나 TV 등의 볼거리를 제공하는 것이 필요하다.

② 총예상 대기시간을 알려준다.

"앞의 대기 손님이 00명입니다.", "00분만 기다리십시오"와 같은 정보를 제공하면 고객들은 막연히 기다리기만 하는 것이 아니라 다른 방법을 찾기 위해서 대기를 포기하거나 아니면 참을성 있게 기다릴 수 있다. 즉 고객이 선택할 수 있는 기회를 제공하는 셈이 된다.

③ 고객 유형별로 대응한다.

고객을 성격에 따라 분류하고 차별적인 대응을 할 수 있다. 고객에 따라 품질선호자, 시간선호자, 중립자 등의 세 가지 계층을 찾아볼 수 있다. 이 중에서 특히 시간선호자는 전체 만족에 대한 표현에서 대기선의 길이를 강조하기 쉽다.

예를 들어 항공서비스와 호텔서비스에서는 체크인과 체크아웃을 신속히 처리하기 위해 회원제도를 만들어놓기도 한다. 외식업체에서는 빨리 먹을 수 있는 음식의 메뉴와 시간적 여유를 가지고 음식을 즐기며 식사할 수 있는 메뉴의 선택을 도와줄 수 있어야 한다.

(2) 구매과정(MOT관리)

고객과의 접점에서 발생하는 결정적 순간이 중요한 것은 고객이 경험하는 서비스 품질이나 만족도는 소위 곱셈의 법칙이 적용된다는 것이다. 여러 번의 결정적 순간 중 한 가지가 나쁜 경우 한순간에 고객을 잃어버릴 수 있기 때문이다.

경영학에서 서비스접점을 강조하는 'MOT'라는 개념이 있다. MOT는 스페인의 투우용어인 'Moment de la Verdad'를 영어로 옮긴 것인데, '피하려 해도 피할 수 없는 순간' 또는 '실패가 허용되지 않는 매우 중요한 순간'을 의미한다. 그 후 MOT는 스칸디나비아 항공사의 사장에 취임한 얀 칼슨(Jan Carlzon)이 1987년에 『Moment of Truth』란 책을 펴낸 이후부터 MOT란 말이 급속히 보급되었다. MOT란 '고객이 기업조직의 어떤 한 측면과 접촉하는 순간을 말하며, 서비스품질에 대한 인상을 얻을 수 있는 순간'을 뜻한다. '진실의 순간' 또는 '결정적 순간'으로 제시되고 있다. 다시 말하면, MOT는 '고객이 기업의 종사자 또는 특정 자원과 접촉하는 순간으로 그 서비스품질에 대한 인상을 얻을 수 있는 순간'을 뜻한다.

그리고 서비스 관리의 입장에서는 접점에 있는 직원들의 접객태도에 신경을 써야 할 것이다. 왜냐하면 중요하다고 인식되지 않는 안내원, 경비원, 주차장 관리원, 전화교환원, 상담접수원 등 일선 서비스 직원들의 접객태도가 회사의 운명을 좌우할 수 있기 때문이다. 결정적 순간 하나하나가 그 자체로서 상품인 것이다. 따라서 서비스 생산 및 제공에서 결정적 순간들이 제대로 다루어지도록 계획하고 실시해야 한다. 결정적 순간을 제대로 관리하지 않으면 서비스의 품질이 평범하거나 형편없는 것으로 인식될 수 있다.

서비스를 경험하는 고객은 직원 혹은 물리적 환경과 접하는 매우 짧은 순간에 그 서비스를 평가하고 만족하거나 불만을 갖게 된다. 따라서 결정적 순간을 위해 서비스가 이루어지는 과정을 적절하게 설계하고, 그 서비스의 품질을 개선하려고 노력하는 것은 매우 어렵지만 중요한 일이다.

(3) 구매 후 과정

고객이 구매한 후에 서비스 제공이 완료되었다고 고객기대에 대한 관리가 끝나는 것은 아니다. 구매 후 단계에서 고객기대관리를 위한 서비스 기업의 전략은 크게 세 가지로 나누어 생각해 볼 수 있다.

첫째, 서비스 기업은 기대가 충족되었는지에 대한 여부를 확인하기 위해서 고객들과 반드시 커뮤니케이션을 잘 해야 한다.

둘째, 서비스 기업은 사후관리 프로그램을 개발하여야 한다.

셋째, 서비스 기업의 입장에서는 미래 고객기대를 관리한다는 차원에서 불만족 고객들을 처리하는 프로그램을 개발해야 한다.

4 서비스의 물리적 증거 관리

1) 물리적 증거의 정의

물리적 증거(Physical Evidence)는 서비스가 전달되고 서비스 기업과 고객의 상호작용이 이루어지는 환경을 말한다. 이는 무형적인 서비스를 전달하는 데 동원되는 모든 유형적 요소를 포함한다.

물리적 증거는 고객의 구매 의사결정에 영향을 미친다. 또한 서비스품질에 대한 단서로서 고객의 기대와 평가에 영향을 준다. 뿐만 아니라 이것은 서비스 직원의 태도와 생산성에 영향을 주는 유형의 요소로 작용한다.

물리적 증거는 물리적 환경과 기타 유형적 요소로 구성된다. 물리적 환경요소는 크게 외부환경(간판, 주차장, 건물, 토지 등)과 내부환경(디자인, 배치, 설비, 실내장식 등)으로 구분할 수 있다. 물리적 증거의 구성을 살펴보면 표 2-2 와 같다.

[표 2-2] 물리적 증거의 구성

물리적 환경	외부환경	시설의 외형, 간판 등의 안내표지판, 주차장, 주변 환경
	내부환경	내부 장식과 표지판, 벽의 색상, 가구, 공기의 질/온도
기타 유형적 요소		직원의 외모/ 유니폼, 광고, 팸플릿, 메모지, 티켓, 청구서, 영수증 등

2) 서비스의 직원 관리

(1) 내부마케팅의 중요성

서비스 기업은 두 종류의 고객을 갖고 있다. 하나는 통상적인 의미에서의 고객으로 외부고객이다. 다른 하나는 기업의 직원인 내부고객이다. 서비스 기업은 외부고객에게는 상품을 판매하고, 내부고객에게는 내부 상품으로서의 업무를 판매한다. 내부마케팅이란 직원을 최초의 고객으로 보고 그들에게 서비스 마인드나 공개지향적 사고를 심어주며 더 좋은 성과를 낼 수 있도록 동기부여하는 활동이라 정의할 수 있다.

서비스 제공에서 직원은 결정적인 중요한 역할을 수행한다. 그 이유는 첫째, '그들

자체가 서비스'이기 때문이다. 특히 미용사나 변호사, 의사 등의 경우엔 더욱 그렇다. 둘째, '그들은 고객의 눈에 비치는 조직 그 자체'이기 때문이다. 그들은 기업의 이미지를 형성하는 데 매우 중요한 역할을 한다. 이것을 인식한 디즈니랜드는 직원들에게 'On-Stage자세'를 교육하고 있다. 셋째, '그들은 마케터'로서 직원 스스로가 마케팅 활동을 수행하고 있기 때문이다. 그림 2-4 는 기업-직원-고객의 관계에 따른 마케팅 개념을 설명하고 있다.

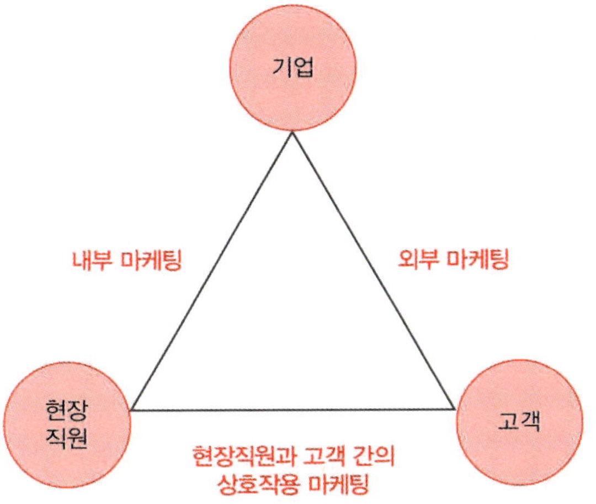

출처: Zeithmal & Bitner(1996)

[그림 2-4] 기업-직원-고객의 관계에 따른 마케팅 개념

(2) 내부마케팅의 실천방안

직원의 서비스 마인드나 고객지향성에 영향을 주는 것이면 어떤 활동이든지 내부마케팅의 일환으로 볼 수 있다. 내부마케팅의 실천방안을 간략하게 살펴보고자 한다.

가. 갈등과 스트레스의 관리

서비스업은 제조업보다 노동집약적인 경향이 강하기 때문에 사람들 간의 갈등과 일과 사람과의 갈등이 많이 발생한다. 따라서 직원의 만족도가 서비스품질의 결정요인이 되기 때문에 직원의 갈등과 스트레스를 관리하는 것이 중요하다.

나. 적합한 사람의 고용

서비스 기업은 서비스 능력뿐만 아니라 서비스 성향을 고려해야 한다. 서비스 능력이란 기술이나 지식 또는 신체적 조건이나 학위 등을 의미하지만, 서비스 성향이란 가치관, 태도 등을 의미하는 것으로서 남을 도우려는 성향, 사려 깊음, 사교성 등이 여기에 속한다.

다. 최고의 사원을 유지

직원에게 동기를 부여하는 환경을 구축하는 것이 필요하다. 직원에게 업무에 대한 동기를 부여하기 위해서는 그들의 서비스 성과에 대한 정확하고 객관적인 측정과 강력한 보상이 필수적이다. 직원들에 대한 보상은 아주 작은 실적까지도 간과하지 않고 보상하는 것이 무엇보다도 중요하다.

라. 교육과 훈련의 실시

직원들 사이에는 기업의 전략이나 자신의 중요성에 대한 이해가 부족한 경우가 종종 있다. 전략적 사고뿐만 아니라 운용수준에서까지도 서비스 노하우가 부족한 것이 현실이다. 따라서 서비스의 내용에 대한 지식이나 노하우를 꾸준한 교육과 훈련으로 극복해야 한다.

호텔신라는 1980년대 서비스 교육센터를 개장하여 6개월간의 교육기간을 통해 많은 졸업생을 배출하였는데 초기의 과감한 투자가 상당한 효과를 얻고 있다는 내부평가를 받았다. 기업들이 교육센터를 통해 직원들의 교육, 훈련을 실행하고 있다.

마. 경영지원 및 내부 커뮤니케이션의 강화

교육프로그램을 마치고 돌아온 직원을 그저 방치하거나 그들이 무엇을 배웠는지 또는 새로운 아이디어나 지식을 어떻게 이용할 것인지에 대해 상사는 별 관심이 없는 경우가 많다. 많은 경우 직원들은 상사를 포함한 모두가 자신들이 배운 것에 대해 전혀 관심이 없다는 사실을 깨닫게 된다.

경영자나 중간관리자는 직원들이 새로운 아이디어를 실천하도록 적극적으로 권장하고 작업환경에 어떻게 응용할 수 있는지에 대해 도움을 주어야 한다. 또한 현장교육이 끝난 직원들에게는 교육과정이나 프로그램이 직원들에게 많은 도움이 되며, 격려를 아끼지 않는 자세가 필요하다.

3) 상황별 서비스

서비스의 기본은 먼저 자신이 소속한 조직에 대해서 잘 아는 것이다. 정확한 업체명, 사업개요, 본점, 지점 소재지, 조직의 역사, 업무 규칙 및 내규 등을 숙지시켜 경영자의 방침을 확인하고, 맡은바 임무를 완수하며 회사에 도움이 되도록 해야 할 것이다.

(1) LOST & FOUND 유실물 취급법

유실물에 대한 취급을 잘하느냐 못하느냐에 따라서 서비스의 질이 결정된다. 작은 것 하나라도 소중하게 여기는 것이 업장 직원의 성의, 정직, 신용을 평가받는 제일가는 요건이 될 것이다. 발견된 유실물은 반드시 유실물 담당자에게 맡겨서 올바르게 처리되도록 해야 한다.

- 유실물이 발견되었을 때 업장에 비치된 Lost & Found 대장에 6하 원칙에 의해 기록하고, 상관에게 보고한 다음 보관한다.
- 귀중품은 보다 신속 정확하게 처리하고, 잃어버린 고객을 알고 있을 때는 신속하게 연락을 취한다.
- 작은 물건이라도 상관에게 보고해서 모두가 알 수 있도록 한다.
- 정직이 최선의 정책이며 모든 것에 우선한다.

(2) 고객불만 처리방법

고객의 불평은 미리 교육을 실시해도 일어날 수 있으므로 회피하려 하지 말고 적극적으로 수용하고 처리하여 업체의 신뢰도를 높이고 이로 인하여 단골고객을 만드는 중요한 기회가 되도록 해야 할 것이다.

- 고객에게 불쾌감을 주었을 경우에 담당자보다는 책임 있는 상사가 처리를 담당한다.
- 다수의 고객이 같이 있는 장소에서 시간이 오래 걸릴 경우에는 장소를 변경하여 응대하고 불만을 처리한다.
- 불평의 내용에 따라 결론을 급하게 내지 말고, 날짜나 시간을 변경해서 고객이 납득할 수 있는 해결을 진행시킨다.
- 불평을 받았을 때는 반드시 원인이 있다. 원인을 밝히고 따지기에 앞서 우선 상사에게 보고하고 수습책을 강구하는 동시에 신속히 진행하는 것이 중요하다. 책임을 묻는 것은 그 이후의 일이고, 선의의 과실은 책임을 면하지만, 고의로 한 실수는 철저히 책임을 져야 한다.
- 제공된 음식이 잘못됐을 경우 즉시 사과하고 우선적으로 교환해 주며 책임자에게 보고하여 책임자가 사과를 정중하게 하도록 한다.

4) 예약 관리법

예약 담당자는 세일즈맨이기도 하므로 고객의 응대방법, 대화요령, 상품지식 등을 충분히 갖추지 않으면 안 된다. 고객이 직접 방문 예약하는 경우, 또는 전화상으로 예약한 경우, 인터넷, 스마트폰을 활용한 경우 모두 정중하고 진지하게 응대해야 한다. 또한 고객의 희망사항과 좌석, 룸 등을 배정하는 것이 해당부서의 가장 중요한 업무이다.

- 업장에 준비된 예약장부에 기재사항을 빠짐없이 기입한다(이름, 연락처, 예약내용, 좋아하는 좌석, 대금 지불조건 등)
- 예약일 하루 전 또는 몇 시간 전에라도 반드시 연락처에 확인 전화를 건다.
- 예약시간 30분 전까지는 모든 준비를 완료시킨다.
- 예약 테이블에는 예약 태그(Tag)를 놓아주고 서비스 담당자에게 필요사항을 인계한다.
- 예약업무는 책임 있는 직원급에서 담당하고 업무 교대 시에는 반드시 철저한 인수인계를 한다.

5) 긴급 시의 대처방법

비상사태에 직면한 경우는 결코 당황하지 말고 적절한 판단과 침착한 행동으로 신속히 처리해야 한다. 그러기 위해서는 방재(지진, 화재, 태풍, 도난 등)에 관해 알고 있어야 하고 동시에 소방설비의 취급요령에 관한 기초지식 등을 습득, 만약의 경우에는 인적, 물적 피해를 최소화시키도록 해야 한다.

- 통로는 항상 정리정돈에 신경을 써야 한다.
- 흡연은 반드시 지정된 장소에서만 한다.
- 비상계단, 방화문, 비상구 부근에는 장애물을 놓지 말아야 한다.
- 전열기, 가스기구 등을 사용한 후에는 필히 화재의 원인을 제거하고 확인한 후에 메인 밸브를 잠그고 꺼야 한다.
- 사용한 고체연료, 성냥, 담배꽁초 등은 반드시 소정의 장소를 마련하여 금속제의 함을 만들어 넣고 잠가야 한다. 종이나 목재 등 가연성 물질과 섞이지 않도록 한다.
- 현장 내에 있는 소화기, 소화전, 비상구 등의 사용방법과 위치 등을 숙지해야 하고, 직원들에게 적극적으로 교육해야 한다.
- 화재 시에는 침착하게 행동하여 고객들이 놀라서 혼란에 빠지지 않도록 해야 한다.

제 3 장

Food Service Management

고객만족과 운영매뉴얼

학습목표

1. 고객만족에 대해 이해할 수 있다.
2. 외식산업 운영 매뉴얼에 대해 이해할 수 있다.

Food Service **Management**

Chapter 3

고객만족과 운영매뉴얼

Food Service Management

1 고객의 이해

1) 고객의 의의

최근 고객들의 교육수준은 이전에 비해 훨씬 높아졌으며, 그 요구조건이 까다롭고 다양하다. 그리고 기업들로부터 양질의 제품과 서비스를 제공받고 있기 때문에 제품과 서비스의 품질에 대한 고객의 기대수준은 상당히 높아져 있다. 오늘날 고객은 과거에 비하여 훨씬 다양한 제품과 서비스를 선택할 수 있고, 선택의 폭이 넓은 고객은 기존의 상품보다 더 좋은 상품이 나온다면, 기존의 업체를 이용하지 않고, 경쟁업체의 제품과 서비스를 선택하는 경우도 있다.

이러한 고객의 욕구에 대응하기 위하여 오늘날 기업들은 고객만족을 위한 다양한 슬로건을 내걸고 경영의 혁신에 최선의 노력을 다하고 있다. 고객만족경영은 1990년대부터 세계 각국의 기업들에 의해서 적극적으로 도입되어 실시되고 있으며, 세계적으로 큰 주목을 받고 있다.

국어사전에서는 고객이란 '영업을 하는 사람에게 대상자로 찾아오는 손님', '단골손님'으로, 그리고 만족은 '마음에 부족함이 없이 흐뭇함', '부족함이 없이 충분함' 등으로 정의되어 있다. 쥬란 박사는 "고객이란 우리가 생산하는 제품과 서비스를 구매하거나 또는 그것들에 의해서 영향을 받는 모든 사람들이다"라고 하였다. 서비스 목표에 가장 큰 영향을 미치는 것은 바로 고객이라고 볼 수 있다.

따라서 기업은 모든 역량과 전략을 고객중심으로 경영하여야 하고, 고객지향적이어야 한다. 모든 제품과 서비스는 고객 없이는 존재하지 않으므로 조직에서 행하는 모든 활동은 전부 고객을 위한 것이어야 한다. 제품과 서비스의 개선도 반드시 고객의 필요, 욕구 및 기대 등을 명백하게 이해함으로써 결정되어야 한다.

2) 고객의 분류

첫째, 내부고객을 가치 생산 고객이라고도 하는 것은 기업 내부에 있는 사람들이 가치를 생산해 주어야 그 가치를 고객이 구매할 수 있기 때문이다. 내부고객의 만족이 고객만족의 출발점이 되므로, 내부고객은 가장 먼저 만족시켜야 할 고객이 된다. 불만족한 직원이 고객에게 좋은 서비스를 제공하여 고객을 만족시키기는 힘들다. 고객들을 위해 실시하는 외부마케팅도 중요하지만, 내부고객의 만족을 위해 실시하는 내부마케팅도 매우 중요하다.

직원을 내부고객으로 대우하고 만족시켜서 사기를 높여주면 그들은 최종고객인 소비자를 만족시키기 위해 최상의 노력을 할 것이다. 자신에게 주어진 역할에 만족하는 직원만이 고객에게 정성과 열의에 찬 서비스를 제공할 것이다. 고객만족 기업으로서 경쟁력을 갖추려면 내부고객부터 만족시켜야 한다. 직원만족 없이 고객만족은 없는 것이다. 그래서 고객만족의 출발은 직원만족에서 시작된다.

둘째, 중간고객, 즉 가치전달 고객에는 판매점이나 대리점 외에도 원료를 공급하는 원료공급원 내지 협력업체들을 포함시킬 수 있다. 중간고객의 중요성은 바로 이들을 만족시키지 못하면 결국 최종고객인 소비자를 만족시키기 힘들다는 데 있다.

셋째, 소비자는 사용자라는 점에서 가치사용 고객에 해당된다. 기업은 최종고객이 가장 중요한 고객이라는 것을 깨달아야 한다. 고객은 이윤을 안겨주는 존재이고, 기업은 고객을 위해 존재하며, 고객은 서비스할 기회를 제공해 줌으로써 호의를 베푸는 것이다. 바로 이 점들을 깨달아야 고객의 중요성을 바로 알고 있다고 할 수 있다.

② 만족을 위한 전략적 방안

1) 고객만족을 위한 전략적 방안

고객이 제품이나 서비스를 구매한 후, 만족의 상태에 따라 기업은 많은 영향을 받는다. 만족한 고객은 여러 측면에서 기업에 크게 기여하지만 불만족한 고객은 자사 제품시장을 이탈하거나 다양한 불평행동을 통해 기업에 막대한 손해를 끼칠 수 있다. 따라서 고객의 만족, 불만족이 기업에 어떤 영향을 미치는가를 알아보는 것은 매우 의미 있는 일이다.

(1) 고객만족 형성과정

고객만족이란 제품 사용 후에 고객이 느끼는 기쁨 또는 실망감 같은 심리적 반응을 말한다. 고객이 제품을 직접 사용한 후에 느끼는 욕구나 기대의 충족 정도를 의미하는 것으로 고객의 만족이 생기거나 불만족이 형성된다.

소비자는 사용경험을 통해서 지각된 실제 성과가 구매 전 기대치를 충분히 충족시킨다고 판단될 때 만족을 느끼게 되고, 지각된 실제 성과가 기대수준에 미치지 못한다고 느끼면 불만족을 경험하게 된다. 그리고 이와 같은 만족, 불만족의 경험은 소비자의 태도 및 행동에 직접적, 결정적인 영향을 주게 된다.

(2) 고객만족, 불만족의 영향

가. 고객만족이 기업에게 주는 영향력

① 고객만족은 재구매 가능성이 있어 기업에게 수익을 창출시켜 준다.

② 고객만족은 시장점유율 유지에 기여할 수 있다.

③ 고객만족은 확실한 구전효과를 기대할 수 있다.

④ 고객만족은 경쟁사에 비해 유리하게 작용할 수 있다.

나. 고객 불만족이 기업에게 주는 영향력

① 고객 불만족은 재구매하지 않을 확률이 높으므로 고객을 상실할 수 있다.
② 고객 불만족은 컴플레인을 처리해야 하기 때문에 비용이 발생한다.
③ 고객 불만족은 부정적 구전이 생길 수 있으므로 잠재적 고객까지 상실할 수 있다.

2) 고객만족경영의 전략

고객만족경영을 위해 기업에서 수립해야 할 전략을 살펴보면 다음과 같다.

(1) 고객 불평의 중요성 인식

고객의 불평요인은 경영자의 입장에서 다음에 똑같은 실수를 반복하지 않기 위한 자료로 귀중한 자산이 될 수 있다. 그래서 고객의 불평은 피해야 할 것이 아니라 문제점을 발견하게 하는 소중한 정보이다. 고객이 불만을 느꼈을 때 하는 행동은 상황이나 개인 특성에 따라 여러 형태로 나타난다. 표 3-1 은 소비자들의 불평행동 유형을 나타내고 있다.

[표 3-1] 소비자 불평행동 유형

불만족	사적 행동	부정적 구전
		구매중지 및 구매거부
	공적 행동	회사에 직접 배상 요구
		배상을 위해 법적 조치를 취함
		정부기관, 소비자보호단체 등에 불평
	무행동	무관심의 행동은 방문하지 않는 경우가 많음

첫 번째, 아무런 행동도 취하지 않는 무행동 소비자들이다. 불만수준이 낮거나 불만을 호소해도 보상받을 수 없을 것으로 기대할 때 나타나는 반응으로 볼 수 있다.

두 번째, 불만족한 제품의 재구매를 거부하거나 판매점의 재이용을 회피하고 침묵하는 행동유형을 말한다. 이 유형의 고객은 이탈하기 때문에 매출 및 시장점유율 감소에 직접적인 영향을 준다.

세 번째, 친구나 친지, 이웃들에게 불만을 구전함으로써 부정적인 정보를 직접 전달하는 행동유형이다. 부정적 구전은 신규고객을 유치하는 데 치명적인 피해를 줄 수 있다.

네 번째, 판매점에 직접 불만을 호소하고 보상을 청구하는 행동유형이다. 고객이 원하는 대로 보상을 해주면 비용은 소요되지만 이탈고객은 방지할 수 있다. 그러나 고객이 원하는 대로 보상을 해주지 못하면 고객을 상실할 가능성이 매우 높다.

다섯 번째, 불평행동유형으로 정부기관이나 소비자단체 등에 고발하거나 불만을 호소하는 경우이다. 이 유형의 경우에도 네 번째의 유형처럼 기업은 상당한 비용을 부담해야 할 가능성이 있을 뿐만 아니라 기업의 이미지에도 영향을 줄 수 있다.

(2) 고객의 불평관리

고객의 불평관리는 다음과 같이 맞추어 실행되어야 한다.

첫째, 고객들이 제안이나 불평을 용이하게 할 수 있도록 불평호소창구를 24시간 개방체계로 운영하여야 한다. 최근에는 대부분의 기업들이 고객정보관리 시스템을 구축하고 다양한 통신망을 통해 고객과의 커뮤니케이션에 적극성을 보이는 경향이 있다. 기업들은 인터넷, 무료전화 등을 활용하여 고객들의 불편과 불만사항을 신속히 접수하고 이를 정보화하고 있다.

둘째, 고객들의 불평에 기업은 즉각적으로 대응하여야 한다. 고객은 불만이 있을 때 이를 즉시 호소할 수 있는 창구가 없거나 불편을 호소했음에도 거기에 대한 즉각적인 응답이 없으면 불만이 더욱 가중되는 경향이 있다. 따라서 기업은 고객들의 불만이 고조되기 전에 불편사항을 신속하게 접수하여 처리하는 것이 바람직하다.

(3) 고객욕구조사 및 고객만족도의 측정

고객들이 자사의 제품과 서비스에 대해서 얼마나 만족하는지를 알기 위한 고객만족조사를 하는 데 있어서 소위 'CS조사의 3원칙'이 제시된다. 첫째, 계속성의 원칙으로 조사는 정기적으로 계속해야 하며 둘째, 정량성의 원칙으로 조사는 비교 가능하도록 정량적으로 해야 하고 셋째, 정확성의 원칙조사는 경영의 실태를 바르게 파악할 수 있도록 해야 한다는 것이다.

고객만족의 측정에 있어서 가장 널리 사용되는 방법은 직접조사이다. 이 방법의 장점은 간편하며, 목적이 명확하고, 소비자가 쉽게 응답할 수 있다는 점이다. 그러나 단점은 응답자가 질문자에 의해 영향을 받을 수 있다는 점이다. 또한 표본선정의 오류, 면접자 오류, 무응답자 오류 등의 문제로 조사자료의 타당성이 위협받을 수 있다.

고객만족을 측정하는 또 다른 방법에는 고객 불평이나 반복구매에 대한 자료 수집을 통한 간접조사가 있다. 이 간접조사는 만족과 밀접한 관련이 있는 불평이나 반복구매행동을 대상으로 하기에 고객과 기업 양측 모두에게 중요하다. 그리고 질문과 같은 강요된 형식이 아니므로 응답상 오류가 상대적으로 적다.

고객만족조사를 할 경우에는 조사의 중요성을 설명하여 고객의 공감을 얻고 협력을 구한다. 응답자에게는 전화카드, 버스카드 또는 펜 등을 답례품으로 제공한다. 조사내용에 대해서는 익명성 등을 보장해 비밀을 유지할 것을 약속한다. 질문지를 우송하기 직전에 조사의뢰 전화를 해서 협력을 부탁하고 회답용지 우송료는 당연히 조사하는 측이 부담한다.

고객만족경영이 만족스러운 결과를 얻을 수 있도록 하기 위해서는 과학적인 설문을 통해 고객의 욕구를 정확히 파악함과 아울러 고객창구를 통하여 수집된 불만으로부터 제품개발 및 경영혁신의 아이디어를 찾을 수 있는 시스템을 구축해야 한다. 그리고 고객의 만족도를 경영의 목표로 삼고 목표고객만족도 달성을 위주로 모든 관리를 해야 할 것이다.

(4) 고객감동경영의 의미

외식업체의 직원은 업체에서 고객에게 서비스를 제공하는 사람이다. 즉 고객과 직접 접촉해서 서비스를 수행하는 사람으로 직원은 고객과 긴밀하게 상호작용을 한다. 음식에 대한 태도를 결정하는 것은 고객이 제공받는 인적 서비스이다. 따라서 직원의 질은 바로 그 외식업체의 질인 동시에 매출을 좌우하는 요소이며, 경쟁적 요소이기도 하다.

고객만족을 위한 서비스의 제공, 만족한 고객 그리고 긍정적 반응 등 삼위일체의 균형이 확립되어야 외식사업의 계속적인 발전이 가능해진다는 것이다.

가. 고객을 기억

어떤 언어에서나 가장 기분 좋은 말은 이름을 불러주는 것이다. 사람들은 문 앞에 들어설 때 자기 이름을 부르면서 인사해 주는 것을 좋아한다. 그러나 오늘날 대부분의 식당 직원들은 예약기록이나 신용카드를 보기 전에는 고객의 이름을 모르며, 이러한 정보에 접근이 불가능한 직원은 고객의 이름을 전혀 알 수 없다. 모든 직원이 모든 고객의 이름을 알아보는 것을 기대하기는 어렵지만, 진짜 미소나 따뜻한 인사, 성실한 반응은 '고객 알아보기'를 위한 긴 과정의 시작이 될 것이다.

나. 좋은 첫인상

고객의 첫인상을 좌우하는 순간은 30초에 결정된다. 외식업체는 고객과의 첫 접촉에서 고객에게 인상을 심어주는 것이다. 초두효과라고 하는 이 첫 인상은 즉각적이지 않지만 보통은 빨리 나타난다. 외식업체의 주차장 조명, 청결의 문제, 손님을 알아보는 태도 등은 첫인상을 결정하는 데 작용한다.

다. 고객의 기대에 부응

고객은 불편을 주지 않는 환경을 기대하고, 외식업체를 방문한다. 고객은 외식업체의 모든 매뉴얼을 읽지 않으며, 그 업소의 정책이나 업무절차를 잘 알지 못한다. 그러나 고객이 원하는 고객의 요구에 대하여 경영자는 과감하게 변화를 단행하여 그들의 욕구를 충족시켜 주는 것이다.

라. 고객의 편의

한 시장조사에 의하면 외식업체에서 음식 값을 계산할 때 고객들은 대기하는 것을 싫어한다는 사실이 밝혀졌다. 그것은 곧 시간의 낭비로 인식하기 때문이다.

그래서 어느 식당에서는 절차를 바꾸어 고객이 청구서를 계산대에 갖고 가는 것이 아니라 직원에게 그 일을 하게 하였다. 당연히 고객들은 계산대로 가는 수고를 덜게 되었고 작은 편의가 큰 차이를 나타내는 교훈을 남겼다. 고객들은 그들을 위해 모든 것을 쉽고 편리하게 해주는 것에 감사해 한다는 것이다.

마. 고객의 의사결정에 도움

식당에서 고객들은 종종 메뉴를 선택할 때 의사결정에 어려움을 겪곤 한다. 이때 고객들이 결정하는 데 도움을 준다면, 고객은 훨씬 수월할 것이다.

바. 짧은 대기시간

기다리며 보낸 시간은 항상 실제보다 4배 더 길게 느껴진다고 한다. 특히 배고픈 손님들에게 기다리는 시간이 얼마나 길게 느껴지는가는 말할 나위도 없다.

사. 고객에게 좋은 추억

고객이 식당을 떠날 때 그들이 갖고 가는 것은 경험에 대한 기억들이다. 고객을 돌아오게 하는 것은 좋은 추억들이다.

아. 고객의 구전효과

사람이란 좋은 경험보다는 나쁜 경험을 더 오래 그리고 더 생생하게 기억한다. 또한 나쁜 경험에 관해서는 사람들에게 더 많이 이야기한다.

(5) 최고경영자의 역할

최고경영자는 고객들을 만족시키는 것이 기업경영의 궁극적인 목표임을 모든 구성원들에게 확실히 주지시키고, 이 목표를 향해 나아가도록 그들을 격려하고 북돋아야 한다. 무엇보다도 이러한 경영철학은 스스로 철저히 실천함으로써 모범을 보여야 한다.

최고경영자는 기업의 문화를 만들고 유지하는 중요한 책임을 맡고 있는 사람이다. 최고경영자는 기업의 생존과 경쟁력에 대한 최종 책임을 맡고 있는 사람이므로 기업에 있어 최고경영자의 역할은 너무나 크고 중요하다고 할 수 있다. 시장에 뛰어들어 생생한 정보를 얻고 고객의 불만이 무엇인가를 스스로 확인하는 것이다. 고객지향적인 정신이 뿌리를 내리려면 기업은 직원들에게 당위성을 확실히 인식시켜야 하며, 이를 위해 꾸준히 교육훈련을 할 필요가 있다. 이러한 역할을 앞장서서 해야 할 사람이 바로 최고경영자인 것이다.

3 외식산업의 운영지침 준비

1) 운영지침의 중요성

음식 서비스의 운영지침서나 운영 매뉴얼을 준비해 나가는 것은 사업계획에 있어 중요한 첫 단계가 될 수 있다. 잘 준비된 운영지침서는 음식 서비스설비에 있어 사업자의 기대나 의도하려는 부분을 잘 나타내줄 수 있다. 또한 운영지침서는 건축업자나 음식 서비스 컨설턴트 외에도 다른 부문의 전문가들이 기획하고 디자인하는 데 도움을 줄 수 있다.

운영지침서는 음식 서비스시설을 운영하는 데 있어 경영방침이나 목적 그리고 이러한 것들을 결정하는 데 영향을 미칠 수 있다. 과거 경험에서 알 수 있듯이 운영지침서가 상세하게 작성되었다면 나머지 단계는 보다 쉬워질 수 있다.

따라서 운영지침서는 특정한 사업에 있어 개념적인 전략을 제시해 줄 수 있어야 한다. 즉 마케팅, 회계, 운영정책 및 그 밖의 다른 특성과 관련된 개념들이 운영지침서에 포함될 수 있어야 한다.

운영지침서의 개발을 통해 총체적인 디자인 개념에 영향을 주는 모든 요소들과 이와 관련된 요소들에는 어떠한 것이 있는지를 파악할 수 있는 조직적인 접근이 가능하게 된다. 운영지침서는 계획을 위한 지침이 될 수 있기 때문에 계획이 진행되면서 정보나 결정이 바뀔 수 있으며 때로는 이것이 바람직할 수도 있다. 이러한 변화는 많은 정보가 수집되면서 새로운 아이디어나 개념들이 개발되는 것을 조명할 수 있으며, 아울러 최종적 디자인을 향상시키려는 목적과 더불어 변화되어야 한다. 제안된 정보분야들은 운영지침서에 포함될 수 있으며, 결국 대략적인 양식에서 제시된다. 대략적인 것은 제일 먼저 상업적 음식 서비스시설에 중점을 두기도 하지만, 다른 유형의 운영목적으로 쓰이기도 한다. 운영지침서 안에 포함되는 여러 요소들 간의 상호 유기적 관계를 보여주는 것은 매우 중요할 수 있다.

2) 고객 및 이용자의 특성

운영지침서를 시작하기 위한 가장 좋은 방법은 디자인이 잘 된 음식 서비스설비를 사용하는 잠재고객이나 이용자들을 조사하고 분석하는 일이다. 따라서 다음과 같은 범주의 여러 항목별 특성으로 바람직한 정보의 체계가 인식되고 마련되어야 한다.

(1) 직업

이용자나 고객의 직업을 파악하는 것은 사업계획의 결정에 있어 매우 중요할 수 있으며, 또한 운영지침서의 기타 다른 요소들을 위해서도 중요하다. 이렇게 파악된 정보들은 계획진행과정 중 후반부에서 이용되기도 한다. 메뉴개발, 음식크기, 서비스방법, 가격, 식사분위기 등의 여러 유형들은 잠재고객과 이용자들의 직업을 적절히 파악하는 데 있다. 주어진 분야에서의 직업 데이터는 인구조사 자료나 지방상공회의소로부터 얻을 수 있다. 대체로 계획단계는 특정 그룹은 물론 여러 분류의 직업을 위해 디자인될 것이다.

(2) 소득수준

연간 소득수준 또한 인구조사자료나 상공회의소로부터 얻을 수 있다. 다양한 곳의 자료로부터 얻은 정보들은 가족소득을 나타낼 수 있다. 말할 것도 없이 소득수준이 높을수록 외식의 기회는 많을 것이다. 고소득층의 고객을 표적으로 한다면 음식 서비스 설비들은 질적으로 상당한 주의를 기울여 디자인되어야 한다. 운영지침서를 위한 소득자료는 개인이나 가족단위의 그룹비율로 나타날 수 있다. 특정 지역에서 개발될 음식 서비스시설들은 소득수준과 상호 관련되어야 한다.

(3) 연령

음식 서비스시설을 이용하는 잠재고객이나 이용자의 연령대를 파악하는 것은 메뉴 개발이나 식사하는 곳의 분위기를 파악하는 데 중요한 자료가 될 수 있다. 메뉴의 음식 종류, 음식의 크기, 가격 등은 고객을 유인하거나 지속적으로 확보하기 위해 특정 연령대의 고객들에게 맞추어져야 한다. 10대 청소년들이나 중장년층의 젊은이들은 식사할 때 실내 분위기에 민감하므로 이러한 물리적 환경요소는 고객들이 어떤 곳에서 식사할 것인지를 결정하는 데 중요한 요소가 될 수 있다. 인구조사는 특정지역에서의 연령별 데이터를 수집하는 데 이용될 수 있다.

(4) 성별

음식 서비스시설들은 우선적으로 남성들이 더 선호하는 디자인과 여성들이 더 선호하는 디자인 특성을 위해 디자인된다. 예를 들어, 여성들을 위해 디자인된 시설들은 유쾌한 실내 분위기, 넓고 안락한 휴게실, 특이한 장식물, 특별 메뉴 등으로 특성이 부각될 수 있다. 반면 남자를 위해 디자인된 설비들은 딱딱하거나 공식적이지 않으며, 충분한 식사량과 더불어 다양한 메뉴를 제공할 필요가 있다.

(5) 교육수준

고객들의 교육수준은 외식의 소비습관에 있어 중요한 고려요소로 인식되어 왔다. 일반적으로 교육수준이 높으면 외식 빈도는 높아지는 것으로 알려져 있다. 또한 교육수준은 고객들이 새로운 또는 다양한 음식을 맛보려는 욕구와 다양한 메뉴항목 선택결정에 영향을 미치는 것으로 보인다.

(6) 동기

고객들이 외식하려는 동기를 파악하는 것은 기획자나 사업자에게 성공적인 음식 서비스시설을 운영하는 데 도움을 줄 수 있다. 이러한 외식동기요소의 이해는 음식 서비스시설의 전반적인 판매나 홍보를 향상시키는 데 도움이 될 수 있다.

(7) 소비습관

식사의 소비습관은 직업, 연령, 소득 및 그 밖의 다른 요소들과 관련이 있으며, 정확히 측정하기가 매우 어렵다. 다른 종류의 항목들, 즉 자동차, 가구, 생활 사치품 등의 물품에 대한 소비를 연구, 분석하는 것은 사람들이 얼마나 많이 외식소비를 하는가를 나타내줄 수 있다. 일반적으로 외식비지출액은 대부분의 연령층에 있어서 공통적으로 증가추세에 있다. 이러한 경향들은 특히 젊은 세대에서 명확히 나타나고 있다.

(8) 외식관련 활동

음식 서비스설비의 전반적인 디자인계획에 있어 또 다른 지침요소는 잠재고객이 포함되는 외식관련 활동을 파악하는 데 있다. 이러한 많은 외식관련 활동은 특정위치나 지역에 제한적으로 반영되고 특정입지가 선정되기 전에는 큰 의미가 없다. 외식과 관련된 활동을 요약하면 다음과 같다.

① 쇼핑

② 여행

③ 회의참석

④ 방문

⑤ 상용회의

⑥ 스포츠, 극장관람 등의 오락활동

⑦ 사교모임

이러한 외식관련 활동을 분석, 평가하는 것은 음식 서비스시설 운영을 위한 연회장, 칵테일 라운지 및 회의실처럼 특별한 시설들을 디자인하는 데 도움을 줄 수 있다.

(9) 도착유형

고객들의 도착유형에 따른 디자인 결정 고려요소에는 식사 테이블의 크기와 좌석의 배열, 서빙시간 등이 있다. 도착유형은 운영시간의 피크타임이라는 견지에서 볼 때 설비 디자인에 영향을 미칠 수 있다. 방문고객 수와 고객의 그룹별 형태를 측정하는 것은 바로 이러한 목적을 위해 필요할 수 있다. 단위시간당 고객도착 유형의 관점에서 볼 때 추가적인 정보는 때때로 측정될 수 있으며, 계획단계에 많은 도움을 줄 수 있다. 분당 또는 시간당 식사를 제공받는 고객의 수를 파악하는 것은 음식 서비스설비 계획에 필요한 디자인결정에 지침이 될 수 있다.

(10) 부가적 요소

고객이나 이용자의 여러 항목별 특성 이외에 부가적인 다른 요소를 파악하는 것은 디자인 목적에 유용할 수 있다. 이러한 부가적 요소들의 중요성과 필요성은 사업 당사자나 음식 서비스 컨설턴트에 의해 결정될 수 있다.

부가적인 요소들은 다음과 같다.

① 인종적 배경

② 음식 기호

③ 먹는 습관

④ 서비스 기호

⑤ 결혼 여부

⑥ 교통수단

⑦ 외식 선호 주기

⑧ 외식하고 싶은 날

고객과 관련된 많은 정보들은 운영지침서의 나머지 부문 개발에 이용될 수 있다. 이러한 정보는 적절한 메뉴개발과 서비스유형 및 분위기 그리고 음식 서비스설비의 운영특성에 결정적일 수 있다. 운영지침서의 이러한 분야들의 개발은 시장 특성과 밀접한 관련을 맺고 있다.

4 서비스

외식업체의 서비스형태와 기준은 잠재고객들의 특성과 제공될 메뉴에 의해 결정된다. 특정업체의 서비스는 자기업체의 전반적인 이미지나 특색과 모순이 없어야 하며, 다양한 요소와 함께 일관성 있게 제공되어야 한다. 이러한 서비스의 형태는 어느 정도 변형이 가능하지만, 고객들은 대부분 제공되는 메뉴에 따라 기대하는 서비스의 형태에 대해 특정의 연상을 하게 된다. 따라서 제공되는 메뉴에 적합하지 않은 서비스의 형태는 바람직하지 못하다.

1) 형태

일반적으로 외식업을 시작하기 전에 고려해야 할 두 가지 기본적인 서비스방법들이 있다. 이는 서비스 부문과 셀프 서비스 부문이다. 서비스 부문은 직접적으로 음식을 제공할 때 웨이터 또는 웨이트리스나 다른 직원이 서빙한다. 서비스 부문의 중요한 유형은 테이블 서비스, 카운터 서비스, 부스 서비스, 트레이 서비스 그리고 룸서비스 등으로 나눌 수 있다.

(1) 서비스 부문

서비스 부문에서 각각의 유형과 관련된 디자인과 운영상의 고려는 각각의 서비스를 결정하기 전 단계에서 정해진다. 웨이터 또는 웨이트리스를 통한 테이블 서비스운영은 여유 있는 식사를 즐기고 휴식을 바라는 사람들에게 선호된다. 따라서 일반적 테이블 서비스의 운영은 다른 유형의 서비스부문보다 더 많은 좌석당 공간 점유율을 요구한다.

(2) 카운터 서비스 부문

카운터 서비스는 빠른 식사를 원하는 개인들에게 적당하다. 제한된 메뉴와 고객의 높은 회전율을 바라는 아침과 점심시간이 운영에 이상적이다. 카운터 서비스의 운영은 음식준비와 서비스가 같은 장소에서 행해지므로 최소공간을 필요로 한다.

부스 서비스의 운영은 보통 먹는 동안 약간의 프라이버시를 원하는 10대들과 젊은 작업자 및 여행자들이 선호한다. 부스 서비스의 이용은 대규모 시장으로 음식 공급을 희망하는 중간가격대의 시설에 권하여진다. 부스 서비스는 다양한 메뉴는 물론 제한된 메뉴에도 양쪽 다 이용될 수 있다. 더 많은 다양한 사람들에게 흥미를 끌려는 시도로 테이블, 카운터 그리고 부스 서비스 부문을 결합시켜 단일시설로 사용할 수 있다. 각각의 서비스에 제공할 좌석 수는 도착하는 고객 패턴에 의존한다. 카운터와 부스 서비스는 많은 인원의 단체고객에게는 이용되지 않는다.

(3) 트레이 서비스 부문

트레이 서비스 부문은 주로 병원 및 기내식과 드라이브 인의 운영에서 인용된다. 특별한 디자인은 이런 종류들의 시설에서 음식의 결합작업, 저장, 배치에 필요하다. 룸서비스 호텔, 모텔, 모터 인, 리조트를 위한 전문형태의 서비스 부문이다. 이 서비스형태의 시설은 룸서비스 카트를 놓아둘 개별공간을 필요로 한다.

(4) 셀프 서비스 부문

셀프 서비스 부문의 주요 유형은 카페테리아 서비스, 뷔페 서비스, 테이크아웃 서비스와 자동판매 부문이다. 셀프 서비스 부문은 많은 사람들에게 빠른 서비스가 필요할 때 선택된다. 카페테리아 서비스 부문은 바쁜 쇼핑객들, 실업가들의 가족들에게 적당하다. 요리에서 주문구역이 제공될지라도 보통 중저가로 준비된 식사가 특징이다. 뷔페 서비스는 다른 종류의 서비스와 겸하거나 단독으로 사용될 수 있다.

몇몇 운영에서는 특별한 식사와 아침 또는 점심 및 다른 식사를 위한 다른 종류의 서비스에 뷔페 서비스 이용을 결정할 수도 있다. 뷔페 서비스는 특별한 날이나 보통 더 많은 사람들이 참석한 행사에 매우 적합하다. 테이크아웃 서비스는 저가와 제한된 메뉴운영에 매우 인기 있게 되었다. 테이크아웃 서비스는 빠른 식사에 대한 요구를 충족시켜 줌으로써 대규모 시장에서 흥미를 끈다. 자동판매 부문은 학교, 공공단체, 공장에서 중간식사로 제공되는 스낵이나 제한된 시간의 식사에 전형적이다. 서비스형태가 시설의 디자인 결정에 큰 영향을 주기 때문이다.

제공될 서비스형태는 서빙장비형태와 필요한 서빙인원을 결정할 것이다. 서비스의 형태를 계획하는 사람은 서빙 또는 식사지역에서 서비스 인원의 동선을 평가하여야 한다. 이는 음료 서비스에 대한 조항 또는 운영지침서의 일부로 평가될 것이며, 주류가 많이 팔릴 것을 예상했을 때 중요하다. 이때 확정된 서비스와 관련된 다른 부분은 음식시설에서 요구되는 서비스의 기준을 포함시킨다. 테이블 덮개, 식기류, 유리제품, 접시류의 선택은 메뉴와 서비스방법을 반영해야 한다. 이러한 항목과 관련된 결정들은 단순하고 통일된 디자인을 제공하기 위해 초기에 이루어져야 한다.

2) 분위기

(1) 운영지침서

운영지침서를 준비할 때 중요한 것은 음식시설에 요구되는 바람직한 식사분위기를 찾아내는 것이다. 계획취지를 위해 고객과 메뉴제공 및 서비스방법과 연관된 환경형태에 관한 간단한 설명이 필요하다. 메뉴 제공과 서비스방식은 어느 정도까지는 그 업체의 분위기를 잘 반영할 수 있어야 한다. 이 두 요인들은 잠재적 고객들의 기대와 일치될 때 계획될 분위기의 형태에 단서를 제공할 것이다. 고객들의 기대에 걸맞은 분위기의 장소가 제공될 때 고객들은 그 장소를 선택하게 될 것이다. 카페테리아 서비스와 중간가격대의 메뉴제공은 자연스럽다. 조용하고, 화려하고, 매력적으로 장식된 식사장소의 규정은 계획을 완성할 것이다.

(2) 기술적 특징

계획과정단계에서 분위기를 확정하는 가장 쉬운 방법은 기술적 특징에 의한 것이다. 외식업체의 위치, 독특한 건물 모양, 또는 테마와 같은 독특한 특징이 강조된다면 요구되는 환경에 기여할 수 있다. 분위기에 대한 초기 확인은 디자인과 배치에 대한 모든 면에 영향을 미치기 때문에 계획팀과 모든 구성원에게 도움을 준다. 외부 디자인은 분위기에 대한 인상을 고객에게 빠르게 전달시키는 경우에 중요하다. 분위기를 계획하는 것은 각각의 음식 서비스 시설형태에 따라 달라진다. 일반적으로 호텔식당으로 계획된 분위기는 다른 운영형태보다 더 호화롭다.

(3) 재디자인 횟수

재디자인 횟수는 계획구상에서 중요한 사항으로 많은 외식업체 운영자들은 식사분위기를 고객들의 변화하는 욕구와 일치시키기 위해 정기적으로 변화를 가져야 한다고 인식하고 있다. 매 5년마다 분위기를 바꾸기 위해 재디자인하는 횟수는 음식 서비스 시설의 경쟁적 장점을 유지하기 위해 바람직할 수 있다. 그러므로 분위기의 최초개발은 미래에 재디자인하는 것을 간단하게 할 수 있는 요소들을 포함시켜야 한다. 예를 들어, 분위기에서 주기적인 변화를 예상하여 최소한의 고유한 특징들이 사용되어야 한다. 이는 최소경비로 변화를 가능케 하는 것이다.

3) 외식 서비스 시설운영상의 특징

제안된 외식 서비스 운영상의 특징들은 많은 정보에 의해 확인되고 있다. 운영상의 특징 대부분은 음식 서비스 상담자에 의해 결정되고, 경험과 성공적 운영방식에 관한 지식에 기초한다. 운영지침서를 작성하는 데 필요한 정보는 다음과 같다.

첫째, 소유권, 법적 조치에 대한 내용이다. 둘째, 영업시간과 요인, 예상되는 고객 수이다. 셋째, 구매, 생산, 서비스, 세척, 폐기물처리, 쓰레기처리, 주문받기, 유지와 청소에 관한 조치, 비용, 구매, 검수, 저장, 출고, 양, 현금, 지불급료총액, 안전에 대한 관리방법, 회계업무이다. 마지막은 직원요건과 정책, 훈련, 감독, 운영에 대한 특별직무, 직원 복지시설과 고객시설 등에 대한 부분이다.

⑤ 규제조항

규제조항은 시설을 어떻게 고안하고 운영하는지에 직접적인 영향을 주므로 운영지침서의 부분에 포함된다. 사항들이 제안된 계획에 얼마나 영향을 미치는가를 보이기 위해 조사된 항목의 예들을 정리하면 다음과 같다.

1) 건물규약

이 규약들은 구조의 모든 면을 포함하고 허용할 수 있는 디자인 강도와 건축재료를 상술한다. 또한 포함시킨 사항은 건축기술, 통풍과 조명에 관한 요건, 전기와 배관시스템의 디자인과 가설, 건물 출구 수, 화재보호시스템 그리고 공공건물의 안전과 관련된 수많은 다른 영역들이다. 계획자들은 규약을 이행하는 데 필요한 시설을 계획하는데, 변경으로 인하여 발생하는 추가적인 비용을 피하기 위해서는 앞의 건물규약 요건들에 대한 지식이 있어야 한다.

2) 위생규약

국가와 지역 위생규약은 주로 음식보호와 청결에 관련되어 있어 음식 서비스 시설의 계획과 운영에 영향을 준다. 위생규약에 포함된 전형적인 분야는 다음과 같다.

첫째, 홀의 마감재처리 일정, 배관, 설비유형, 손 씻는 시설, 온수공급과 관련된 사항에 대한 사항이다. 둘째, 요리, 프라이, 접시 닦기 장비와 연관되어 사용되는 통풍장치, 음식 서비스 장비의 종류와 크기, 뜨겁고, 마른 그리고 차가운 음식 저장 등에 관한 사항이다. 셋째, 쓰레기처리 및 저장장비의 유형과 위치이다. 넷째, 조명형태와 밝기 정도이다. 다섯째, 시설운영의 종류, 범위와 형태이다.

건축 전 위생규약에 따라 승인된 새로운 음식 서비스시설에 대한 계획들을 실시하도록 요구한다. 그러한 지역에서는 계획에 앞서 지방자치단체와 상의하는 것이 현명하다.

3) 용도구획 법령

대부분의 용도구획 법령들은 상업적 음식 서비스시설이 사회에서 세워지고 운영될 지역을 지시할 것이다. 용도구획 요건변동이 유용할지라도 종종 많은 시간이 소요되고, 계획을 지연시킬 수 있다. 구획법령은 주차요건, 대지요건, 최소건물 규모, 건물높이, 그리고 간판 사용의 제한과 같은 항목들을 제한할 수 있다.

4) 법조항 제약규정 확인

잦은 문제점은 아니더라도 법조항에 자산의 소유와 사용을 제한하거나, 개인과 공익회사 및 다른 기관에 편익을 주는 데 있어 제한규정이 없다는 것을 확실시하기 위해 조사되어야 한다.

5) 임차계약 제한

쇼핑센터 또는 사무실 건물과 같은 건물장소의 임차와 운영시간 그리고 다른 운영절차를 포함하는 외식 서비스 계획은 운영지침서를 만들기 전에 명기하고, 고려되어야 한다.

6) 다른 규제조항

다른 규제조항은 노동법, 허가요건, 보건복지부 산하의 노동안전위생담당기구, 흡연법령, 오염조정법령 그리고 장애인을 위한 요건을 포함한다.

이런 몇 가지 규제항목들은, 다른 항목들이 운영절차에 주로 적용되는 반면, 전적으로 시설의 디자인과 배치에 영향을 미칠 것이다. 운영지침서 개발은 외식업체 계획과정에 있어서 매우 중요하다.

제 4 장

Food Service Management

외식산업의 창업

학습목표

1. 창업의 의의 및 중요성을 알 수 있다.
2. 창업의 준비과정에 대해 알 수 있다.
3. 업종별 창업절차를 구분할 수 있다.

Food Service **Management**

Chapter 4

외식산업의 창업

Food Service Management

1 창업의 의의 및 중요성

1) 창업의 의의

창업이란 기업을 새롭게 창조하는 것으로 실무적인 관점에서의 정의는 "개인 또는 집단이 자신의 책임하에 돈과 사람을 동원하여 새로이 사업을 개시하는 것"으로 정의를 내리고 있다. 학문적인 창업에 대한 정의는 "인적, 물적 자원을 적절히 결합하여 설정된 기업목적을 달성하기 위하여 상품이나 서비스를 조달, 생산, 판매하거나 그에 부수된 활동을 수행하는 것"이라 말할 수 있다.

따라서 개인적 입장에서는 기존에 있는 사업체를 인수하거나 완전히 새롭게 시작하는 경우도 모두 창업이라고 말할 수 있다. 또한 상품의 유형, 서비스의 유형, 자금의 다소 등과 관계없이 새롭게 사업을 시작하면 이를 곧 창업으로 볼 수 있는 것이다. 많은 자금과 인력을 동원하여 처음부터 크게 시작하는 창업뿐만 아니라 턱없이 부족한 자금으로 매우 어렵게 시작하는 창업도 매우 의미가 있으며, 새로운 창조활동이다.

2) 창업의 중요성

우리나라에서는 해마다 창업을 많이 하고 있지만 이 중 많은 수가 경영부실, 경영악화 등으로 휴, 폐업을 하고 있다. 그렇기 때문에 창업자는 사업의 성공과 실패를 고민하기 전에 창업을 신중하게 고민한 뒤 명백하게 결단해야 한다.

트렌드 변화에 대한 반응이 필요하지만 시장여건의 변화에 지나치게 민감하게 반응하기보다는 자신의 준비 정도가 창업에 적합한지를 판단해야 한다. 흔히 어느 사업이 유망하다고 하면 무작정 뛰어들어 낭패를 보는 사람이 있는데, 이것은 대부분 사전준비의 소홀에서 초래될 수 있다. 또한 철저하게 사전준비를 하더라도 그것이 잘못된 방향일 경우 실패할 수도 있으며 지나치게 신중하여 매력적인 시장기회를 상실할 수도 있다. 따라서 철저하면서도 서두르지 않는 창업의 준비과정이 필요하며, 충동이나 막연한 구상보다 현실적인 계획을 수립할 수 있는 창업이 중요하다고 할 수 있다.

② 창업의 성공요인 분석

1) 창업의 실패를 줄이는 요인들

많은 사람들이 창업에 도전하지만 기대한 성공을 거두는 사람들은 제한되어 있다. 실제로 기업은 관점에 따라 다르지만 창업의 실패율은 70~90%에 이른다고 보는 주장도 있다. 그러나 이처럼 실패율이 높다고 해서 창업을 포기하는 것은 아쉬움이 있다. 따라서 창업의 실패율을 줄일 수 있는 방법을 찾아야 하며, 그러한 요인들을 살펴보면 다음과 같다.

첫째, 시간을 가지고 철저한 준비를 해야 한다. 창업 실패의 이유 중 상당수는 충분하지 못한 준비에서 비롯된다. 실패요인을 보면 시장분석의 미비, 기술수준의 부족, 자금부족, 그리고 인원문제 등 많은 요인들이 포함된다. 따라서 사전준비와 정보수집을 철저하게 하여 창업의 성공기회를 높여야 한다. 준비된 창업자는 열악한 환경에서도 여유를 가질 수 있는 것이다.

둘째, 전문가의 조언에 귀를 기울여야 한다. 자본이 부족하여 외부의 자금이 필요한 경우 사업계획서를 통해 공식적으로 평가받을 수도 있지만 스스로 자금을 조달해야 하는 개인의 경우에는 그럴 기회가 별로 없다. 그러므로 기회를 자신에게 유리한 방향으로 받아들이고 문제가 될 수 있는 결함을 인지하지 못하는 경향이 있다. 따라서 전문가의 조언과 자문을 통해 창업에 대한 도움을 받는 것이 필요하다.

2) 창업 성공요인의 분석

창업을 위해서는 다양한 요인들에 대한 확인과 검토가 필요하다. 창업희망자의 입장에서는 자신이 경영자의 능력, 경영관리 전략, 제품, 자금, 기술, 시장, 경험 그리고 경쟁기업 등의 요인 등이 어느 정도의 수준에 있는가를 확인함으로써 창업을 위해 보다 체계적으로 접근하고 성공 가능성을 높일 수 있을 것이다. 창업자는 현재 고려중인 업종의 범위 내에서 이러한 핵심 성공요인이 중요하다고 볼 수 있다.

자신에게 보다 적절한 창업업종을 예측할 수 있으며, 만일 특정 업종을 고수할 경우 자신의 취약점을 알고 그것을 보강함으로써 창업성공 가능성을 어느 정도 높일 수 있는가에 대한 전망을 할 수 있다.

(1) 경영자의 능력

창업기업의 경영자는 기존의 상식이나 발상을 뛰어넘는 새로운 아이디어를 제시하기도 하고, 일상의 틀을 벗어나는 파격적인 행동으로 일에 매진하며, 직원을 선도하고, 유연한 처세와 장기 비전을 통해 스스로의 꿈을 만들어가는 사람이어야 한다. 기업에서 가장 중요한 것은 사람이라는 말이 있듯이 사업의 성공에 있어서 인적인 요소의 비중이 매우 중요하다. 특히 새로 창업을 할 때 업무수행에 가장 잘 맞는 인재를 구하는 것이 중요하다. 이것으로써 창업자는 사업 성패를 결정짓기도 한다.

창업희망자는 경영자의 능력 차원에서 자신의 상태가 어떤지를 알아보기 위해 몇 가지를 체크해 볼 필요가 있다. 주로 확인해 볼 항목은 창의성, 위기 대처능력, 리더십, 미래지향적인 꿈, 사회지향적인 경영개념 등으로 어느 정도의 위치인지 확인해 보고, 본인이 창업경영자로서의 능력이 되는가를 한번쯤은 고려해 보아야 한다.

(2) 경영관리 및 전략

최근 기업 환경의 급격한 변화에 따라 경영전략은 그 중요성이 강조되고 있다. 창업기업은 시장 장악력이 미흡하고, 자금의 부족으로 단기적인 생존마저 어려운 경우가 많아 시장에서 취약하다고 볼 수 있다. 경영관리의 제반 활동들은 규모에 관계없이 기업의 창업, 경영을 위해서는 필연적으로 행해져야 할 것들이다. 그러므로 경영관리에 대한 지식은 경영학 교육이나 관리실무 등을 통해 얻을 수 있다.

창업희망자는 경영관리와 전략적 차원에서 몇 가지 사항들을 고려해 보아야 한다. 구매, 생산, 판매 등의 관리능력, 직원의 지휘능력, 조달, 구매의 안정성, 지속적인 고객정보 관리, 경영개선 및 혁신의 수용 등을 점검해야 한다.

(3) 제품

외식기업이 제공하는 제품이나 서비스가 소비자의 필요와 욕구에 적합하지 않으면 소비자의 선택을 받지 못한다. 물론 외식기업이 도산하게 되는 데는 이외에도 여러 요인이 있지만, 가장 기본적인 것은 외식기업이 생산, 공급하는 제품이나 서비스가 소비자의 필요와 욕구에 부응하지 않았기 때문이다. 그러므로 소비자의 선택을 받을 수 있는 제품을 생산해야 한다.

따라서 창업희망자는 제품차원의 요인과 관련하여 몇 가지를 체크해 볼 필요가 있다. 새로운 유형의 제품, 서비스 여부, 품질수준, 신식재료의 사용, 소비자의 필요와 욕구, 디자인의 독특성 등을 고려해야 할 것이다.

(4) 자금

외식업의 창업을 위해서는 상당한 규모의 창업자금이 요구된다. 이것은 창업자가 희망하는 기업을 실현할 때 필요한 요소 등을 동원하는 데 이용되는 원천적인 자원이다. 기업에서는 합리적인 자금관리가 무엇보다 중요하다.

자금계획의 유용성은 미래의 자금흐름을 정확하게 예측해야 하는 것이다. 자금 담당자는 정확하게 예측해서 사용해야 한다. 자금이 부족할 때 조달자금에 적합한 업종을 새롭게 확인하거나 조달 원천을 다양화하여 부족한 자금을 확보해서 창업해야 할 것이다.

창업희망자가 자금과 관련된 차원에서 자신의 상태를 체크하기 위한 사항들은 수익성, 자금조달의 용이성, 재고부담, 운영경비, 정부 및 금융기관의 자금지원 가능여부 등이다.

(5) 기술

최근 경영환경의 변화로 인하여 우리나라 외식기업들은 치열한 경쟁에서 살아남기 위하여 노력하고 있다. 특히 창업기업들은 차별화된 고유한 기술이 있어야 난관을 극복할 수 있다.

창업기업은 자금이 부족하고, 관리능력이 떨어지고, 특별하지 않은 전략 등으로 인하여 성공요인이 낮은 경우가 많으므로 우선 기술분야의 우위를 확보해야 한다. 이러한 의미에서 기술은 매우 중요한 상황이라 볼 수 있다. 그러므로 창업기업으로서는 기술에 대한 새로운 혁신이 요구되는 상황이다. 음식 만드는 과정의 설비기술이 자동화되어 있거나 포장 등에 대해서도 다른 기업과 차별화되어 있다면 조금 더 편리하게 운영할 수 있을 것이다. 창업희망자는 기술적인 차원에서 혁신적인 신기술, 연구개발 능력, 유능한 기술 전문인력 확보, 기술변화의 계속적인 추적, 연구개발에의 자금 투자 등을 고려해서 점검해야 할 것이다.

(6) 시장

새롭게 시작하는 창업기업은 적합한 시장기회를 탐색하여 세분시장을 인식하고 그 중에서 유망한 틈새시장(블루오션)을 선택하여 거기에 집중하는 것도 필요하다. 사실 고객들은 욕구가 다양하고, 지불능력도 각기 다르다. 고객들의 쇼핑 습관도 다르고, 매체에 대한 반응도 다양하므로 세분시장을 잘 파악해야 한다.

고객의 다양성은 기업활동을 전개하는 데 있어 중요하게 관심을 기울이고 지켜봐야 할 부분이다. 창업희망자는 시장차원에서 외식상품의 시장규모, 새로운 용도나 고객의 개발 가능성, 출시 타이밍, 제품수명주기 단계, 소비자행동 분석 등의 요인들을 잘 고려해 보아야 한다.

(7) 경력 및 경험

창업할 때 특정 분야에서의 경력은 자기 나름의 노하우를 가진 경우가 있으므로 이에 기초하여 새로운 사업기회를 찾아볼 수 있는 것이다.

창업자의 경력에는 그가 현재에 이르기까지 축적해 온 경험, 노하우, 인맥, 대인관계 및 친분 등이 폭넓게 포함된다. 따라서 창업을 할 때 지금까지 해오던 일의 연장선이거나 전 소속기업과의 긴밀한 관계를 이용하는 방안 등은 창업기업의 위험을 크게 줄여주고, 여러 가지 부차적 자원을 기대할 수도 있는 이점이 있다.

창업희망자가 경력 차원에서 고려해야 할 요소들을 보면, 예전에 하던 일과의 유사성 정도가 높을수록 좋고, 경험의 노하우가 많고, 경험축적이 많을수록 좋다. 친분관계가 두텁고, 지원 가능한 인맥의 폭이 넓은 것이 더 좋을 수 있다.

(8) 경쟁기업

창업기업은 경쟁기업에 대해 잘 알아야 하므로 경쟁기업에 대한 분석이 필요한데 현재 및 잠재 경쟁자가 누구인가에 대한 분석과 경쟁의 방법에 대한 것이다. 잠재 경쟁자에 대한 분석은 경쟁사의 SWOT을 분석해 보고, 경쟁사가 표적으로 하는 시장과 전략을 비교해서 고객에 대한 이해를 높일 수 있다.

경쟁상대 기업을 폭넓게 봄으로써 보다 장기적이고 구조적인 경쟁여건의 분석이 가능해진다. 창업희망자가 경쟁차원에서 고려해야 할 요소들은 시장 점유가능, 경쟁업자의 수, 시장의 신규 진입, 시장에의 진출 예상자 수, 경쟁업자 분석 등이다.

3 창업에 대한 이해

1) 창업

(1) 창업시기의 선택과 특징

실제로 창업할 시기를 결정하는 것은 매우 신중한 일 중의 하나이다. 가장 적절한 창업시기는 열정이 높고 이를 구체적으로 실현할 수 있는 준비가 잘 되어 있을 때이다. 창업은 경영환경 변화에 얼마나 잘 적응하느냐에 따라 성공의 성패도 좌우된다고 할 수 있다. 창업하면 자신이 스스로 직장을 만들고 그 직장을 지켜 나가는 과정이므로 행복한 삶의 터전인 직장을 위해 창업한다는 마음가짐이 필요하다.

사업을 시작하는 경우에 수반되는 여러 제약 중 나이에 따른 한계가 매우 큰 제약요인이 된다. 또한 나이에 맞는 유형을 고려하여 창업해야 할 것이다. 나이에 따른 사업의 유형을 살펴보면 다음과 같다.

① **20대의 창업** : 20대는 모험창업에 속한다. 20대는 자기의 전공, 직업과 관계없이 자기가 자신 있는 분야에 적극적으로 참여하여 선택한 분야를 개척하고 이에 따른 어려움을 헤쳐 나가는 창업의 형태다. 이 시기는 보통 창업에 대한 의지는 높지만, 개인적으로 갖추고 있는 인적, 물적 자원이 크지 않고, 사회적 경험도 적으므로 사전준비를 보다 철저히 해야 할 것이다.

② **30대의 창업** : 30대 연령층의 창업은 선택적 창업이라고 볼 수 있다. 자신의 적성에 맞는 분야를 찾아서 이를 선택하여 창업하는 것이다. 이는 자기 적성과 업무가 얼마나 상관성이 있는지 고려하여 사업 아이템을 발굴하고, 사회생활을 통해 이루어 놓은 인간적 유대와 준비한 사업아이템, 사업관계 등을 잘 설정해서 이용할 수 있도록 하는 것이 필요하다. 그렇지 못할 경우에는 자신이 즐겨할 수 있는 아이템이나 일을 찾아 창업하는 것이 좋다.

③ **40대의 창업** : 40대 연령층은 전문적인 창업으로 볼 수 있다. 사회생활 및 일정 분야에서 자기가 지금까지 이루어 놓은 것을 최대한으로 이용할 수 있어야 하

고, 이를 적극 활용하여 창업하는 것이다. 본인의 업무분야에서는 최고의 전문가인 점을 활용하는 것이 좋다. 40대는 사회적으로나 회사 내에서도 자신의 고유한 지위를 어느 정도는 확보하게 되는 경우가 대부분으로 인적 네트워크와 경력을 잘 활용하여 창업의 확실성을 높여야 할 것이다.

④ **50대 이후의 창업** : 50대 이상은 모험이 적은 창업을 선택하는 것이 좋다. 이 시기는 지금까지 쌓아온 인생의 경력이 있고 새롭게 시작하는 경력을 개발하는 기회가 다양하지 못하다. 풍부한 경력과 삶의 지혜, 사회의 연장자로서의 여유로움을 창업과 조화시킬 경우 50대의 창업 성공 가능성은 높을 수 있다. 50대는 보수적인 입장에서 살펴보고, 유지 가능하고 모험이 적은 쪽을 선택하는 것이 바람직할 것이다.

(2) 사업분야의 결정

창업자는 적정한 사업의 규모를 결정해서 사업을 시작해야 한다. 일반적으로 사업규모가 능력에 맞지 않게 크면 문제가 발생할 수 있다.

지금까지 많은 창업실패자들의 사례들을 살펴보면, 과다한 사업규모가 큰 요인을 차지한다. 적정한 사업규모에 대한 결정이 창업을 성공하게 하는 요인이 된다. 사업규모의 결정에서 고려되어야 할 사항들은 다음과 같다.

① **창업하고자 하는 업종과 제품 및 상품을 고려해야 한다.**

갈은 음식점이라도 한식, 일식, 중식, 양식 등으로 구분될 뿐만 아니라 한식업종 중에서도 해장국, 콩나물국밥, 분식, 설렁탕집 등 취급하고자 하는 제품의 종류나 상품의 내용이 각기 다르므로 어떤 업종의 어떤 제품을 취급할 것인가에 대한 충분한 검토가 필요하다. 특히 제조업의 경우에는 많은 시설투자가 필요한 설비산업인 경우와 좁은 공간에 기계 몇 대만 설치하고도 사업을 할 수 있는 산업도 있기 때문이다.

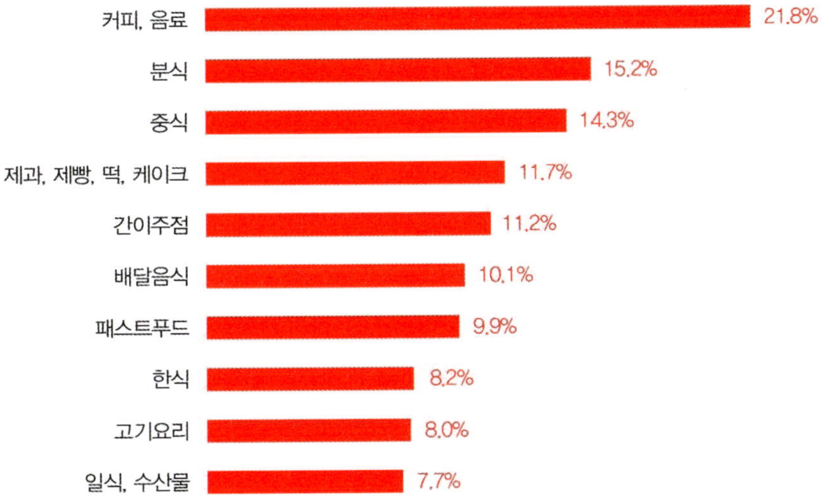

출처: 한양사이버대, 나이스지니데이터

[그림 4-1] 주요 외식업종 성장률(2016~2019년 외식시장 연평균 성장률)

② 경쟁자의 사업규모를 고려해야 한다.

같은 업종, 같은 제품을 생산 및 판매하는 경우에는 경쟁회사들의 규모로 조사·분석하여 동종업계 평균 사업규모를 정확히 파악하는 것도 중요하다. 특히 상권 내에서 경쟁 회사의 정확한 분석 없이 사업을 한다면 실패할 확률이 높아진다고 볼 수 있다.

③ 자금조달능력의 정도를 고려해야 한다.

창업자의 경영능력, 자금조달능력을 기준으로 자금조달 규모가 결정된다. 따라서 자금조달 규모는 사업규모를 자기자금조달 능력의 1.5인분의 1 내지 2분의 1 규모로 축소하여 책정할 필요가 있는 것이다.

(3) 경영기능의 습득

사업은 여러 지식이나 기능을 필요로 하며 업종에 따라서는 각각 독자적인 관리방법이 있다. 소자본 창업자는 경영에 대한 지식과 기능을 먼저 학습하는 것이 필요하다. 또한 일정한 자격을 갖추어야만 개업할 수 있는 업종도 있다. 때로는 유지 자격자나 경험자를 고용하여 개업하는 경우도 있다. 그러나 적절한 시기에 좋은 인재를 발견하기도 쉽지 않고 자금부담도 있어 비록 개업 시에 채용했다고 해도 퇴직하는 경우 경영에 곤란을 겪게 된다.

예비 창업자들이 외식업체를 운영하기 전에 비슷한 콘셉트의 외식업체에서 어느 정도의 기간 동안 일해보고 운영할 상권에서 아르바이트를 하며 고객 분석을 해보는 것도 좋은 방법이 될 것이다. 그리고 외식업체는 절차에 따라 운영해야 하고, 최대한 원가를 절감하며, 세무관리, 재고관리 등을 시행해야 한다. 창업자들은 마케팅 활동과 운영 시 감당할 수 있는 상황을 만들어 모든 것을 통제할 수 있어야 한다. 사업을 원활하게 운영하기 위한 경영지식과 기능은 아래와 같은 방법을 통해 확보할 수 있다.

첫째, 업계의 전문지 또는 전문서적을 되도록 많이 읽는다. 창업을 고려하는 동업계의 전문지에는 사업에 관한 중요한 내용들이 많이 포함되어 있다. 따라서 외식업계의 트렌드와 문제점, 문제점 해결방법, 경영에 대한 감각을 익히는 것은 도움이 된다. 또한 창업이나 외식업체 경영에 관한 내용을 다루는 경영관련 전문서적을 통해 경영관리에 대한 전반적인 노하우를 알아두어야 한다.

둘째, 기존 외식업체의 관리 운영방식을 잘 살펴본다. 창업 희망자는 자신이 희망하는 조건과 유사한 외식업체를 선택해서 운영의 노하우를 파악한다. 실제로 외식업체를 이용하면서 느낀 바를 정리해 두는 것도 좋다.

셋째, 현재 외식업체 경영자의 실제 경험을 알아본다. 창업희망자가 희망하는 경영자나 사원, 점원 등 동종 업계의 경험자로부터 직접 이야기를 듣거나 자문을 얻을 수 있다면 사업운영에 중요한 정보로 활용할 수 있을 것이다. 계획하는 입지와 전혀 관계없는 지역의 외식업체를 방문하여 직접 부딪쳐 보는 것도 좋은 방법이다.

넷째, 실제 경험을 할 수 있는 기회를 미리 가진다. 이들 업종이라도 겉으로 보는 것과 달리 실제로 경험해 봐야 알 수 있는 일과 사업요령이 있게 마련이다. 매입요령, 고객 수와 고객 한 사람당 매출액, 접객요령, 재고처리법, 유통규칙 등이 그것이다. 경영관리나 영업방법을 익히기 위해서는 견습생으로 취업하여 경험을 통해 확인하는 것이 좋다.

(4) 창업 멤버, 인원의 구성

창업을 위한 인적자원의 조달을 위해 창설팀을 만드는 것이 필요하다. 창설팀의 형성은 한 사람의 사업 아이디어 발안 및 주도하에 동료를 규합하는 방법과 여럿이 공통된 아이디어 경험 및 친분을 바탕으로 하여 팀을 형성하는 방법이 있다.

이러한 과정에서 팀 요원의 선발, 형성 및 팀워크의 문제도 고려해야 한다. 창설팀은 주요 활동목표 및 범위를 결정한다. 그리고 기업규모와 입지 선정, 건물의 선정, 소요자금액 및 자금조달계획 등과 같이 창업에 중요한 의사결정을 해야 한다.

소자본으로 창업할 경우에는 위와 같은 창설팀을 만드는 것이 불가능할 수도 있다. 사람을 고용하려면 자금 부담이 커지고, 기대하는 만큼의 성과를 내지 못하는 경우가 대부분이다. 따라서 사업이 어느 정도 성공하기 전에는 혼자서 일하는 편이 나을 수도 있다. 만일 혼자서 외식업체를 운영하는 것이 어렵다면 가족에게 협력을 구하여 도움을 받거나 시간제 아르바이트 등을 활용하는 것이 좋다.

영업형태가 외근을 나가는 형태일 때는 휴대폰, 팩스 등을 이용하고 착신전환서비스로 고객의 접촉에 적절히 대응할 수 있다.

첫째, 외식업체 및 사무실과 자택과의 거리는 가까울수록 좋다. 개업을 하면 주간에는 일하고 야간에는 그날 업무의 마감과 장부작성, 다음날의 대비를 해야 하므로 대개 장시간노동을 하게 된다. 따라서 가까운 거리에 있는 곳이 좋다.

둘째, 외식업체와 가까운 장소에 지인이 있는 것이 좋다. 적은 인원으로 일을 하다보면 생각하지 못한 일이 일어나서 곤란해지는 경우가 종종 있는데 그때 가까운 곳에서 도움받을 사람이 있으면 좋다.

셋째, 배우자에게 협력을 받고자 할 경우 미리 필요한 지식을 배우자에게도 알려주는 것이 좋다. 개업에 관해서 배우자가 충분히 이해하고 있어야 하고, 일과 가사를 함께하는 주부의 경우는 남편의 충분한 이해가 필요하다.

(5) 창업절차

서비스업은 창업자의 지식, 경험, 노하우 등이 사업에 직접 적용되는 업종으로 창업자의 능력이 사업의 핵심요소이며 이러한 요소가 수익의 원천이 되고 있다. 따라서 서비스업 창업자는 해당 분야에 대한 전문지식을 보유하고 있어야 한다. 서비스업을 이끌어가기 위해서는 창업자가 사업분야의 전체적인 흐름을 이해할 수 있어야 한다. 창업자가 업무를 잘 알고, 전체 흐름을 알고, 새로운 아이디어와 방향을 제시하여 사업을 이끌어가야만 성공가능성이 높기 때문이다.

창업자는 현재 준비가 부족하다면 시간이 걸리더라도, 어느 정도 준비기간을 가지고, 사업분야에 대한 이해와 실제 창업이 가능한 분야를 선정하는 것이 바람직할 것이다.

음식점이나 그 외 서비스업도 도 · 소매업과 같은 분류가 가능하다. 또한 업종 중에는 주류 판매업이나 음식점처럼 허가가 필요한 것, 약국처럼 면허를 필요로 하는 것, 세탁업과 같이 신고를 필요로 하는 것 등이 있다.

인가나 허가를 필요로 하는 업종은 반드시 일정기준을 충족해야 창업할 수 있다.

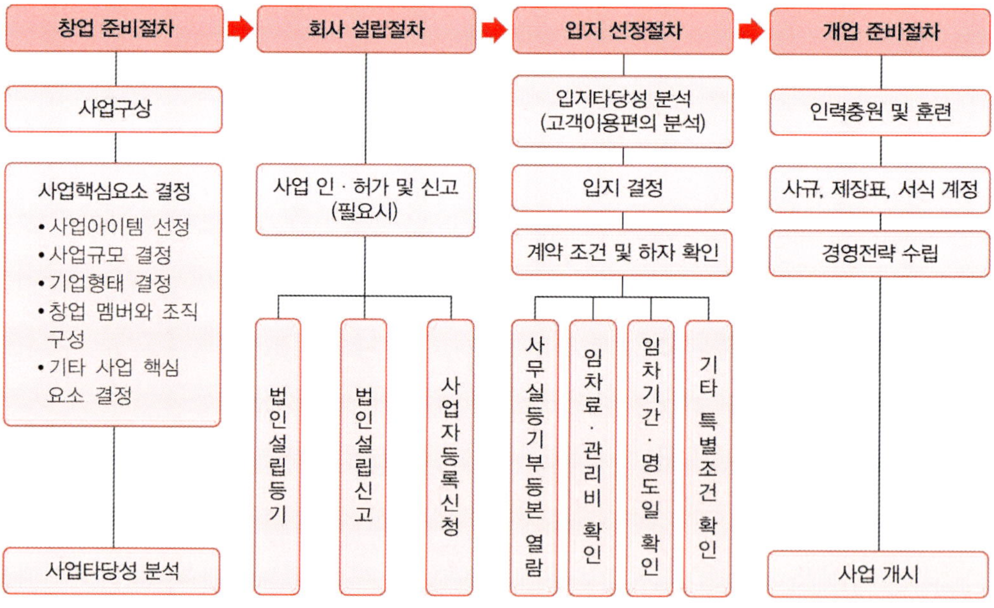

출처: 유재욱, 안수진(2017)

[그림 4-2] 창업절차

고객들이 서비스의 품질을 평가하는 요소는 서비스의 종류에 따라 다를 수 있지만 일반적으로 **표 4-1** 과 같은 내용의 질문에 대하여는 긍정적인 답변이 나올 수 있도록 해야 한다.

[표 4-1] **서비스품질의 평가요소**

결정요소	내용
서비스의 차별화	경쟁업체와 비교하여 서비스는 차별화되어 있는가?
서비스의 신뢰성	고객이 서비스의 품질을 신뢰할 수 있는가?
직원의 능력과 태도	직원이 서비스를 수행할 능력이 있으며, 능동적으로 서비스를 제공하고 있는가?
접근의 용이성	고객이 서비스를 항상 쉽게 이용할 수 있는 상황인가?
예의성	친절하게 서비스가 제공되고 있는가?
서비스 정보 제공	고객에게 서비스에 대한 적절한 정보가 제공되었는가?
서비스의 완전성	제공된 서비스에 불만스럽거나 의심스러운 부분은 없는가?
고객행동의 변화 파악	고객 행동의 변화를 파악하고 있는가?
사후서비스(A/S)	사후서비스는 적시에 제공되는가?

4 창업의 준비과정

창업은 여러 가지 요인들이 복합적으로 이루어지고 있다. 기업을 창업하기 위해 무엇부터 시작해야 할지 잘 파악해서 시작해야 할 것이다. 사업을 시작하기 전에 창업의 기본 절차에 포함된 사항이 무엇인지 파악하고, 실제로 시행했는지 비교하여 파악해 봐야 할 것이다.

1) 기업 목적의 정의

기업을 창업함에 있어서 창업의 기본적인 이유와 경영방향에 대해 명확히 해두어야 한다. 다양한 사회 속에서 기업은 이윤목적과 더불어 여러 목적이 동시에 추구되거나 이윤이 수단화되는 경우도 나타나고 있다. 기업의 목적은 창업자에게는 창업이념이 되고 있으며, 그에 따라 업종을 선택하고, 기업 활동의 내용이 달라질 수 있다.

2) 창업예비분석

창업희망자는 자신의 창업자질과 적성 등을 파악하고, 창업하는 것이 문제가 없는 것인지를 알아보아야 한다. 나아가 창업자가 가진 자원이 창업하기에 충분한지 확인하고, 창업하는 시기도 괜찮은지 확인해 봐야 한다.

3) 업종 및 사업 아이템 선정

어떤 업종을 선택하느냐에 따라 사업의 승패가 결정된다고 볼 수 있다. 업종에 따라 사업의 준비방법도 달라진다. 경영능력이 좋고, 자금이 풍부한 창업자라도 선택한 업종이 고객들이 외면하는 사양사업이라면 실패할 가능성이 높다.

그리고 창업자의 성격과 조화롭지 않은 업종을 고르면 실패하기 쉽다. 반대로 창업자가 선택한 업종이 성장기에 있고 창업자의 성격과 조화를 이룬다면 성공의 확률은 대단히 높아진다.

사업에는 착수하기 쉬운 업종과 어려운 업종이 있다. 주류 판매업이나 음식점처럼 허가가 필요한 것, 약국처럼 면허를 필요로 하는 것, 세탁소와 같이 신고를 필요로 하는 것 등이 있다. 인가나 허가를 필요로 하는 업종은 일정 기준을 충족시키지 않으면 개업할 수 없다.

사실 창업 업종 내지 사업 아이템의 선정은 창업과정 중에서 가장 어렵고 많은 시간이 요구되는 것이다. 이는 기본적으로 자신이 고려하는 사업 업종, 아이템에서의 성공 가능성을 추정할 수 없기 때문이다. 따라서 선택업종에서의 성공가능성을 어느 정도 추정할 수 있다면 선택에 큰 도움이 될 것이다.

4) 사업타당성 분석

사업은 시행하기 전에 사업을 통하여 발생된 손해와 이익에 관한 분석을 실시해야 한다. 사업성 분석과 유형에 일정한 규칙은 없으며, 분석자의 경험을 토대로 사업성을 분석하고, 전문가를 비롯하여 여러 사람의 자문을 구하기도 한다.

외식업체의 사업성 분석은 그 업체가 활동할 시장 및 시장에 출시할 메뉴, 서비스 및 아이디어의 유형 등을 규정해야 한다. 물론 소비자의 욕구를 파악하는 것도 잊지 말아야 할 것이다.

사업타당성 조사는 사업으로서의 가능성 확인과 투자의 규모를 결정하는 것으로서 조사단계의 절차를 살펴보면 다음과 같다.

① 대략의 소요 자본을 계산하고, 외식업체에 관련된 전문지식을 습득하며, 사업의 미래 전망을 파악한다. 또한 사업 운영 시에 법적 제한을 알아야 한다.

② 입지 및 경쟁업체의 분석이다. 같은 산업에서 동종 및 이종업체의 전략들을 원가, 품질, 서비스 등의 차원에서 분석한다.

③ 수요자에 대한 분석이다. 주변의 상권인구 중에서 외식에 대한 수요의 정도를 파악하여야 한다.

④ 메뉴를 설정하여야 한다. 메뉴는 고객층, 입지, 가격 등을 고려해야 한다.

⑤ 시설 및 규모를 설정하여야 한다. 점포계획은 메뉴와 시장 조사 결과에 따라 결정한다.

⑥ 시설 및 규모에 의거하여 투자액을 산출하여야 한다.

⑦ 미래의 일정기간 동안 기업활동으로부터 발생할 금전적인 부분을 추정하기 위한 추정손익계산서를 작성하여야 한다.

5) 인적 및 물적 자원의 조달과 구성

사업타당성 분석에서 아이디어가 가능성이 있다고 판단되면, 이를 사업에 적용하기 위한 인적자원과 물적 자원을 조달하여야 한다.

(1) 인적자원의 조달

창업팀이 형성되는 과정은 크게 두 가지로 나누어볼 수 있다. 첫째는 한 사람의 사업아이디어 창출 및 주도하에 동료를 선발하는 것이고, 둘째는 여러 명이 공통된 경험 및 친분을 바탕으로 팀을 형성하는 것이다. 이러한 과정에서 팀 구성원의 선발 및 협동심은 매우 중요하다. 특히 외식업체의 경우, 사람이 제공하는 서비스가 큰 비중을 차지하기 때문에 창업에 동참하는 팀원을 구성하는 것은 매우 중요하고 신중하게 고려되어야 하는 부분이다.

(2) 물적 자원의 조달

물적 자원의 조달에서 가장 중요한 것은 소요자금의 조달문제이다. 기업창업에 필요한 자금은 자기자본에 의하거나 타인자본에 의해 조달할 수 있다. 자기자본을 조달하는 방법에는 창업자의 소유자본, 자본참여자의 확보 등이 있다. 그러나 창업에 필요한 자금을 충분히 확보하지 못할 경우 타인자본에 의존하게 되는데, 이의 조달 원천은 여러 경로를 확인하여 조달해야 할 것이다.

6) 사업계획서의 작성

사업계획서는 사업을 검토하는 데 타당성이 인정될 경우에 한하여 작성하는 것으로서 사업의 내용, 회사개요, 시장환경 분석, 제품 및 서비스, 마케팅 계획, 사업운영계획, 재무계획, 사업추진계획, 위기대응 등을 일목요연하게 정리한 일체의 서류이다.

사업계획서는 사업성공의 가능성을 높여주는 동시에 계획적인 창업을 가능하게 하고, 창업기간을 단축해 주며, 계획사업의 성취에도 긍정적인 영향을 미친다. 또한 창업에 도움을 줄 동업자, 출자자, 금융기관, 매입처, 매출처 및 일반고객 등에 이르기까지 투자의 관심 유도와 설득자료로써의 활용도가 매우 높다.

사업계획서를 작성할 때 정확하고 객관성이 유지되도록 작성해야 하고, 전문적이고 차별화된 독창성을 갖추어야 한다. 또한 상당한 기본 지식과 시간, 정보 등을 필요로 하는 만큼 충분한 시간적 여유를 가지고 사업계획서를 준비하여야 한다. 표 4-2에서 제시한 것처럼 사업계획서의 내용에는 많은 부분이 포함되어 있어야 한다.

[표 4-2] 사업계획서 내용

사업계획서 내용	1. 사업의 내용
	2. 회사 개요
	3. 시장환경 분석
	4. 제품 및 서비스
	5. 마케팅 계획
	6. 사업운영계획
	7. 재무계획
	8. 사업추진계획
	9. 위기대응

7) 사업장 확보

자금이 부족한 상황에서 소규모 기업을 시작할 때, 사업장을 확보하는 과정은 매우 중요하다. 요즘은 많은 사업이 직간접적으로 인터넷과 유비쿼터스 같은 IT매체에 기반을 두고 있으므로, 이에 대한 인프라가 사업의 경쟁력을 좌우할 수 있다.

8) 사업자 등록

창업을 위한 사전준비가 완료되면 관할 세무서에 사업자등록을 신청한다. 사업자등록은 사업장을 경영하는 세무서에 하는 것으로, 해당 서류를 제출하면 된다.

9) 개업준비

개업준비를 위하여 직원의 채용과 관리 외식업체 운영을 위한 상품구매법, 외식업체의 효과적인 인테리어 방법과 매출증대를 위한 간판 활용법을 알아야 한다.

10) 개업

소자본 창업성공전략과 외식업체 운영전략, 소규모 사업의 홍보방법과 정략, 오픈 행사 진행방법, 고객관리전략에 대하여 알아야 한다. 창업을 위한 기본절차를 완료하고 처음 발생하는 문제가 세무업무이다. 규모가 있는 사업장은 경리 전문가를 채용하여 세무업무를 처리하지만, 대부분의 소규모 사업장은 장부기장과 세금에 대한 신고, 납부업무를 세무사 사무실에 위임하여 처리한다.

5 전업 또는 폐업

창업도 중요하지만, 전업을 통해서 새롭게 시작하는 것도 방법이다. 그리고 폐업을 결정해야 하는 순간도 있다. 그래서 아래의 방법을 참고해서 전업과 폐업을 하면 좋을 것이다.

1) 전업은 과감하게 결정하라

상품에 라이프 사이클이 있듯이 업종에도 도입기, 성장기, 성숙기, 쇠퇴기가 있기 마련이다. 고객선호 변화와 상권의 변화 때문에 업종은 흥망성쇠를 맞게 된다. 따라서 외식업체 경영주는 이러한 사업의 전환 포인트를 잘 포착하여 변신을 시도해야 한다. 이러한 변신이 성공적인 방향으로 진행되기 위해서는 다음과 같은 사항을 점검하여야 한다.

(1) 전업을 결정할 때

① 최소한 3년간의 매출동향을 점검하여야 한다. 장사가 잘되는 경우에도 전업하는 경우가 있다. 새로운 업종을 찾았다거나, 아니면 업종과 적성의 부조화의 경우이다. 먼저 가장 중요한 체크포인트로 외식업체의 매출이 어떻게 진행되어

왔는지를 검토하여야 한다. 최소한 3년간의 매출액을 월별로 분석하여 매출의 곡선이 하향세를 그리고 있는지를 검토한다. 만약 점진적인 하향세를 나타내고 있다면 이러한 외식업체는 과감하게 전업을 결정해야 한다.

② 상권의 변화를 파악하여야 한다. 상권은 시시각각 변한다. 따라서 1년 전의 상권과 현재의 상권은 많은 변화를 가지게 된다. 1년 전에 학원상권이라면 현재는 학원의 이전으로 일반 회사원이 많아질 수 있는 것이다. 이 상황에서는 만약 학생들을 상대로 한 패스트푸드점을 운영하고 있었다면 상권이 변한 지금은 회사원을 상대로 하는 음식점으로의 과감한 변신이 필요한 것이다.

(2) 전업을 결정한 후

전업을 결정했다면 과연 어느 업종으로 전업해야 하는지 고민해야 한다. 업종을 선택하는 데 있어서 외식업체 경영주가 고심하는 사항은 기존에 영업하면서 사용했던 집기 및 인테리어에 대한 처리사항이다. 따라서 외식업체 경영주가 업종을 변경할 때 고려해야 할 사항은, 기존에 운영했던 업종과 비슷한 업종을 선택하면 외식업체에 투자한 인테리어를 어느 정도 활용할 수 있다는 점이다.

2) 전업은 유사업종으로 하는 것이 좋다.

전업의 결정은 과감하게 하지만 업종의 결정은 위험률이 낮은 것을 선택하는 것이 전업의 원칙이다. 따라서 투자비용을 고려하는 것은 물론 외식업체를 영업할 때 서로 관련이 있는 업종을 선택해서 전업에 따른 손실을 최소화할 수 있다. 음식 장사를 했다면 새로운 유망음식업종으로의 전업을, 판매 소매업을 했다면 유망한 판매 소매업종을 선정하는 것이 전업으로 인한 성공의 지름길이다.

3) 폐업 시 권리금 회수에 관심을 가져야 한다.

현재 운영하는 외식업체의 위치가 상권의 변화로 인하여 외식업체 경영주가 희망하는 사업을 도저히 영위하기 어렵다거나, 외식업체 경영주의 개인사정으로 인하여 현재의 위치에서 계속 영업할 수 없다면 기존의 외식업체를 포기하고 다른 상권의 외식업체를 물색하여야 한다. 이때 외식업체 경영주는 기존 외식업체에 투자했던 투자액을 회수하는 데 총력을 기울여야 한다. 특히 권리금 회수에 노력해야 한다. 권리금이라는 것이 영업이 잘되었을 때에는 충분한 보상을 받을 수 있으나, 그렇지 못한 경우에는 지불한 권리금에 훨씬 못 미치는 금액에 외식업체를 내놓아야 하기 때문이다. 따라서 적정한 권리금을 확보하기 위해서는 외식업체를 내놓을 경우 절대 주변이나 중개업소에 장사가 안 돼서 외식업체를 내놓는다는 인상을 주어서는 안 될 것이며, 개인적인 사정에 의해서 불가피하게 외식업체를 내놓는다는 것을 알려야 할 것이다.

그 다음이 투자된 인테리어 금액 중에서 그동안 운영했던 기간 동안의 감가상각액을 제외한 금액을 회수해야 하는데 가장 좋은 방법은 기존에 운영했던 업종으로 개업하려는 사람에게 외식업체를 넘기는 방법이다. 주변의 소개를 통하거나 비슷한 업종을 운영하는 체인본사에 연락을 취하여 이러한 사람을 찾는 데 최선을 다해야 한다.

마지막으로 외식업체 경영주는 외식업체가 매각될 때까지 최선을 다해 외식업체를 운영해야 한다. 외식업체를 매각하겠다고 결정하게 되면 대다수의 사람들은 작자가 나타날 때까지 대충대충 영업하는 경우가 많다. 이렇게 외식업체를 운영하다 보면 앞에서도 언급했듯이 외식업체의 운영이 잘 안 된다는 모습을 보이게 되어 적정한 권리금을 회수하기 어렵게 된다. 따라서 적정한 임차 희망자가 나타날 때까지 외식업체 운영에 있어서 최선을 다하는 것이 외식업체 경영주 입장에서 손해를 최소화하는 것이다.

4) 전업, 폐업 전에 세금문제는 반드시 확인해야 한다.

전업 또는 폐업을 할 때 소홀히 취급하기 쉬운 것이 세금문제이다. 외식업체 경영주는 외식업체의 인수가격이나 재고처리에만 신경을 쓰기 때문이다. 그러나 나중에 예상치 못한 부가세를 내느라 큰 어려움을 겪는 경우가 비일비재하게 발생된다. 세금 문제는 외식업체를 개업하기 이전부터 외식업체를 전업 또는 폐업할 때까지 항시 충분하게 검토해야 하는 사항이다.

개업할 결심을 했다면 외식업체가 영업을 개시하지 않았어도 먼저 사업자등록을 신청해야 한다. 왜냐하면 외식업체 운영을 위해 구입하는 각종 집기, 비품 등에 대한 매입부가세를 환급받을 수 있기 때문이다. 사업자등록 이전에 구입한 물품에 대해서는 부가세에 대한 환급을 받을 수 없다. 또한, 외식업체를 폐업할 때 잔존재고는 세무상으로 외식업체 경영주 자신에게 판매한 것으로 간주되므로 이에 대한 부가세를 납부해야 한다. 외식업체 경영주는 사전에 충분한 검토를 해야 하며, 특히 세무상의 문제는 인근의 전문 세무사 사무실에 의뢰하여 정확하게 처리해야 불필요한 비용을 절감할 수 있는 것이다.

사 례

식당 창업자들이 빠지기 쉬운 함정 5가지!

사람들은 막연하게 식당 사장을 꿈꾸고 대박 식당의 주인공이 될 것이라 생각한다. 하지만 현실은 그렇지 않다. 식당업이란 무엇인지, 어떤 원칙과 전략으로 입지와 아이템을 정하고 고객을 유혹해야 하는지 제대로 알지 못하면 결코 성공할 수 없다.

 # 1. 식당을 '투기'로 생각하지 마라!

세계 최고의 갑부인 워렌 버핏은 '투자는 잃지 않는 것'이라고 했다. 식당 창업도 이와 같다. 그러나 식당 창업자들은 대부분 대박을 꿈꾸고 단기간에 성공하고 싶어 한다. 자신의 전 재산과 은행 대출금까지 받아 투자한 식당으로 일확천금을 얻고자 무리수를 둔다면 결코 오래갈 수 없다. 우리는 최대한, 아니 절대로 우리의 창업자금을 잃지 않는 선택을 해야 하고, 지속적으로 일할 수 있는 직장으로 식당을 만들어야 한다. 이것이 진정 성공적인 창업이다.

 # 2. 창업 전에 최소한 1년을 투자하라!

식당 창업을 고민하고 있다면 먼저 창업하고자 하는 비슷한 콘셉트의 식당에서 일 년 이상 꼭 일해봐야 한다. 식당 사장으로서 돈 관리만 하면 된다고 생각하면 큰 오산이다. 식당 사장은 식당에서 일어나는 모든 일들을 속속들이 알고 있어야 식당을 운영하면서 생기는 리스크에 제대로 대처할 수 있다.

 # 3. 뜨는 아이템과 콘셉트를 조심하라!

메뉴 콘셉트를 선택할 때는 너도나도 하고 싶어 안달이 나는 소위 '뜨는' 아이템을 경계해야 한다. 당신이 입지를 알아보고 창업을 준비하는 동안 이미 그 아이템은 '레드오션(red ocean)'이 되어버린다. 결국 창업에서 가장 중요한 원칙은 최대한 경쟁이 적은 곳에서 시작해야 한다는 것이다.

 # 4. 상권의 특징을 제대로 파악하라!

식당 초보자들이 가장 진입하기 좋은 상권은 주거지 상권이다. 그럼에도 불구하고 초보자들은 비싼 임대료를 내면서까지 유동인구가 많은 중심지나 오피스 상권을 선호하는 경향이 있다. 오피스 상권은 점심 장사가 잘되는 반면 주말 매출과 공휴일 매출을 포기해야 하는 치명적 약점이 있다. 대학가 상권 역시 방학 동안 매출 급감을 피하기 어려우며 명동, 강남역과 같은 중심지 상권은 임대료 부담이 크기 때문에 초보자들에게는 위험하다. 그러나 주거지 상권은 365일 안정적으로 영업할 수 있으며 기존에 영업 중인 가게와 비교하여 콘셉트와 메뉴만 겹치지 않으면 성공할 가능성이 높다.

 # 5. 매출 확대에 식당의 명운을 걸어라!

이익을 생각하지 않고 무조건 매출을 올리는 전략은 위험한 것일까? 그렇지 않다. 체계적으로 경영하는 기업들이 중요시하는 것은 매출이다. 매출이 많아지면 이익에 관한 문제는 어떻게든 해결이 된다. 즉 매출이 일정 부분 이상 발생한다면 인건비, 임대료, 관리비 같은 고정비용은 늘어나지 않기에 나머지 매출의 상당 부분이 이익으로 남게 된다. 따라서 먼저 매출을 끌어올리는 것이 가장 중요한 일이다. 그런 후에 비용을 줄이거나 가격을 조정하는 방식으로 이익을 끌어올리면 된다. 매출을 늘린다는 것은 곧 고객을 더 많이 확보한다는 것을 의미한다.

–식당부자들, 이상규 지음

제 5 장

Food Service Management

외식산업의 상권, 입지분석

학 습 목 표

1. 상권과 입지에 대해 이해할 수 있다.
2. 상권분석에 대해 이해할 수 있다.

Food Service **Management**

Chapter 5

외식산업의 상권, 입지분석

Food Service Management

1 상권의 이해

1) 상권의 의의

현재 외식산업의 시장환경은 매우 빠르게 변하고 있다. 여러 가지 요인에 의하여 변화하고 있는데, 그중 외식업체가 입지한 상권은 가장 중요한 부분이라고 할 수 있다. 상권은 일반적으로 외식업체가 위치한 도시와 산업 밀집지역에 따라 여러 상황이 달라진다. 외식산업의 외식업체가 위치한 장소는 그 주변 환경의 영향을 받아 장소로서의 특징을 지니고, 그 장소가 만드는 상권이 경영활동에 많은 영향을 미치게 된다.

상권이란 한 외식업체가 고객을 유인할 수 있는 지역범위를 말한다. 외식업체에 대한 홍보를 비롯한 마케팅 전략을 실시하기 전에 기업은 외식업체의 상권범위를 어디까지로 할 것인가를 먼저 결정해야 한다. 상권은 인위적으로 형성되는 것이 아니라 지역 내에 존재하는 사람들의 라이프 스타일에 의해 자연스럽게 형성된 것으로 판매자와 소비자 간에 다양한 거래가 이루어지는 공간이며 다음과 같은 몇 가지의 특징을 지닌다.

첫째, 외식업체 규모가 클수록 그 상권은 크다.

둘째, 교통편이 좋으나 일류상가에 위치한 외식업체일수록 상권이 크다.

셋째, 지명도가 높은 상점, 개성이 강한 메뉴를 취급하는 외식업체일수록 상권이 크다.

[표 5-1] 상품의 유형

구분	상품의 유형		
	편의품	선매품	전문품
구매 전 지식	많다	적다	많다
구매노력	적다	보통	많다
대체제품 수용도	높다	보통	없다
구매빈도	많다	보통	다양하다
구매정보 탐색 정도	낮다	보통	낮다
서비스상품	고객이 최소한의 쇼핑 노력만을 들여 구매	경쟁 서비스와 품질, 가격 등을 비교해 가며 정보를 탐색하는 등 구매노력을 들인 후 구매	대체할 만한 서비스가 존재하지 않으며 브랜드 충성도가 높은 상품

2) 상권의 범위

상권의 범위는 입지 및 상권특성에 따라 다르지만 대부분 업종 및 업태에 따라 범위를 설정하게 된다. 업태에 따른 상권의 범위는 1차, 2차, 3차 상권으로 나누어지고, 상권의 유형별 분류로는 초대상권(광역권), 대형상권(10~20km), 준대형상권(6~10km), 중형상권(5~6km), 준중형상권(2~4km), 소형상권(1~2km), 초소형상권(500m~1km) 등이 있다. 또 상권의 거리상에 따른 분류는 도보권(편도 10분 이내, 500m), 자전거권(1.5km), 자동차권(5km), 철도권(지하철권, 철도권), 공항권 등이 있다.

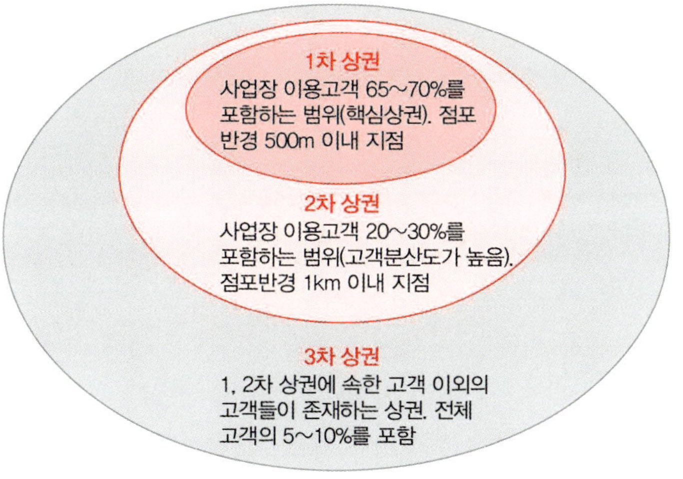

[그림 5-1] 상권의 범위

(1) 1차 상권 조사

1차 상권은 방문하는 고객 중 70%를 차지하는 경우로서 일반 소외식업체의 경우에는 외식업체를 기점으로 반경 500m 이내를 말한다. 대형 외식업체는 반경 1km를 1차 상권으로 정의한다. 먼저 지번에 나와 있는 교통지도를 구입하여 자기 외식업체를 기준으로 원을 그려 잠정적인 1차 상권 범위를 확정한 후 원 내의 세대수 및 인구수를 파악하고, 외식업체 앞의 유동통행량을 파악하여야 한다. 자기 외식업체 앞을 통행하는 통행인을 성별, 연령별, 시간대별로 구분·파악하여 유동인구를 확인하여야 한다. 고객이 외식업체에 방문할 때 차량 주차가능 여부도 중요하다. 이러한 조사는 평일과 주말을 구분해서 파악해야 하고, 조사일자의 기후환경, 주변의 행사진행 여부도 알아야 한다. 특히 고객이 많은 성수기에는 조사된 결과에 어느 정도 조정치를 가감해야 한다.

(2) 2차 상권 조사

2차 상권에 대한 조사는 외식업체를 기준으로 반경 1km 거리를 포함하는 지역으로 조사에 있어서 중요한 포인트는 외식업체를 기준으로 각종 도로의 현황과 경쟁점 및 유사업종의 위치를 파악하여 지도에 표시하는 것이다. 전반적인 입지의 특성을 파악하여 인구수 및 세대수를 파악하는 것이 필요하다.

또한 경쟁점을 추가로 더 조사해 보는 것이 좋은데 조사의 목적에 따라 시기가 달라질 수 있기 때문이다. 이러한 시기는 적절한 시점에 진행해야 효과를 볼 수 있다. 경쟁점의 조사는 가격을 인상시키고자 할 때, 경쟁점이 판촉행사를 시행할 때, 지역에 행사가 있을 경우 등이다. 원인 없이 매출이 하락할 경우에는 즉시 시행하는 것이 좋다.

[표 5-2] **경쟁점 조사의 순서**

단계	주제	점검사항
1단계	조사의 포인트 결정	외식업체의 문제점이 무엇인가(상품력, 가격 서비스)? 조사 포인트는 세분화하여 결정
2단계	조사의 목적 수립	새로운 판촉방법 도입 고객을 접객하는 방법
3단계	외식업체의 현상 요약	먼저 내 외식업체의 문제점 정리
4단계	세부 조사항목 결정	계산대 접객요령, 인사방법, 판촉아이템 및 방법
5단계	현장조사 실시	사실에 근거한 조사 실시
6단계	조사결과 정리	각 항목별 기록 유지 및 사진자료 첨부
7단계	외식업체와 대비 분석	경쟁업체와의 비교검토를 통한 개선점 파악
8단계	교육 후 현장에 반영	개선점을 명문화한 후 현장에 반영
9단계	시행결과 피드백	외식업체에 반영 후 결과에 대한 평가

[표 5-3] 경쟁점 조사의 순서

<table>
<tr><td colspan="7">경쟁점 조사서
조사일시 : . . . (am/pm 시)</td></tr>
<tr><td>상호</td><td>지점과의 이격거리</td><td>평수</td><td>외식업체근무 인 원</td><td>영업시간</td><td colspan="2">비고</td></tr>
<tr><td>1.</td><td>m</td><td></td><td></td><td></td><td></td><td></td></tr>
<tr><td>2.</td><td>m</td><td></td><td></td><td></td><td></td><td></td></tr>
<tr><td>3.</td><td>m</td><td></td><td></td><td></td><td></td><td></td></tr>
<tr><td>4.</td><td>m</td><td></td><td></td><td></td><td></td><td></td></tr>
<tr><td colspan="7">가격조사</td></tr>
<tr><td colspan="3">상품명</td><td>1</td><td>2</td><td>3</td><td>4</td></tr>
<tr><td colspan="3"></td><td></td><td></td><td></td><td></td></tr>
<tr><td colspan="3"></td><td></td><td></td><td></td><td></td></tr>
<tr><td colspan="3"></td><td></td><td></td><td></td><td></td></tr>
<tr><td colspan="3"></td><td></td><td></td><td></td><td></td></tr>
<tr><td colspan="7">고객 서비스 (우수 : ㅇ, 보통 : △, 불량 : ×)</td></tr>
<tr><td colspan="3">항목</td><td>1</td><td>2</td><td>3</td><td>4</td></tr>
<tr><td colspan="3">신속한 서비스</td><td></td><td></td><td></td><td></td></tr>
<tr><td colspan="3">친절</td><td></td><td></td><td></td><td></td></tr>
<tr><td colspan="3">복장상태</td><td></td><td></td><td></td><td></td></tr>
<tr><td colspan="3">영수증 교부</td><td></td><td></td><td></td><td></td></tr>
<tr><td colspan="7">외식업체 이미지</td></tr>
<tr><td colspan="2">항목</td><td>강 점</td><td>1</td><td>2</td><td>3</td><td>4</td></tr>
<tr><td colspan="2">청결상태</td><td></td><td></td><td></td><td></td><td></td></tr>
<tr><td colspan="2">진열상태</td><td></td><td></td><td></td><td></td><td></td></tr>
<tr><td colspan="2">조명</td><td></td><td></td><td></td><td></td><td></td></tr>
<tr><td colspan="7">강점, 약점, 기타</td></tr>
<tr><td>상호</td><td colspan="2">강점</td><td colspan="2">약점</td><td colspan="2">기타</td></tr>
<tr><td>1.</td><td colspan="2"></td><td colspan="2"></td><td colspan="2"></td></tr>
<tr><td>2.</td><td colspan="2"></td><td colspan="2"></td><td colspan="2"></td></tr>
<tr><td>3.</td><td colspan="2"></td><td colspan="2"></td><td colspan="2"></td></tr>
<tr><td>4.</td><td colspan="2"></td><td colspan="2"></td><td colspan="2"></td></tr>
</table>

(3) 3차 상권 조사

3차 상권 조사는 외식업체를 중심으로 약 2~5km 되는 지역에서 이 기점으로부터 고객이 거의 100%가 되는 지역이다. 3차 상권에선 거주세대에 대한 정밀조사가 필요하다. 홍보를 통하여 나의 고객으로 유인할 수 있는 잠재적인 지역으로 거주세대의 직업분류, 성별, 연령별 자료를 조사하여야 한다.

② 상권분석

1) 외식산업 상권에 영향을 주는 요인

전국의 지리적 조건에도 차이가 있다. 그러나 무엇보다 도시는 인구의 밀집성에 의해 상권의 규모와 질적인 특징에서 차이가 있으므로 도시는 상권을 결정짓는 가장 큰 요인이 되므로 우리나라 상권에 영향을 준다. 도시는 인간생활에 필요한 여러 가지 편리한 장소를 제공해 주고, 많은 사람들이 모이는 인구밀집지역이다. 도시가 다르면 인구규모도 다르고, 도시 이동의 차이가 심하게 나타난다. 또한 상업시설이 많으며, 각 도시마다 발전상황도 상당히 다르다.

2) 외식산업 상권의 조사와 분석

(1) 상권의 조사

상권의 조사는 기존에 영업하는 상권 또는 새롭게 창업하려는 상권에 관한 정보를 수집하고, 그 자료에 따라 조사 분석하고 싶은 대상의 문제점과 과제를 찾아내는 활동을 말한다. 이러한 상권조사는 외식업체 상권의 개발전략을 세우기 위한 것이다.

외식업체의 매출은 상권시장의 환경에 대한 경영능력에 따라 변하기도 한다. 따라서 기존 상권 또는 창업하고자 하는 상권에서 원하는 수익을 올리기 위해서는 체계적인 조사와 그에 따른 분석이 이루어져야 한다.

외식업체의 상권조사에서 명확하게 파악해야 할 요소들을 간략하게 살펴보면 다음과 같다.

가. 통계자료의 조사

통계자료를 조사하기 위해서는 통계청, 상공회의소, 관공서 등을 이용하여 다음과 같은 사항들을 조사해야 한다. 인구수, 세대수, 가족구성원 수, 주거형태(단독, 아파트), 소득수준, 학력수준 등을 조사하며, 연령별 · 남녀별 인구구성 등도 파악한다.

나. 상권규모의 파악

상권규모를 파악하기 위해서는 첫째, 고정상권은 주거인구, 고정출근자, 장주인구 등을 파악해야 한다. 둘째, 유동상권은 비거주, 비상주 인구 등을 파악한다. 셋째, 주간 및 야간 상권을 파악해야 한다. 그리고 마지막으로 대형 접객시설의 고정 및 유동 상권을 파악하는 것이다.

다. 통행인구 및 차량의 조사

성별, 연령별, 시간대별, 요일별 통행인구의 통행성격을 관찰하고, 통행인구의 수준 등을 파악하여 조사한다. 또한 통행차량은 차종별, 시간대별로 조사한다.

라. 경쟁관계의 조사

동종 및 유사외식업체에 대해서 경쟁력 우위를 가지려면 여러 가지 내용들을 조사함으로써 출점 시 전략적인 핵심역량으로 키워야 한다.

마. 향후 상권변화의 전망

상권조사 반경은 취급업종 및 규모와 입지에 따라 다르지만 대략적으로 거점반경 150~500m 정도의 범위 내에서 조사하고, 앞으로의 상권변화요인에 대해서도 정보를 입수해서 출점 시에 반영해야 한다. 주변상권의 확대 및 축소전망, 대형접객시설 개발에 관한 정보, 주변건물의 신축 및 철거계획에 대한 조사 등을 살펴봐야 할 것이다.

(2) 상권의 분석

가. 상권규모의 분석

상권규모는 후보점의 규모, 주변인구의 외식형태, 외부유출입 동선, 주변시설의 흡인력, 경쟁점의 입지 및 경쟁력, 주변지역의 지형지세, 도로 및 교통시설, 통행인의 성격, 상권의 규모, 형태, 수준, 입지의 기능적 · 지리적 위치 등의 여러 요인들을 감안하여 후보외식업체의 1차, 2차, 3차 상권의 범위를 설정한다. 그리고 고정 및 유동상권, 예정업태의 주상권규모를 분석하고 이때 조사된 내용을 정밀 분석하고 전략적 시사점을 토대로 출점계획을 세워야 한다.

나. 잠재력의 분석

상권의 잠재력을 분석하기 위하여 1차 상권규모는 1차 상권 지역 내 빌딩의 업무 및 상업시설 규모에 기초하여 상주 유동인구의 수용규모를 추정하여 산정한다. 또 2차 상권규모는 1차 상권 대비 상주 유동인구의 규모와 주거지역 내 고정인구의 규모를 추정하여 산정한다.

빌딩의 경우 상주 인구수는 사용면적 대비 건축면적 7~10명당 약 1명 정도로 보고 있다. 이와 같이 상권규모와 잠재력을 분석할 때 경쟁력 제고를 위해서는 SWOT분석을 주로 활용하고 있다.

전략적 관점에서 자사의 강점과 약점을 결합시켜 효과적인 전략을 모색하는 과정인 SWOT분석은 기업이 신제품 개발이나 신규사업에 진출 시 시장진입을 분석함에 있어서 핵심역량인 외적 환경과 내적 환경을 파악하여 기회를 활용하고 위협을 회피하거나 위협을 기회로 변화시키기 위해 필요하다.

③ 입지 선정

입지란 통상 레스토랑의 위치를 말하는 것으로서 어떠한 것이 장소를 점한 상태로서 정적이고 공간적인 개념이다.

1) 입지 선정의 중요성

외식산업은 입지산업이라고 할 정도로 외식업체의 입지조건은 매우 중요하다. 외식산업은 첫째도 입지, 둘째도 입지, 셋째도 입지라는 얘기가 있다. 입지란 일정한 장소에서 자신의 경영자원을 활용하여 사업성을 높이는 장소이며, 외식산업 경영에 중요한 전략일 수도 있다. 따라서 외식산업은 입지조건에 따라 사업의 성패가 좌우될 만큼 중요한 부분이다.

입지의 선정은 현재 및 장래의 상권을 추정하고 현재의 입지에서 유인 가능한 지역의 고객층과 수요를 예상하는 등 출점지의 효율적인 측정과 초기 영업을 위한 기본자료를 입수하는 것이다. 그러나 입지조건은 시간과 주변상황에 따라 변화하며 입지가 좋았으나 나빠질 수도 있으므로 항상 모든 정보와 자료를 사전에 파악하여 대비해야만 하는 것이다.

2) 입지 선정의 기준

외식업체의 특징, 서비스 형태, 메뉴 판매가격, 그리고 경영 등의 선택적 요인에 따라 입지 선정기준이 달라질 수 있다. 입지 선정 시 고려해야 할 사항은 다음과 같다.

(1) 입지 선정 시 고려사항

가. 일반적인 입지 선정 시 고려사항

① **잠재시장성** : 외식업체를 지나가는 차량이나 도보로 지나가는 사람들의 유동성이 커야 한다. 또한 외식업체의 인근에 주거지역을 배경으로 가지고 있는 곳이 좋다. 정통 레스토랑의 경우 반경 2km 이내에 10,000~20,000명의 인구가 필요하

다. 성공적인 창업을 위해서는 통행량이 많은 곳에 입점하는 것이 유리하다. 통행인구의 수도 중요하지만, 그 유동인구의 구체적인 성분을 분석해야 한다. 즉, 통행인의 통행목적, 성별분포, 소득수준 등이 필요하다. 외식업체 앞의 유동인구가 많고 적음에 따라 업체의 우열이 가려지고, 또한 유동인구의 특성에 따라 업종의 적합성이 결정된다.

② **구매력 분석** : 규모가 있는 외식업체는 특수한 경우를 제외하고는 5km 이내에 중산층 이상의 거주지를 배경으로 하면 좋다. 또한 상권범위에 있는 고객의 구매력을 파악하고 있어야 한다. 구매력은 일반적으로 소비자의 소득수준에 의해 크게 좌우되는데, 고객들의 소득수준이 높고 안정적이라면 꾸준한 구매를 기대할 수 있다. 물론 공단지역과 같이 특정분야의 산업이 지배하는 곳에 입지한 점포는 그 산업의 경기상황에 따라 구매력이 크게 좌우되는 경우도 있다.

③ **지역의 성장과 쇠퇴** : 그 지역이 경제적으로 활력을 갖고 있는가에 크게 영향을 받는다. 악화되는 모습이 나타난다면 외식업체의 도산은 시간문제이다.

④ **경쟁업소** : 비교할 만한 경쟁업소가 얼마나 있는가의 여부, 이용고객이 쉽게 선택할 수 있는 다양한 업종의 외식업체가 존재하는가의 여부 등은 신중히 검토해야 할 사항들이다. 주변에 있는 사업체들의 성격에 따라 개설 점포가 많은 영향을 받게 된다. 주위의 사업체들이 도움을 줄 수 있는 호혜적인 사업일 수도 있고 피해를 주는 사업체일 수도 있다. 호혜적인 업종이란 편의점 옆의 유흥점, 노래방과 같이 고객의 유인에 서로 도움을 주는 사업체를 말하고, 반대로 피해를 주는 사업체는 같은 고객을 두고 서로 경쟁해야 하는 동일업종이다.

⑤ **집합적인 외식업체 거리** : 유동인구가 많고 상권이 번화한 거리에 집합적인 외식업체 거리가 있는 경우 총체적인 이용고객의 숫자가 증가하는 경향이 있기 때문에 지역성으로만 평가한다면 양호하다.

나. 체인점 본부의 입지 선정 시 고려사항

외식업체를 체계적으로 운영하는 체인본부에서는 나름대로의 입지 선정 세부기준을 수립하여 가맹점이나 직영점을 운영하고 있다. 체인점 본부에서 고려하는 요소를 살펴보면 다음과 같다.

① 반경 2km 이내에 주거 및 상주인구 5만 명 이상을 시장으로 하는 인구집중 지역인지 확인한다.

② 도로에서 근접하기 쉽고, 1일 2,000대 이상의 교통량이 있는 곳인지 확인한다.

③ 쇼핑센터와 위락시설, 사무실 등의 상권지역에 포함된 지역인지 확인한다.

④ 주차장이 있거나 인근에 주차가 가능한 편의시설이 있는 곳인지 확인한다.

⑤ 경제적으로 활력이 있는 지역인지 확인한다.

⑥ 고객의 눈에 잘 띄고 접근이 용이한 장소인지 확인한다.

⑦ 상하수도의 이용이 원활하고 임대권을 포함한 법적 권리가 보장되는 곳인지 확인한다.

다. 패스트푸드점 가맹점의 경우 고려되는 기준

① 쇼핑센터 등의 건물 내에 위치를 확인한다.

② 상권이 형성된 코너 위치(최소한 2면이 보도로 연결)를 확인한다.

③ 최소 폭 10m 정면을 가지고 있는 위치를 확인한다.

④ 주변의 거주인구 10,000명 이상이 1km 내에 있거나 사무실이 있는 위치를 확인한다.

⑤ 도보 왕래객이 개점시간 내내 있는 곳인지 확인한다.

⑥ 주변에 공공시설이 있고, 사람의 업무상 왕래가 빈번한 위치를 확인한다.

⑦ 다른 외식업체와 500m 이상 떨어지지 않은 위치를 확인한다.

라. 입지 선정 시 지리적 위치에 의한 고려사항

① 코너 위치에 의하면 일면, 삼거리코너, 사거리코너가 좋은 위치이다.

② 시계성의 오목형 입지, 볼록형 입지는 주변 간판장애, 전면 가로수 장애, 주변 건물장애가 될 수 있으므로 피하는 것이 안전하다.

③ 접근성이 가능한 지리적 위치여야 한다.

④ 홍보성이 가능한 지리적 위치여야 한다.

⑤ 상권의 구매행태를 파악해야 한다.

⑥ 상권의 생활동선을 파악해야 한다. 즉 주요 외부출입 동선은 입지 선정할 때의 고려사항이다.

⑦ 주변의 교통시설 현황을 조사해야 한다.

⑧ 도로상황을 조사해야 한다.

⑨ 지형, 지세를 파악해야 한다(철도, 도로, 대형담장, 언덕, 평지 등).

(2) 입지 선정 시 배제지역

외식업체의 입지여건으로 장소를 선택할 때 다음과 같은 요인이 내재되어 있을 경우 가급적 선택장소에서 배제하는 것이 바람직하다.

가. 구획공간의 독립성

외식업체에서 독립적으로 사용할 수 없는 장소는 배제해야 한다.

나. 배수장치, 하수도, 상수도 등의 이용

배수장치 및 상하수도 사용문제는 원활해야 외식업체가 유지된다고 볼 수 있다.

다. 주차 편의성

최근 외식업체로 성공하기 위해서는 최소한의 주차장소가 필수적이다. 패밀리 레스토랑의 경우, 200석 규모의 외식업체는 75대의 주차공간이 필요하다는 통계가 있다.

라. 단기 임대조건

계약조건상 장기적으로 임대할 의사가 없는 경우 가급적 입지 선정 요건에서는 배제되어야 한다.

마. 가시성

외식업체가 최소 근접거리 50m 이상의 가시성이 있는 곳이 좋다. 외부 건물이나 기타 여건으로 외식업체 정문 앞에 서지 않아도 간판을 볼 수 있는 곳을 선택한다.

바. 과도한 교통량과 속도

업소의 위치가 교통량이 폭주하거나 주행하는 차량의 속도가 비교적 높은 지역 근처라면 고려해 보아야 할 것이다.

사. 도로나 보도로부터의 접근성

고객이 도로를 이용할 경우에는 주행선상으로부터 좌회전해야만 하는 위치는 배제되어야 한다. 이것은 우회전하는 장소보다 일반적으로 약 50%의 매출감소 요인을 내포하고 있다.

아. 기타 요인들

① 언덕길이나 내리막길은 피한다.
② 주인이 자주 바뀌는 곳은 문제가 있다.
③ 주변에 식당이 없으면 피한다.
④ 주변에 규모가 큰 식당이 있으면 피한다.
⑤ 주유소 주위는 가급적 피한다.
⑥ 지하실은 피한다.
⑦ 임대료가 싼 곳은 피한다.

제 6 장

Food Service Management

외식산업의 프랜차이즈 시스템

학 습 목 표

1. 프랜차이즈 시스템에 대해 이해할 수 있다.
2. 프랜차이즈 경영전략에 대해 이해할 수 있다.
3. 프랜차이즈 비즈니스의 창업과정에 대해 이해할 수 있다.

Chapter 6

외식산업의 프랜차이즈 시스템

Food Service Management

1 프랜차이즈 시스템의 개요

1) 일반적 정의

프랜차이즈(Franchise)의 의미는 '자유를 준다(to free)'로 권리 · 권한 · 면책 · 특권 등의 의미로 사용되어 왔다. 프랜차이즈(가맹사업)는 가맹사업자가 가맹계약자에게 본부의 상표, 상호 등을 사용하여 본부와 동일한 이미지로 상품판매, 용역제공 등 일정한 영업활동을 하도록 지원해 주고, 그에 따른 각종 영업의 지원 및 통제를 하며, 가맹계약자는 가맹사업자로부터 부여받은 권리 및 영업상 지원의 대가로 일정한 경제적 이익을 지급하는 계속적인 거래관계를 말한다.

프랜차이즈(Franchise)란 상호 · 상표 · 특허 · 노하우를 가진 체인 본부(Franchisor)가 계약을 통해 가맹점 사업자(Franchisee)에게 상표의 사용권과 제품의 판매권 및 기술 및 노하우 등을 제공하고 그 대가로 가맹비(Franchise Fee)와 로열티(Royalty) 등을 받는 거래관계시스템을 말한다. 가맹비는 프랜차이즈 패키지의 대가로서 매출액의 일정비율 또는 일정액을 지급하거나 본부에서 운영하는 재료, 장비 등을 구입하여 가맹점이 본부에 지급하는 대가이다.

국제프랜차이즈협회(IFA : International Franchise Association)에서는 "본부가 가맹점

의 사업에 대하여 노하우나 교육 등의 분야에서 계속적으로 이익을 제공하거나 유지하고, 그 기간 중 가맹점을 본부가 보유하고 있거나 통제하는 공통의 상호, 양식(Format) 및 기타 절차에 따라 영업을 하며, 자기자본으로 자기사업에 상당한 자본을 투하한다"고 정의하고 있다.

출처 : https://blog.naver.com/jinoo2222/197451612

[표 6-1] 프랜차이즈 조직의 운영구조

가맹본부(Franchisor)	프랜차이즈 계약	가맹점 사업자(Franchisee)
상호, 상표, 경영전략, 운영기법, 판매전략, 경영지도, 광고홍보 전략 등		가맹보증금, 로열티, 물품대금 지불

2) 프랜차이즈의 유형

「유통산업발전법」(제2조 정의)에서는 체인사업을 같은 업종의 여러 소매점포를 직영(자기가 소유하거나 임차한 매장에서 자기의 책임과 계산하에 매장을 직접 운영하는 것을 말한다. 이하 같다)하거나 같은 업종의 여러 소매점포에 대하여 계속적으로 경영을 지도하고 상품·원재료 또는 용역을 공급하는 사업으로 정의하고 있다.

이러한 체인사업은 직영점형 체인사업, 프랜차이즈형 체인사업, 임의가맹점형 체인사업, 조합형 체인사업으로 구분한다.

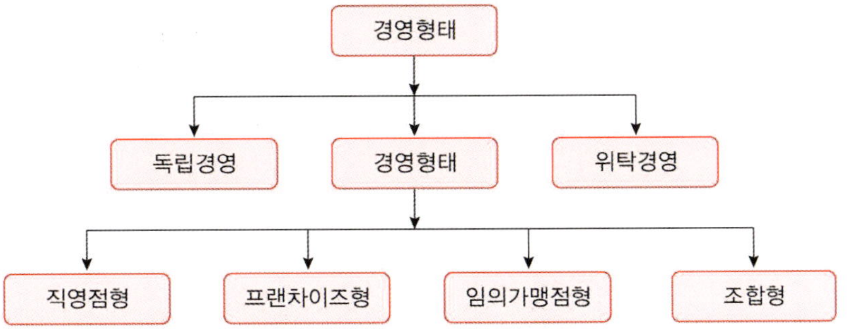

출처 : 한국공정거래조정원

[그림 6-1] 체인경영의 형태

(1) 직영점형 체인사업

체인본부가 자본을 직접 투자하여 직영점을 개설하고 본사 직원을 근속시켜 운영함으로써 수익을 얻는 체인형태이다. 단일자본에 의한 체인점으로 설립하여 점포 전개를 한 것으로 회사형 체인이라고도 한다.

직영점형 체인사업은 본부 직원이 직영점에 파견되어 운영을 전담하며 본부의 경영방침에 의해 모든 업무가 유지되므로, 브랜드 이미지를 전달하는 데 용이하다. 다른 체인형태와 달리 직영점에서 얻어지는 모든 수익이 본부에 귀속되어 수익성이 높은 편이다. 반면 직영점포 개설에 따른 모든 비용을 본부에서 지불해야 하기 때문에 직접 투자에 따른 재무적 위험성이 높은 편이다. 또한 본부의 힘으로 자본력과 필요한 인적 자원을 확보하기 때문에 점포의 사업 확장속도가 조금 느리다.

(2) 프랜차이즈형 체인사업

프랜차이즈형 체인사업은 체인회사와 각 가맹점이 모두 독립자본에 의한 사업자이지만 운영의 주체는 체인회사에 있고, 가맹점은 체인경영의 의사결정에 적극적으로 참가하지 않는 형태이다. 독자적인 상품 또는 판매 · 경영 기법을 개발한 체인본부가 상호 · 판매방법 · 매장운영을 결정하고, 광고방법 등도 결정한다.

가맹점 본부(Franchisor)는 해당지역 내에서 가맹점 사업자(Franchisee)에게 독점적 영업권을 주고 메뉴 · 식재료 · 광고 · 인테리어 · 서비스 등을 직접 구성하고 관리하며 교육지원 · 경영지도 · 판촉지원 등 각종 경영에 관한 노하우를 제공한다. 이에 대해 가맹사업자는 가맹본부에게 가맹비 · 로열티 등의 일정한 대가를 지불한다. 프랜차이즈 시스템은 다양한 업종과 업태에 폭넓게 적용되며 프랜차이즈 시스템에는 다양한 형태가 있다. 제조업과 도소매업, 제조업, 서비스 등의 프랜차이징, 라이선스 계약, 공동 운영 프랜차이징 등의 종류가 있다.

(3) 임의가맹점 체인사업

임의가맹점 체인사업은 독립자본의 다수 소매점이 모여 각자가 가지고 있는 기능의 일부를 체인회사에 위탁하여 프랜차이즈 시스템을 갖추고 영업하는 방식이다. 체인본부의 계속적인 경영지도 및 체인본부와 가맹점 간의 협업에 의하여 가맹점의 취급품목 · 영업방식 등의 표준화사업과 공동구매 · 공동판매 · 공동시설활용 등 공동사업을 수행하는 형태의 체인사업을 말한다.

임의가맹점 체인의 가장 큰 매력은 본부에서 원재료나 상품을 공동으로 대량구매하여 원가를 낮출 수 있다는 점이다. 본부가 존재는 하지만 조직의 주체는 개별점포이며 본부의 의사결정에 참여하는 등 본부와 점포 간의 수평적 관계가 성립된다. 노하우 없이 판매 위주로 운영하는 소매업 업종에 유리하며 외식산업에서는 찾아보기 어렵다.

(4) 조합형 체인사업

같은 업종의 소매점들이 중소기업협동조합, 협동조합, 협동조합연합회, 사회적 협동조합 또는 사회적 협동조합연합회를 설립하여 공동구매 · 공동판매 · 공동시설 활용 등의 사업을 수행하는 형태의 체인사업을 말한다. 예를 들면, 정부에서 기업형 슈퍼마켓의 골목상권 진출에 대한 대책의 하나로 동네 슈퍼마켓을 묶어 체인화하는 방안을 추진하기도 하였다. 소형 슈퍼마켓을 대형 체인으로 통합해서 협동조합형 체인형태로 갖추어 구매력을 키우는 것을 목표로 하였는데 이러한 것을 조합형 체인사업으로 볼 수 있다.

② 프랜차이즈 시스템의 발전단계와 유형

1) 프랜차이즈 시스템의 발전단계

프랜차이즈 시스템은 영국에서 18세기까지 성행하다가 19세기 중반 미국에 도입되었다. 20세기에 들어서 급속한 사회의 변화에 따라 농업 위주의 산업에서 제조업 및 상업 위주의 사회로 바뀌어감에 따라 많은 제조업자들이 자사의 제품을 팔기 위해 프랜차이즈 개념을 도입하게 된다. 프랜차이즈 시스템은 역사적으로 태동기에서 신성장단계까지 5단계로 그 발전과정을 살펴볼 수 있다.

(1) 태동기(1850~1919년)

최초로 프랜차이즈 개념을 도입한 회사는 1850년경에 재봉틀을 제조하는 싱거(The Singer Co.)가 자사제품의 판매를 위한 자본 확보를 위해 시작했다. 초기 프랜차이즈산업은 제조업체가 자사의 제품을 판매하기 위해 상품과 상표에 대한 권리를 부여하는 제품형태의 프랜차이즈(Product Format Franchise)가 대부분이었다. 1950년대 이후 현대적 의미의 프랜차이징인 비즈니스형태의 프랜차이즈가 도입되었으며, 이를 기반으로 외식산업 · 서비스업 · 도매업 등의 다양한 분야에서 지속적인 성장과 발전을 하고 있다.

1900년경부터 프랜차이즈 시스템이 기업경영에 본격적으로 도입되어 유통산업에 중대한 영향을 미치기 시작하였다. 이때 제너럴모터스와 같은 자동차 메이커, 제조업자, 양조업자, 석유정제업자가 프랜차이즈 시스템을 통해 전파시켰는데, 태동기에는 일정지역에 특정한 상표와 독점권을 부여하는 일종의 판매계열사제도라 할 수 있다.

(2) 발아기(1920~1949년)

기술의 진보와 교통 및 커뮤니케이션 방법의 발달이 대량생산사회의 발전을 촉진시켜 제조업자와 생산자 간의 유통에도 프랜차이즈 시스템이 적용되기 시작하였다. 또한 산업 강대국들의 음료와 패스트푸드에 프랜차이즈 시스템을 적용하여 국내시장 확대 및 북미, 호주, 인도 등의 국제시장 확대에 활용하였다. 또한 잡화와 하드웨어 산업에도 프랜차이즈 개념이 도입되어 프랜차이즈라는 용어가 널리 통용되기 시작하였다.

(3) 성장기(1950~1964년)

제2차 세계대전 전후 여러 기업의 사업 확대에 프랜차이즈 시스템의 원리가 도입되었고, 이 시기는 제2차 세계대전 전후 퇴역군인들의 사회복귀와 전시(戰時)산업에서 평화산업으로 전환되면서 인력수급의 불균형 등이 커지게 되어 다양한 업종의 산업군을 형성하였으며, 독립 자영업에 대한 욕구도 커졌다. 그래서 프랜차이즈 체인은 1945년에는 작은 규모였지만, 1961년에는 10배나 되는 2,000개 회사로 증가하였다. 이 시기의 기술혁신에 따른 대량생산 및 대규모 소매업의 진출 등은 독립 자영업자들에게 큰 위협이 되고 있었다.

(4) 위축침체기(1965~1969년)

1960년대 후반에는 프랜차이즈 시스템이 급성장하면서 부정적 측면이 노출되고 소송을 제기하는 사례가 많아지는 등 사회문제가 부각됨에 따라 프랜차이즈산업은 위축되어 갔다. 이때 가맹점의 모집광고와 계약내용의 완전공시 의무화가 인식되어 미국의회에서는 청문회가 열렸고, 법조계는 독점금지법 문제에 민감한 반응을 보였으며, 회계실무에서는 본부의 수익보고방법에 의문을 갖게 되어 프랜차이즈 시스템에 대한 재평가가 이루어지게 되었다.

(5) 신성장기(1970년 이후)

1970년 이후 프랜차이즈 시스템은 안정된 기반 위에서 더욱 성장을 이루어 새로운 업종 및 대기업에 프랜차이즈 시스템이 확대 적용됨으로써 국제적인 기업 확대를 촉진시켰고, 국제 간의 의존도를 높이게 되었다.

프랜차이즈 시스템이 급속하게 발달하게 된 것은 무엇보다 외식산업에서 패스트푸드 시장의 영향이 컸다. 외식기업들이 프랜차이즈 시스템을 도입하는 이유는 기업의 수입을 극대화시킬 수 있는 장점과 짧은 시간 안에 자사의 제품을 판매할 수 있는 매장을 확보할 수 있기 때문이다.

3 프랜차이즈 시스템의 이해

프랜차이즈는 자사의 상품을 짧은 시간에 널리 확대시킬 수 있으며 기업의 수익력을 높일 수 있다는 매력 때문에 외식기업들이 적극적으로 참여하고 있다.

프랜차이즈 시스템은 생산 분배 시스템 내의 한 기관, 즉 본사와 하위단계의 경로구성들이 계약을 근거로 하여 통합되는 계약적인 수직 마케팅 시스템의 형태를 취한다.

[표 6-2] 프랜차이즈 가맹 사업절차 및 가맹 계약 체결절차

	프랜차이즈 가맹 사업절차	프랜차이즈 가맹 계약 체결절차
1	가맹점 창업문의	전화 문의 상담 창업 신청 접수
2	가맹점주 및 담당자 개별 상담	회사소개 및 전반적인 사업에 대한 개별 미팅
3	가맹점 입지 및 상권조사, 분석	현장방문 조사, 입지상권 타당성 검토
4	가맹창업 승인	전화 및 서면 통보, 가맹 신청서 접수
5	가맹계약 체결	점포계약, 가맹 계약기간 등
6	점포 실측 및 인테리어 디자인 결정	설계도면 작성, 점주와 최종 도면 합의
7	시공업체 선정 및 인테리어 공사 진행	시공업체 선정 및 시공

	프랜차이즈 가맹 사업절차	프랜차이즈 가맹 계약 체결절차
8	직원채용	본사와 점주의 협의
9	점주, 직원 교육	운영교육 및 직원교육 이수
10	인허가 준비	영업신고, 사업자등록, 위생교육, 소방허가 필
11	매장 개점 준비	포스, 카드단말기, 메뉴판, 소모품 등 각종 오픈 체크리스트 완료

1) 프랜차이즈 시스템 특성

(1) 계약관계

프랜차이즈 시스템은 가맹사업자와 가맹계약자 상호 간에 신뢰 공동투자에 의한 협력계약을 기초로 한다. 가맹본부인 프랜차이저가 미리 정한 계약내용을 가맹점에 설명한 후, 이에 동의하는 자와의 계약으로 성립되는 계약이다. 그러므로 상호 계약된 내용 내에서만 통제 및 요구가 허용된다.

(2) 가맹점의 독립성

가맹점은 일정수준의 독립성을 가지고 각자의 점포를 운영할 수 있으나, 가맹본부는 완전 독립된 형태는 아니다. 가맹사업자와 가맹계약자 상호 간의 입장이 서로 다른 사업자이면서 계약으로 운영하는 하나의 기업이라는 동일한 이미지를 소비자에게 주고 있는 것이다.

프랜차이즈 시스템은 가맹본부와 가맹점의 자율성이 인정되고 각자는 독립된 이윤의 흐름을 보장받는다는 점에서 일반적인 제품이나 용역의 거래와는 다른 특징이 있다. 또한 계약조건에 따라 지역에 적합하게 사업을 변형하거나 양도하는 것은 불가능할 수 있다. 가맹본부는 가맹점의 경영에 관하여 계약을 통한 간접적인 관여만 할 뿐 직접적으로 참여하지 못한다.

(3) 사업의 확장과 위험의 감소

가맹본부와 가맹점이 개발하여 입증된 비교적 안정적인 아이템을 가지고 위험의 요소를 제거하고, 사업을 영위할 수 있다. 또한 가맹본부는 소규모 투자와 최소의 인력으로 최대한 신속하게 사업을 확장시킬 수 있으며, 그 외에 가맹비, 로열티, 식재료 공급, 인테리어 등을 통하여 지속적인 수익을 창출한다.

프랜차이즈 시스템은 국가 내 지역의 가맹점들을 모집하여 영업활동을 허가해 주면 정보의 부족에서 발생하는 위험요소들을 제거할 수 있다. 영업을 확장할 때 프랜차이즈 시스템이 많은 도움을 주고 있다.

(4) 제품의 동질성 및 단순화

프랜차이즈 시스템은 가맹본부와 가맹점의 독립된 형태로 운영하고 있으나 소비자들은 이 부분을 동일한 것으로 간주하고 있다. 프랜차이즈 시스템은 상품판매의 노하우가 축적된 규모의 경제를 통하여 이익을 창출할 수 있고, 고객으로부터 강력한 브랜드 이미지를 인식하게 된다.

프랜차이즈 시스템은 상품과 용역을 단순화, 표준화, 규격화시켜야만 이 시스템의 효과를 볼 수 있고, 소비자들이 쉽게 접근할 수 있도록 관리와 운영을 단순화시키는 것이 필요하다. 외식산업의 경우 특정 가맹점의 매장환경이 청결하지 못하면 소비자는 프랜차이즈 시스템을 동질적으로 인식하기 때문에 전체 매장의 불결함으로 인식할 수 있는 것이다.

(5) 신뢰성

가맹점과 가맹본부 사이에는 이익분배의 문제와 정보공유상의 문제로 발생하는 분쟁이 많다. 또한 정보공개 의무가 잘 지켜지지 않는다거나 가맹금의 반환문제 및 가맹본부와 가맹점 간의 분쟁이 일어났을 경우 신속히 조정되지 않는 경우가 발생하고 있다. 이러한 문제점을 방지하기 위해서는 상호 간에 윈윈(win-win)한다는 생각으로 신뢰가 형성되어야 한다.

만약 정보공개서 미제공, 가맹금 예치 위반, 예상매출액 허위고지, 부당한 계약 해지 및 종료, 거래 강제 그리고 정당한 사유 없는 점포환경 개선 강요 등의 문제가 발생했을 경우 가맹점은 공정거래위원회에 위반사항을 신고하여 분쟁을 해결해야 할 것이다.

사 례

“프랜차이즈 가맹점도 노동자처럼 ‘단체협상권’ 달라”

올해 국정감사를 앞두고 프랜차이즈 가맹점주들이 노동자들처럼 ‘가맹점의 단체협상권’을 제도화해 달라며 목소리를 높이고 있다. 전국가맹점주협의회 등은 6일 서울 광화문 정부서울청사 앞에서 기자회견을 열어 공정거래위원회의 제도 개선과 적극 행정을 촉구했다.

허석준 전국가맹점주협의회 공동의장은 “프랜차이즈업계의 불공정 문제를 해결하려면, 가맹본부와 가맹점주 사이의 불균형을 해결해야 한다”며 “단체협상권 보장은 가맹사업 불공정 해소의 가장 중요한 선결과제”라고 밝혔다.

그는 “그럼에도 지난 달 공정위가 입법 예고한 가맹사업법 개정안에는 단체협상권, 10년 이후 갱신요구권, 지방정부에 대한 조사·처분권 전부 공유 등이 전부 누락됐다”라고 비판하며 “공정위는 행정부로서 적극적으로 제도를 개선하고 법을 집행해야 한다”고 강조했다.

허 의장은 “공정위는 이미 2018년 국정감사에서 단체협상권을 통한 가맹점주 지위강화를 향후계획으로 보고한 바 있다”며 “가맹본부들의 연합단체인 한국프랜차이즈산업협회도 지난 2018년 발표한 자정 실천안에 단체협상권과 10년 이후 갱신요구권을 포함할 정도로 사회적 필요성이 큰 사안”이라고 설명했다.

현재 가맹사업법은 사업자에게 최초 계약 이후 10년까지는 계약의 갱신을 요구할 수 있는 권한을 부여하고 있다. 그러나 계약갱신요구권이 10년으로 제한되면서 가맹점주의 통제수단으로 쓰인다고 가맹점주들은 반발하고 있다.

허 의장은 이어 “불공정 문제는 소상공인 가맹점주들의 고통을 심화시키는 민생의 영역”이라며 “지방정부도 조사·처분권 전부를 공유해서 법 집행을 강화하는 등 적극적 조치가 절실하다”고 호소했다.

이들은 온라인 시장의 공정한 거래질서 확립도 필요하다고 역설했다. 공정위는 최근 ‘온라인 플랫폼 공정화법’을 입법예고했다. 그러나 가맹점주들은 플랫폼 사업자와 입점업체의 중개 서비스 계약에만 집중하며 한계를 보이고 있다고 지적했다.

가맹점주협의회 관계자는 "현재 가맹점주들은 최소한의 목소리라도 내고자 가맹점주 단체를 구성해 나가고 있지만, 가맹본부는 가맹점주단체를 철저히 부인하고 파괴하며 대화를 거부하고 있다"며 "일부 치킨 프랜차이즈는 점주들이 단체를 구성하자 본사와 대화를 위해 점주들이 단체를 구성하자 10명이 넘는 운영진들에 계약 해지를 통보했다"고 전했다.
이 관계자는 "가맹본부와 제대로 된 대화의 장을 갖지 못하는 점주들은 결국 거리로 나와 집회·시위하며 불필요한 사회적 비용만 증가시키고 있다"며 "공정위는 소송이 제기된 이후 법을 해석하고 사건을 판단하는 사법부가 아니라, 적극적으로 법을 집행하고 구체화하는 행정부다. 불공정 행위에 대해 보다 발 빠르게 인지해 신속하게 절차를 진행해야 한다"고 촉구했다.

-파이낸셜뉴스(2020.10.6.)

2) 기본적인 프랜차이징의 유형

(1) 단순 재판매 프랜차이즈

단순 재판매 프랜차이즈는 제조업자의 공급제품을 단순판매만을 하기 때문에 재판매 기능 이외에 마케팅 믹스의 변경기회가 거의 없다.

(2) 제품-보증 프랜차이즈

대부분의 패스트푸드 프랜차이즈와 같이 원료나 재료의 혼합비율, 원재료 공급자 지정, 제품포장판매 등에 관하여 가맹점의 이행 약속이 요구되며, 본사의 이미지나 전통유지가 마케팅 전략의 중요한 부분을 차지하는 형태이다.

(3) 사업명 프랜차이즈

사업명의만 빌려주고 프랜차이즈 사용료만 징수하는 형태로 가맹점에 대한 본부의 통제가 거의 없으며, 가맹점이 시장환경에 적합한 상품을 개발하고 고객지향적 마케팅 전략을 펼칠 수 있다.

3) 프랜차이즈 계약

프랜차이즈 시스템의 계약은 가맹사업자와 가맹계약자의 권리와 의무를 기록하고 장래에 발생할 수 있는 여러 가지 문제의 처리 해결방법을 결정하는 것이다. 프랜차이즈 관계는 이러한 계약행위를 통해 비로소 효력을 발생하는 것이며, 계약은 프랜차이즈 시스템에 있어서 매우 중요하다고 볼 수 있다. 먼저 일반적인 계약의 기본적인 사항들에 대해서도 알아보고자 한다. 계약은 사람들 간의 권리, 의무관계를 만들어내기 위한 의사의 합치, 즉 합의라고 한다. 계약의 특징 및 기능은 다음과 같다.

(1) 계약은 법적인 약속

계약은 2인 이상 사이에 체결하고, 법으로 강제적으로 처리할 수 있는 약속이다. 약속이란 장래에 어떤 행위를 하거나 하지 않겠다고 하는 의사 표시이다.

(2) 계약은 서면으로 구체화

계약은 서면으로 계약의 내용을 구체적으로 해두는 것이 바람직하다. 그래서 서로 간에 오해가 없도록 한다.

(3) 법에 정한 요건

계약은 2명 이상의 계약 당사자, 계약 당사자 간의 합의, 계약의 목적이 있어야 성립한다. 이러한 부분을 계약의 성립요건이라고 한다. 당사자가 계약체결 능력을 가지고 있어야 하고, 그 합의과정에 문제가 없어야 한다. 또한 계약의 목적은 실현 가능하고, 적법해야 하며, 사회적 타당성이 있어야 한다.

(4) 계약 내용을 증명

계약은 약속을 통해 성립하며 특별한 경우를 제외하고는 계약서가 없어도 다른 방식에 의해 서로의 합의내용이 확인될 수 있으면 된다. 계약서는 상대방이 이를 인정할 수 있도록 작성되어야 할 것이다. 계약서에 문제가 없는 것으로 증명되면 계약서의 내용대로 구속받게 되므로 그 내용을 충분히 납득한 후에 서명, 날인해야 한다.

(5) 재판과 계약서

계약에서 분쟁이 일어날 수 있는데, 이러한 경우 재판에서 해결하게 된다. 이때 계약서가 중요한 역할을 하게 된다. 프랜차이즈 계약은 프랜차이즈 시스템의 총체라고 할 수 있을 정도로 그 중요성이 매우 크다. 가맹하고자 하는 사업의 모든 내용이 계약서에 담겨 있어야 하는 것으로 프랜차이즈 계약 시스템을 구축할 때 가맹의 체계적인 계약서를 만드는 것이다.

4) 프랜차이즈 계약의 종류에 따른 유형

(1) 지역 프랜차이즈

일정한 지역에서 프랜차이즈가 형성되는 형태이다.

(2) 운영 프랜차이즈

자신의 프랜차이즈를 개별 독립가맹점들이 운영하는 형태이다.

(3) 이동 프랜차이즈

가맹점이 소유하고 있거나 본부에서 임대한 자동차를 이용하여 상품을 이동해서 판매하는 프랜차이즈이다.

(4) 재유통도매협약(총판)

가맹점들이 다양한 상품에 대한 권리를 가지며, 하위가맹점들에게 상품을 배분하는 형태이다.

(5) 공동소유

가맹점과 본부가 투자와 이익을 함께 공유하는 형태이다.

(6) 공동운영

본부가 투자의 중요한 부분을 관리하며, 가맹점들은 자신들이 관리하는 부분에 비례하여 이익을 공유하는 형태이다.

(7) 임대

본부가 가맹점들에게 토지, 건물, 장비들을 임대하여 주는 형태이다.

(8) 라이선싱

본부가 가맹점들에게 자신의 상표와 사업기술의 사용을 허용해 주는 제도이다.

(9) 제조 프랜차이즈

본부가 가맹점들에게 특정한 재료와 기술을 이용하여 상품의 제조를 허용하는 제도이다.

(10) 서비스 프랜차이즈

본부가 고용대리(Employment Agencies)인 같은 가맹점들에게 전문적인 서비스를 제공할 수 있도록 하는 시스템이다.

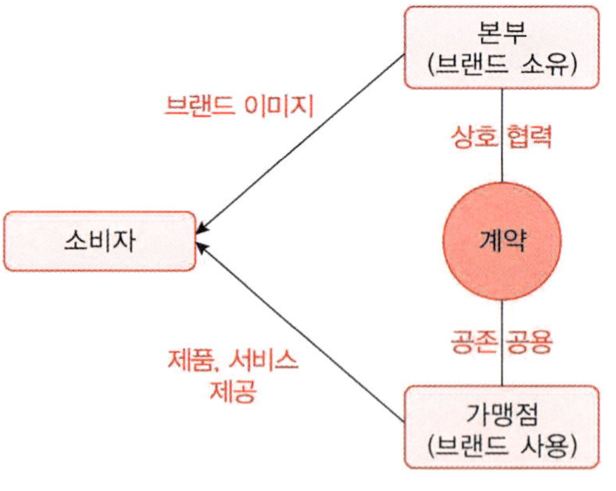

[그림 6-2] 프랜차이즈 이해관계 당사자

④ 프랜차이즈 비즈니스의 창업

1) 프랜차이즈 비즈니스의 창업과정

프랜차이즈 비즈니스의 경우 개인이 독자적으로 창업하는 것보다 많은 노력과 시간을 절약할 수 있지만, 쉬운 결정은 아니다. 사회적으로 경험이 적고 잘 알지 못하는 가맹점주들을 울리는 악덕 체인본부들이 상당수 발생하는 것이 현실이므로 사전분석을 철저히 해서 프랜차이즈 비즈니스의 창업과정에 뛰어들 필요가 있다.

(1) 업종의 선택

프랜차이즈의 종류가 다양하므로 여러 종류의 프랜차이즈 중 자금, 경험, 기술, 시장성 등을 잘 고려하여 창업 희망자가 하고자 하는 업종을 선택한다.

(2) 프랜차이즈 본부에 대한 조사

프랜차이즈 업종을 선택하면 사업규모, 위치, 경쟁 프랜차이즈 기업의 종류 등을 각종 자료들을 이용하여 확인하고, 또한 실제 관심 있는 기업들에 대해 관련 정보를 추가, 확인하기 위하여 실제 조사를 통해 현실적인 분석을 해야 한다.

(3) 기존 영업점의 방문

프랜차이즈에 대한 조사가 끝나면, 현재 프랜차이즈를 운영하는 경영자들을 가능한 한 많이 접촉하여 초기 투자액, 운영비용, 순이익 그리고 프랜차이즈 모기업들로부터의 각종 보조지원, 제한사항, 운영상의 문제점 등을 알아보아야 한다. 특히 현장의 영업점을 직접 방문하여 정보를 얻는 것이 중요하다.

(4) 법률적인 사항 검토

프랜차이즈 비즈니스는 체인본부가 작성한 계약을 가맹점주가 수락하면, 사업이 시작되는 것이다. 따라서 법률적 조항에 대한 면밀한 검토가 이루어져야 한다. 일부 체인본부의 경우 가맹점주들의 법률적인 지식 부족을 이용하여 일방적으로 불리한 계약을 강요하는 경우가 종종 있다. 계약은 적법하고, 사회적 타당성이 있어야 한다. 만약 법률적 지식이 부족할 경우 다소 비용이 들더라도 전문가의 서비스를 이용하는 것이 나중에 실패를 줄이는 방어책이 될 수도 있다.

(5) 계약

계약시점에서 프랜차이즈 법규에 정통한 변호사를 찾아서 계약내용을 반드시 검토받는 등 불합리하거나 불리한 조항에 대한 사전점검을 꼭 해야 한다. 계약은 법적인 약속으로 서면으로 구체화하는 것이 바람직하고, 법에 정한 요건을 갖추어야 한다. 계약에서 분쟁이 일어난 경우 재판을 통해 해결하게 되는데 이때 계약서가 중요한 역할을 하게 된다.

(6) 창업 준비

체인점을 창업하기 위한 전반적인 준비를 하게 되는데, 인원의 채용 및 교육, 점포의 개설에 따른 인테리어와 매장배치, 홍보 및 판촉 등 모든 노력이 포함된다.

(7) 영업개시

사업을 전개하기 위한 모든 준비를 끝내고 실제로 비즈니스를 수행하는 과정으로서 사업성공을 위해 창업자 스스로가 많은 노력과 관심을 기울여야 한다.

2) 프랜차이즈 비즈니스의 표준약관

공정거래위원회는 가맹약관이 가맹사업자들에게 유리하게 작성되고 일방적으로 가맹계약자에게 불이익을 줄 수 있으므로 대표적 가맹사업인 외식업 분야의 프랜차이즈 표준약관을 승인, 보급시키고자 하였다. 공정거래위원회에서 보급한 외식업 분야 프랜차이즈 표준약관의 주요 내용들은 다음과 같다.

(1) 계약기간

최소 3년 이상 가맹계약자의 가맹점 영업을 보장하도록 하였는데, 이는 가맹계약자가 개점 초기에 점포 개설비용과 가입비 등 많은 자본을 투자하는 점을 감안한 조치이다. 예전에는 주로 1~2년을 계약기간으로 정하였다.

(2) 가입비(가맹비) 반환

가맹사업자의 문제로 사업이 중단된 경우 최초 계약기간 중 잔여기간분의 가입비를 반환토록 하였는데 예전에는 가입비를 전혀 반환해 주지 않았다.

(3) 영업지역

기존 가맹계약자의 영업지역 내에 직영매장 또는 다른 가맹계약자의 점포를 신설할 경우에는 기존 가맹계약자의 동의를 얻도록 하였다. 예전에는 가맹사업자가 일방적으로 매장을 설치할 수 있었다.

(4) 영업양도 시 양수인의 가입비 면제

영업양수를 통해 새롭게 가맹계약자의 지위를 승계한 자에게는 가입비를 받지 않도록 하였지만, 소정의 교육비는 부담토록 하였다. 예전에는 모든 양수인에 대해 가입비를 징수하였다.

(5) 상품공급처의 제한

예전에는 브랜드 동일성 유지와 상관없는 상품에 대해서는 자사제품 사용을 강요하거나 억지로 공급하는 사례가 많았으나 최근에는 가맹사업의 목적달성 범위를 벗어나거나 가맹사업자가 정당한 사유 없이 공급을 중단하는 경우는 가맹계약자가 원, 부자재를 직접 조달, 판매할 수 있도록 하였다.

(6) 점포 인테리어 시공업자의 임의선정

가맹점포의 실내, 외 장식이나 설비 등의 인테리어 설치에 있어 가맹계약자가 직접 시공하거나 가맹사업자가 지정한 업체를 선정하여 인테리어를 설치할 수 있도록 하였다. 예전에는 가맹사업자 또는 가맹사업자 지정업체만이 점포 인테리어를 할 수 있었다.

(7) 광고, 판촉

가맹계약자에게 광고, 판촉비를 분담시킬 경우 산출근거를 서면으로 제시하도록 하고, 판촉비 분담을 요구할 경우 가맹계약자의 동의를 얻는 것으로 하였다. 예전에는 가맹계약자에게 광고, 판촉비용 일체를 부담시키는 사례가 종종 있었다.

(8) 반품 및 교환

상품 특성상 즉시 하자를 발견할 수 없는 경우는 6개월 이내에 통지, 교환하도록 하고, 계약해지로 인한 정상품의 반품은 출고가격으로 상환하도록 하였다. 예전에는 반품시기의 기간을 짧게 하고, 상품의 반품가격을 매우 낮게 책정하기도 하였다.

(9) 금전채무보상

가맹사업자와 가맹계약자는 계약의 중도 해지에 따라 발생한 자신의 채무를 일정 기가 내에 상환할 의무가 있고 이를 이행치 않을 경우 상호 지연이자를 부담하도록 하였다. 예전에는 가맹계약자만 지연이자 납입의무를 규정하였다.

(10) 가맹사업자의 의무

예전에는 가맹계약 전에 필요한 자료의 공개에 대한 약관조항이 없었지만, 최근에는 가맹희망자들이 가맹여부를 적정하게 판단하는 데 도움이 되도록 가맹사업자의 재무상황, 최근 5년간 사업경력, 상품 자재의 공급조건 등의 자료와 정보를 공개하도록 하였다.

3) 프랜차이즈 성공요소

프랜차이즈 3요소는 상표인지도, 운영시스템의 확립, 지속적인 지원서비스로 프랜차이즈 사업의 당사자인 체인본부와 가맹점주가 상호 동반자적인 관계에서 성공을 달성할 수 있게 해주는 최고의 성공요소라고 할 수 있을 것이다. 가맹점 본부는 시장을 지배하는 마케팅 능력, 고객지향적인 상표인지 정책, 상표에 대한 고객충성도 확보, 지속적인 지원 그리고 가맹점주에 대한 동기부여 등으로 프랜차이즈 창업을 많이 하고 있는 상황이다.

(1) 상표인지도

상표인지도는 체인본부의 브랜드가 소비자들에게 얼마만큼 잘 알려져 있으며 인정받고 있는가에 대한 문제이다. 브랜드에 대한 고객충성도가 높다면 체인점으로 영업할 경우 큰 도움이 된다. 체인본부에서는 상표인지도를 높이는 문제가 사업성패의 중요한 포인트가 된다.

(2) 운영시스템의 확립

개점 후 본부에서 영업활동을 위하여 운영하는 운영시스템이 얼마만큼 잘 구축되어 있는가에 대한 문제이다. 가맹점주의 영업을 활성화하기 위한 본부의 전반적인 운영시스템이 체계적으로 구축된 체인본부가 가맹점주의 지원 면에서도 우수하다.

(3) 지속적인 지원서비스

가맹점에 대한 본부의 영업지원이 창업 이후 지속적으로 이루어지는 것이 중요하다. 가맹점의 영업상태에는 관심을 기울이지 않고, 오로지 가맹점 본부의 수익적인 부분에만 관심을 기울인다면 문제가 발생하게 될 것이다. 또한 가맹점 관리요원(슈퍼바이저)을 통하여 지속적인 영업지원을 해주는지가 중요하다.

프랜차이즈 시스템은 표 6-3 과 같은 장단점이 있다. 잘 파악해 본 후 충분한 검토를 통해 프랜차이즈 창업을 해야 할 것이다.

[표 6-3] 프랜차이즈 시스템의 장점과 단점

구분	가맹본부의 입장	가맹점의 입장
장점	• 감소된 위험부담으로 이윤을 추구할 수 있는 기회가 있음 • 가맹비와 로열티 등으로 발생하는 안정된 수입으로 사업 수행 • 현장에서 직접 참여하기 때문에 지역상황과 경영상태를 파악	• 기존의 성공한 사업에서 아이템을 획득하여 검증된 사업력을 획득할 수 있음 • 표준화와 품질관리로 서비스와 상품의 질을 유지 • 위험부담의 감소 • 광고와 판촉 효과
단점	• 재무구조의 파악이 어려움 • 통제의 어려움 • 의사소통의 문제	• 독창성 및 자율성의 결여 • 본사에 지불해야 하는 비용 • 단조로운 경영

제 7 장

Food Service Management

메뉴관리

학 습 목 표

1. 메뉴의 개요 및 메뉴계획에 대해 이해할 수 있다.
2. 메뉴분석에 대해 이해할 수 있다.
3. 메뉴 디자인에 대해 이해할 수 있다.

Food Service **Management**

Chapter 7

메뉴관리

Food Service Management

1 메뉴의 개요 및 메뉴계획

1) 메뉴의 개요

고객은 레스토랑에서 즐거운 식사시간을 경험하기 위해 방문하며 이러한 경험에 가장 큰 영향을 주는 것은 메뉴이다. 메뉴판은 판매상품의 이름과 가격, 원산지 표시, 사진, 그리고 상품을 구입하는 데 필요한 조건과 정보를 기록한 목록이며, 또한 생산 및 원가관리 등의 내부통제는 물론 고객과 레스토랑을 연결하는 판촉촉진의 도구로서 궁극적으로는 매출과 이윤에 직결된다.

메뉴는 고객을 만족시킬 수 있어야 한다. 고객이 메뉴를 선택하는 기준은 무엇일까? 맛, 가격, 양 모두 무시해서는 안 될 요소들이지만, 이보다 먼저 고객의 선호와 메뉴로부터 얻으려는 것이 무엇인지를 파악하는 것이 중요하다.

따라서 외식산업의 콘셉트를 한마디로 표현하면 외식업체의 이미지라고 할 수 있다. 이러한 이미지에 영향을 미치는 것들은 메뉴 · 품질 · 서비스 · 식자재 · 위치 · 경영형태 · 분위기 · 가격 등이며, 이처럼 다양한 영향요소에 의해 해당 외식업체의 콘셉트를 만들 수 있다.

메뉴란 차림, 식단이라고도 하며, 식사를 서비스하는 외식업체에서 제공하는 품목과 형태를 체계적으로 구성하여 고객이 선택하는 데 도움을 주도록 안내 및 설명한 것을 말한다. 목록표, 차림표, 식단표라고도 하며, 잘 구성된 메뉴는 많은 고객을 확보하고, 수익을 발생시킬 수 있기 때문에 식당경영의 성패를 좌우할 정도로 매우 중요하다.

[표 7-1] 메뉴의 역할

구분	내용
최초의 판매수단	고객이 외식업체에 최초로 접하는 상품이며 커뮤니케이션 도구
마케팅 도구	외식업체가 판매하는 상품의 품목, 가격, 내용을 전달하는 도구
고객과의 약속	직접 음식을 보기 전에 메뉴북을 믿고 구매
내부통제수단	직원들도 메뉴를 통해 외식업체의 모든 것을 이해하고 행동하게 됨

음식문화의 유형은 주식과 먹는 방법에 따라 구분할 수 있다. 첫째, 주식에 따라 밀을 주식으로 하는 문화권, 쌀을 주식으로 하는 문화권, 옥수수를 주식으로 하는 문화권, 서류(감자, 고구마, 토란, 마)를 주식으로 하는 문화권으로 분류할 수 있다. 둘째, 먹는 방법에 따라 음식을 손으로 집어서 먹는 수식문화와 숟가락이나 젓가락을 이용해서 음식을 먹는 수저문화로 구분이 가능하다.

(1) 경영자 측면

- 메뉴에는 외식업체의 목표와 목적이 반영되어 있어야 하고, 그 외식업체의 음식서비스를 위하여 필요한 것을 준비해야 한다.
- 메뉴는 예산이 아주 중요한데, 예산은 음식판매 결과로 생기는 소득과 음식원가의 비율에 따라 달라질 수 있다. 이때 음식판매 결과로 생기는 소득은 고객의 가처분 소득, 시설의 입지, 서비스의 유형 등의 결정요인 등에 따라 달라질 수 있다.
- 재료의 수요와 공급, 계절적인 변동 등도 고려하여 반영할 수 있어야 하고, 음식조리와 서비스의 하부시스템유형(서빙시간)도 고려해야 한다.

- 물리적 시설과 장비로 이용가능한 주방시설의 크기 및 수용력 등을 고려해야 한다.
- 메뉴개발은 직원의 능력과 조리를 위해 이용가능한 직원의 수도 고려되어야 한다.

(2) 고객 측면

- 메뉴는 영양을 고려하여 균형있는 영양음식을 제공하고, 고객 유형을 연령, 성별, 건강, 고령자, 다이어트 등으로 세분화시켜 그 목표대상에 맞는 영양가 있는 메뉴를 개발해야 한다.
- 고객들의 식생활 습관과 음식서비스 선호도를 고려해야 한다. 내적 요인으로는 음식의 모양, 색깔, 냄새, 질감, 온도, 맛, 제공되는 방식, 제공되는 온도, 담는 방식 등을 고려해야 하고, 외적 요인으로는 소비될 상황의 기능과 광고, 식사시간과 계절 등을 고려해야 한다.
- 인적 요인으로 고객들의 기대수준, 타인의 영향과 식욕, 외식업체의 분위기, 가족상황, 교육수준도 고려해야 한다.
- 생리학적 요인과 심리학적 요인 등도 고려해야 한다.
- 사회, 경제, 문화, 종교적인 요인도 고려 대상이다.

(3) 음식 측면

- 음식의 맛은 아주 중요하며 단맛, 쓴맛, 짠맛 등의 간을 가미해야 하고 혼합 시에는 독특한 맛을 창출할 수도 있으므로 고객 특성에 잘 맞출 수 있도록 고려해야 한다.
- 음식의 조리방법과 서빙 시 온도, 시각적인 효과를 위한 제시방법도 아주 중요한 포인트이다.
- 음식의 질감과 형태는 다양성의 제공과 음식에 대한 고객의 관심을 자극시켜 준다.
- 음식농도는 메뉴의 점도와 밀도의 정도를 말하며 다양성을 제공한다.

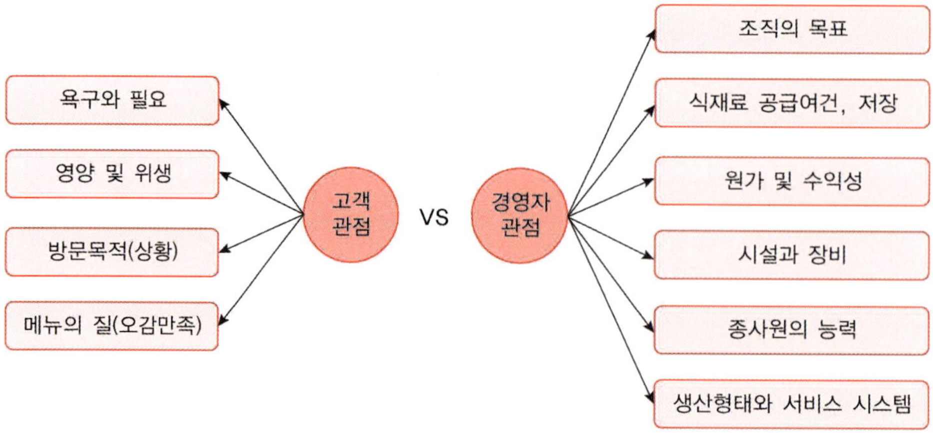

[그림 7-1] 메뉴작성 시 고려사항

2) 메뉴의 계획

메뉴계획은 고객에게 제공할 여러 가지 음식메뉴를 미리 결정하는 것으로 메뉴를 계획성 있게 작성하는 것이다. 고객의 욕구를 만족시킬 방안 중에서 중요한 것은 메뉴에 대한 부분이다. 특히 오늘날의 고객들은 음식에 대한 욕구가 다양하기 때문에 한정된 가격으로 고객의 욕구에 맞는 다양한 음식을 준비한다는 것은 쉬운 일이 아니다. 균형 있는 음식의 배합, 영양가와 칼로리에 대한 이해, 그리고 음식의 복합구성에 대한 심미안적 감각을 가져야 한다.

메뉴계획은 레스토랑의 콘셉트를 반영하는 것으로 고객만족을 통한 이익의 극대화라는 목표에서 시작되는 마케팅의 출발점이 된다. 특히 경쟁관계에 있는 레스토랑 메뉴분석은 포지셔닝에 도움을 주며 경쟁사와의 제품차별화에도 도움을 준다. 내부고객을 만족시키고, 고객의 욕구를 충족시켜야 할 것이다. 이익의 극대화를 위해 차별화되고, 모방이 아닌 창조적인 메뉴계획을 해야 할 것이다. 비용적인 우위로 규모의 경제를 활용하여 가격이나 수익 측면에서 경쟁력을 가져야 할 것이다. 또한 트렌드에 적합한 메뉴를 계획하여 고객의 만족도를 높여야 할 것이다.

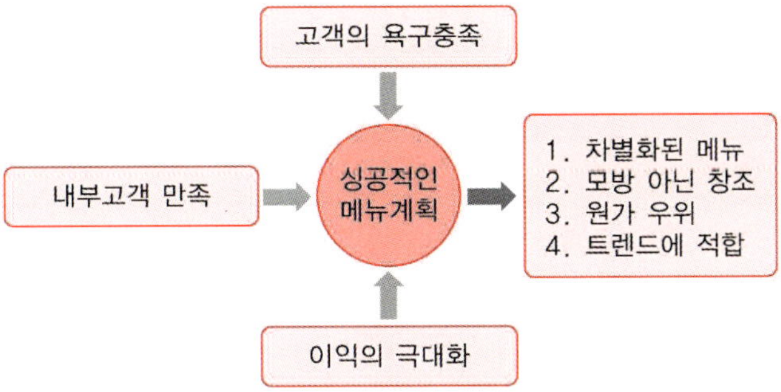

[그림 7-2] 성공적인 메뉴계획

(1) 메뉴계획의 고려사항

가. 메뉴는 단편적으로 구성하기보다는 고객의 욕구 파악과 조화로운 구성으로 음식의 색상 · 식재료 · 질감 · 영양 등이 다양성 있게 배합되도록 계획하는 미적인 측면이 있다.

나. 메뉴를 계획할 때는 원가와 수익성을 고려해야 한다. 고객의 수준과 자사 레스토랑의 원가가 맞도록 계획하는 경제적인 측면이 있다.

다. 레스토랑 · 조리기구 및 시설 · 인원 등을 고려하여 정해진 시간준수 가능성, 서비스형태에의 부합 여부 등을 고려하여 메뉴를 계획해야 하는 실제적인 측면이 있다.

라. 메뉴를 작성할 때 유의사항도 잘 확인해 보자. 고객을 정확하게 파악하지 못하여 잘못된 메뉴계획을 해서는 안 될 것이다.

[표 7-2] 메뉴작성 시 유의사항

메뉴작성 시 원칙	잘못된 메뉴계획
• 같은 재료와 같은 색 요리를 중복시키지 않음 • 비슷한 소스를 중복해서 사용하지 않음 • 같은 조리방법을 두 가지 이상 같은 요리에 사용하지 않음 • 요리에 곁들여지는 재료와의 배합과 배색에 유의함 • 요리제공의 순서는 경식에서 중식으로 균형을 맞춤 • 계절감각과 용도별 성격 및 특산물을 고려하여 작성함 • 요리의 장식에 주의함	• 고객을 정확하게 파악하지 못함 • 경쟁자의 메뉴 모방함 • 판매가 부진한 메뉴에 계속 의존 • 원가의 부정확함 • 높은 인건비 • 부분적인 효과만을 나타내고 있음 • 변함없이 똑같은 메뉴에 머무르고 있음

(2) 메뉴의 종류

가. 변화 정도에 의한 메뉴

<table>
<tr><th></th><th>장점</th><th>단점</th></tr>
<tr><td rowspan="2">고정 메뉴</td><td colspan="2">• 새로운 메뉴가 등장하기 전까지 몇 개월 또는 그 이상 사용하는 메뉴로서 일정기간 동안 변하지 않고 제공되는 메뉴
• 전문음식, 향토음식</td></tr>
<tr><td>노동력 감소, 재고 감소, 효율적인 통제 용이, 각 메뉴품목의 양과 질 성취, 훈련감소, 잔여음식 감소, 원가감소</td><td>다른 메뉴제공에 대한 융통성 결여, 잔여음식의 활용성 낮음, 구매의 경직성, 메뉴의 단조로움, 계절변화에 따른 융통성 결여, 시장제한</td></tr>
<tr><td rowspan="2">순환 메뉴</td><td colspan="2">• 일정한 주기, 월 또는 계절에 맞추어 변화하는 메뉴
• 단체급식업체</td></tr>
<tr><td>재고감소, 훈련감소, 메뉴의 생산예측과 통제의 효율적인 능력, 잔여음식의 효과적인 사용, 노동력 감소</td><td>주기변화가 빈번할 경우 메뉴에 대한 권태감, 많은 수익메뉴항목이 재고에 포함, 고도의 숙련된 인력 요구, 인쇄 및 잡비용 증가</td></tr>
<tr><td rowspan="2">일시적 메뉴</td><td colspan="2">• 특별하고 일시적인 행사기간에 판매되는 메뉴
• 페스티벌 메뉴, 특별메뉴, 계절메뉴, 건강식 메뉴</td></tr>
<tr><td>메뉴의 권태로움 제거, 신메뉴 아이디어, 시장의 무한한 잠재력, 계절별 · 월별 · 일별로 변화 가능, 잔여음식처리 용이</td><td>고도의 숙련된 직원 요구, 노동비의 증가, 메뉴인쇄 및 잡비용 증가, 잔여음식의 증가, 재고의 증가, 통제력 결여</td></tr>
</table>

나. 식사가격 및 내용에 의한 메뉴

구분	내용
따블도트 메뉴	• 정식, 코스메뉴 • 가격은 코스에 따라 일정하게 정해짐 • 애피타이저 · 수프 · 생선요리 · 주요리 · 샐러드 · 디저트 · 음료 등의 순서로 구성
알라카르트 메뉴	• 일품요리 • 주문에 따라 조리사의 차별화된 기술로 만들어진 요리가 품목별로 가격이 정해져서 제공됨 • 대부분의 식당에서 많이 사용됨
연회메뉴와 결합메뉴	• 특별요리, 특선요리 • 행사내용 또는 주최측의 요구에 따라 다양한 알라카르트 메뉴 또는 따블도트 메뉴로 구성되는 메뉴 • 중식레스토랑, 특정국가의 민속 메뉴

다. 식사시간에 따른 메뉴

조식	• 미국식 조식 : 두 개의 달걀요리를 위주로 하여 주스, 과일, 빵, 시리얼 및 음료 등으로 구성되고 장소에 따라 제공되는 정도에 다소 차이가 있음 • 유럽식 조식 : 빵류, 주스류, 커피 정도로 간단히 하는 아침식사로 달걀요리가 포함되지 않음 • 영국식 조찬정식 : 미국식 조찬정식 메뉴에서 생선요리나 스테이크요리가 추가되는 것 • 한식 조식 : 밥이나 죽과 면 등의 주식류와 국, 찌개, 구이, 찜, 나물, 김치, 육류 등의 부식류로 구성
브런치	• 미국에서 많이 사용하는 메뉴로 아침과 점심식사의 중간쯤에 있는 메뉴
중식	• 2~3코스에서 많게는 4~5코스 정도
석식	• 5~10코스 제공
차별화된 운영	• 애프터눈 티, 건강식, 디저트, 룸서비스, 테이크아웃, 어린이메뉴, 노인메뉴

(3) 메뉴의 구성

메뉴의 구성은 한식 · 양식 · 일식 등의 업종에 따른 메뉴계열과 메뉴품목의 조합을 의미하고, 메뉴를 어느 정도의 범위에서 할 것인지를 결정하는 것이다. 메뉴의 구성이 너무 다양하면 선택하는 데 혼란을 느끼기 쉽지만, 메뉴구성이 너무 단순하면 큰 만족을 얻지 못할 수 있다. 목표로 하는 고객과 이용 동기에 따라 다르지만 레스토랑의 성격이 표현된 메뉴, 레스토랑이 판매하고 싶은 메뉴, 그리고 메뉴 전체의 균형 등을 고려하여 구매욕구를 높일 수 있는 적당한 만큼의 품목들로 구성하는 것이 좋다.

주력메뉴	외식업체를 대표하는 메뉴로 고객의 기호와 이용동기를 자극하는 강력한 메뉴
중점메뉴	판매를 가장 강조하는 계절메뉴, 특정시간대의 판매효율을 높이기 위한 런치메뉴와 오늘의 요리 등
임시메뉴	주력메뉴의 판매촉진을 위하여 임시적으로 부가하여 메뉴의 활성화를 꾀하고 이용기회를 자극하기 위한 메뉴
보조메뉴	판매량은 적지만 메뉴구성에서 주력메뉴를 돋보이게 하고 레스토랑의 성격을 강조하기 위한 보완메뉴

② 메뉴분석

메뉴분석에는 메뉴와 레스토랑 브랜드 명칭과의 조화, 메뉴 이미지분석부터 메뉴 가격에 대한 비교분석, 메뉴원가에 대한 가격분석, 고객선호도분석, 메뉴중요도분석, 만족도분석, 인기도분석, 원가분석, 총수익분석, 매출액분석, 메뉴별 고객수요분석 등 다양한 분석을 할 수 있다. 메뉴의 분석에 있어서 주된 관심사는 메뉴에 설정된 품목들이 고객의 취향에 적합한지를 살펴보고, 설정된 품목들의 가격이 과연 수익성이 있는지 확인해 볼 필요가 있다.

메뉴는 레스토랑의 실제적인 얼굴이 되는 것으로 단순히 판매도구의 기능이라기보다는 사업의 성패를 좌우하는 중요한 매체이고, 고객과의 약속이라고 할 수 있다. 메뉴의 가격을 결정하기 위해서는 기존의 레스토랑 메뉴를 철저히 분석하고 메뉴의 생명주기(Life Cycle)를 어느 정도로 추정할 것인지를 고려하여 살아 있는 관리가 되도록 해야 한다.

1) 메뉴분석의 종류

메뉴가 경쟁환경 속에서 성공하기 위해서는 메뉴분석이 잘 되어야 한다. 개별 메뉴 아이템의 이익과 함께 매출상의 전체적인 성과를 고려해야 하고, 잘 디자인된 적정가격의 메뉴로 구성한다.

(1) 메뉴 ABC분석

메뉴 ABC분석은 메뉴분석만을 대상으로 하여 고객이 좋아하는 메뉴가 계속 인기를 유지하여 판매증가를 가져올 수 있도록 하는 방법이다. 외식업체에서 가장 많이 사용하는 간단한 분석방법으로 메뉴 아이템의 20%가 전체매출의 80%를 차지한다는 20:80법칙을 적용하는 분석기법이다. 고객이 선호하는 메뉴는 극히 일부분의 메뉴에 의해 구성되는 것을 알 수 있는 분석기법이다.

ABC분석은 메뉴품목별 판매량 · 이익 · 매출액을 집계하여 공헌도가 높은 품목부터

A · B · C 세 개의 그룹으로 분류하여 메뉴를 평가하는 것이다.

[표 7-3] ABC분석

구분	내용	
A군	상위 80%를 차지하는 메뉴군	주력메뉴
B군	80~90%(95%)를 차지하는 메뉴군	보조메뉴 및 구색메뉴
C군	나머지 5~10%를 차지하는 메뉴군	삭제, 개선이 필요한 메뉴

가. A그룹

A그룹은 외식업체의 주력메뉴로서 가장 중요한 메뉴이다. 일반적으로 A그룹은 총 매출액의 75% 정도에 속하는 메뉴로 A그룹에 속한 메뉴품목 수가 줄었는지 파악한다. 메뉴품목 수가 적을수록 판매효율이 좋다고 할 수 있다.

나. B그룹

B그룹은 외식업체의 구색 맞추기 메뉴로서 미래의 주력메뉴와 과거의 주력메뉴가 섞여 있으므로 육성 또는 관리가 필요하다. B그룹의 매출액 구성부분은 5~25% 정도까지이다.

다. C그룹

C그룹은 삭제, 개선이 필요한 그룹으로 판매되지 않는 불필요한 메뉴로서 과감하게 삭제해야 하지만 새로 개발한 메뉴가 포함되어 있을 수도 있으므로 신중하게 검토한다. C그룹의 메뉴품목 수가 증가하고 있는지 파악한다. C그룹 매출액 구성부분은 5% 미만을 점하는 품목으로 분류한다.

(2) SWOT분석

SWOT(Strengths, Weaknesses, Opportunities, Threats) 메뉴분석방법은 케이지(James

F. Keiser)가 주장하였으며 각 외식업체 내에서 메뉴의 장점과 단점을 결합시켜 효과적인 메뉴전략을 모색하는 것이다. 따라서 SWOT분석은 강점을 최대로 살리고 약점을 최소화하여 기회요소를 최대로 살리고 위협요소를 최소화하는 방법이다.

[표 7-4] SWOT매트릭스

SWOT분석	기회(O : opportunities) (자사 보유 핵심기술의 시장 저변확대)	위협(T : threats) (신제품의 경쟁압력)
강점(S : strengths) (핵심제품기술 보유)	Maxi-Maxi(SO)	Maxi-Mini(ST)
약점(W : weaknesses) (투자여력의 한계)	Mini-Maxi(WO)	Mini-Mini(WT)

(3) 밀러의 분석방법

밀러(Jack E. Miller)가 메뉴가격 결정과 전략에서 주장한 것으로 일정기간 동안 판매한 메뉴원가비율과 판매량의 상관관계를 나타내는 방법이다. 모든 아이템은 4개의 그룹으로 나타낸다.

이 분석방법은 가장 낮은 원가메뉴와 가장 높은 매출량의 메뉴들이 가장 좋은 영업성과를 가져오는 메뉴라는 접근방식이다. 그러나 원가율이 낮은 메뉴는 판매가격을 올리면 고객감소를 초래할 수 있다. 또한 낮은 원가율과 높은 판매량의 메뉴들이 있을 수 있으나 매출액이나 공헌이익이 나타낼 수 없는 한계가 있다.

(4) 카사바나와 스미스 분석방법

카사바나와 스미스(Kasavana & Smith)가 개발한 메뉴 엔지니어링이라는 체계화된 방법은 공헌이익(수익성)과 판매량(선호도)을 이용하여 분석하는 방법이다. 총이익을 증가시키기 위한 방법인데 각 변수들에 대해 평균이상이면 High, 평균이하이면 Low로 표시한다. 이 분석방식에서는 높은 공헌이익(판매가 - 식재료비 = 공헌이익)과 판매량이 많은 품목을 최고의 품목(Stars), 수익성도 낮고 선호도도 낮으면 최하의 품목(Dogs)이라고 구분하는 방식이다. 한계점으로는 공헌이익만을 중요시할 때 전체적인 식재료 비율이 목표를 초과하게 되어 매출액이 지속적으로 증가할 때만 적용가능하다는 것이다. 가격이 저렴하고, 낮은 재료비를 가지는 판매량이 많은 메뉴가 좋은가, 아니면 판매량이 적지만 가격이 높고, 재료비가 높은 메뉴가 좋은가의 문제에 직면하게 된다.

메뉴품목을 특상품 · 상상품 · 중상품 · 하상품 등으로 분류하고 평가된 자료를 바탕으로 메뉴품목의 삭제, 메뉴표에서의 위치조정, 가격의 인상 또는 인하 등의 메뉴관리를 하게 된다.

선호도 (메뉴믹스) \ 수익성(공헌이익)	Low	High
High	**Plow horses(상상품)** • 조금씩 가격을 인상시켜 보고 메뉴표의 저가품목 쪽으로 배치시킴 • 식재료원가가 높은 아이템과 낮은 아이템의 조화를 통하여 전체적인 원가를 줄이면서 판매가를 그대로 유지하여 공헌마진을 높일 수 있는 방안을 강구함 • 가치를 감소시키지 않는 범위 내에서 1인 분량을 줄인다.	**Stars(특상품)** • 기존메뉴의 품질과 양, 메뉴제공방법 등을 준수함 • 메뉴가 눈에 잘 띄도록 메뉴의 가시성을 높임 • 가격을 탄력성 있게 인상함
Low	**Dogs(하상품)** • 메뉴에서 삭제함 • 몇 가지 품목은 잠재력이 있으므로 가격을 인상하여 중상품 수준으로의 변화를 시도함	**Puzzles(중상품)** • 레스토랑의 이미지를 향상시키지 못하는 품목은 삭제함 • 친근감이 있거나 유행하는 메뉴품목의 이름으로 바꿈 • 메뉴 프레젠테이션을 향상시키거나 특별요리로서 권유판매를 통해 판매수량을 높임

(5) 파베직의 분석방법

파베직(David V. Pavesic)은 총수익과 식재료비용의 상관관계를 고려하여 메뉴를 분석하는 방법이다. 이는 카사바나와 스미스 방법 및 밀러 방법을 조합한 방식으로 모든 아이템은 4개 그룹으로 분류한다. 이 방법은 총수익과 식재료비율을 고려하고 있고 총수익도 전체 총수익을 고려하고 있어 문제점들을 많이 보완한 것이다. 그러나 식재료비 이외의 비용 등이 포함된 순이익을 고려하지 않은 한계점이 있다.

이러한 분류는 다음과 같은 절차에 의해 분석된다.

- 선호도를 측정하는 기준이 되는 품목의 수량을 정해야 한다.

  1/(메뉴상의 전체 메뉴품목 수 × 0.7 × 판매된 전체 메뉴품목 수)

- 원가에 대한 분석으로 원가의 높고 낮음은 가중된 총매출액과 가중된 식음료원가 비율인 PFC(Potential Food Cost)로 판단한다.

  PFC = 가중된 총식료원가 ÷ 가중된 총매출액

- 가중된 평균 공헌이익에 대한 분석으로, 이것은 전체 공헌이익을 메뉴상의 메뉴 품목 수로 나누어서 얻는다.

PFC = 총공헌이익 ÷ 총메뉴품목의 수

가중공헌이익	Low(저)	High(고)
High	Ⅰ Primes	Ⅱ Standards
Low	Ⅲ Sleepers	Ⅳ Problems

식료원가비율

(6) 우만의 분석방법

총공헌액(TCC ; Total Cash Contribution)과 단위공헌이익(UCM ; Unit Contribution Margin)을 이용하여 Signature, Lead Item, Hard to sell, Loser의 네 가지 분류로 메뉴를 분석하는 기법으로 우만(D. Uman)에 의해 시작되었다.

이 방식은 인기도와 수익성 변수를 판매량과 공헌이익, 혹은 판매량과 식재료비의 구도로 분석하였을 때 총공헌이익을 선택했다는 점에서 기존 분석방식과 차별화될 수 있다. 그러나 총공헌액이 높은 경우 이것이 판매량에 의한 것인지, 메뉴비율에 의한 것인지 혹은 두 가지 모두가 영향을 준 것인지 명확하지 않다는 단점이 지적되었다.

평균판매량	Low(저)	High(고)
High	Lead Item	Signature
Low	Loser	Hard to sell

단위공헌이익

③ 메뉴 디자인

메뉴 디자인은 메뉴계획을 통해 선별된 아이템을 메뉴북에 구체적으로 표현하는 것이다. 단순히 고객에게 식음료를 알리는 리스트 역할에 국한하지 않고 레스토랑 경영의 마케팅 도구와 광고 메시지 전달수단으로 사용되어야 한다.

잘 디자인된 메뉴북은 배열, 설명, 활자, 언어, 메뉴의 크기, 모양, 컬러 등이 레스토랑의 콘셉트와 조화를 이루고, 기능적으로 메뉴북의 역할을 잘 수행할 수 있도록 디자인된 메뉴북을 말한다.

1) 언어와 정확성

메뉴판에 사용되는 언어는 외식업체의 형태와 특성에 부응하는 것이어야 한다. 외국어가 사용될 경우 정확한 외국어를 사용한나. 메뉴는 고객이 선택할 때 편리해야 하기 때문에 외국어를 사용하는 경우에는 간단하고 정확한 번역을 밑에 첨부하는 것이 좋다. 현란한 수식어로 메뉴품목을 설명하고자 할 때 고객들이 음식의 특성을 이해하지 못해 추측하는 일이 없도록 해야 한다. 고객이 메뉴판을 보았을 때 메뉴의 가격과 특성에 대해 정확한 정보를 얻을 수 있어야 한다. 메뉴 내용에 변경이 있는 경우 종종 인쇄된 메뉴표에 손 글씨로 변경사항을 기재하거나 가격부분만 덧붙여서 수정하기도 하는데 만약 이런 메뉴표를 고객에게 제공한다면 고객은 메뉴판이 지저분하다고 인식하기도 한다. 또한 속임을 당하는 느낌마저 받을 수 있다.

2) 배치와 활자

고객이 외식업체에 방문하여 메뉴판을 처음 본 순간 눈길을 끌 수 있어야 하고, 관심 있게 볼 수 있도록 제작해야 할 것이다. 매출을 높이기 위해서는 고객이 메뉴판을 펼쳤을 때 고객의 시선이 집중되는 곳에 인기메뉴 또는 주력메뉴를 배치시킨다.

메뉴판의 활자는 어려움 없이 읽을 수 있는 적절한 크기가 좋다. 음식을 종류별로 구분하고 종류의 명칭은 큰 활자로 그에 부속된 개별 메뉴항목은 보다 작은 활자로 나타내는 것이 좋다. 그래픽과 색채를 사용하고 여백을 적절히 활용하는 것도 고객의 시선을 끌 수 있는 방법이다.

12폰트(Font) 아래의 글씨형태는 사용을 자제하고, 12면이 넘지 않는 것이 바람직하다. 그리고 메뉴판은 읽기 쉽고, 보기 편하고, 소문자 형식으로 하고 사진이 없는 경우는 메뉴를 40종 이내로 하며, 사진이 있을 경우에는 최대 25종 메뉴와 1페이지당 10가지 메뉴사진 이내로 구성한다.

3) 주변과의 조화

메뉴표의 외관은 레스토랑 콘셉트가 반영되도록 음식의 주제와 스타일, 그래프의 사용, 활자체 등 인쇄된 항목 수에 따라 결정되는데 색상과 디자인은 실내장식이나 분위기 등 주변환경과 조화를 이루도록 한다.

정반대 색상의 이용에 주의하는 등 색상의 조화에 신경 써야 하며 너무 이상하거나 이국적인 메뉴는 피하는 게 좋다. 지나치게 꽉 찬 메뉴기획은 좋지 않으므로 최소한 40% 정도의 여유공간을 두어야 한다.

4) 메뉴 포맷

일정한 기준은 없지만 레스토랑이 추구하는 목표, 메뉴의 특징, 테이블 크기, 분위기, 레스토랑 수준 등을 일목요연하게 표현할 수 있는 정도의 적합한 크기가 좋다.

대체로 특급호텔과 같은 고급레스토랑 메뉴판의 가로세로가 30~40cm 정도이며, 6~15페이지에 달한다. 또한 메뉴의 포맷은 한 장으로 1, 2, 3, 4번 접는 것과 책자형태로 된 것 등으로 다양하다. 또한 메뉴판은 종이나 가죽, 천, 나무판이나 주석, 부채, 도자기 등 다양한 재질을 활용하여 해당 레스토랑의 콘셉트를 강조하기도 한다.

메뉴북은 창업 시 좌석 수의 1.5배 정도를 제작하면 무난하다.

<table>
<tr><td>메뉴판 제작 시 고려사항</td><td rowspan="2">레스토랑 콘셉트, 품목의 수와 배열순서, 메뉴의 설명, 시각적 구성, 지면의 활용, 그림이나 사진의 첨부, 활자체, 색상, 재질, 크기, 모양, 원산지표시, 스마트 앱, 단어와 심벌의 해석, 음식의 맛과 질의 일관성</td></tr>
<tr><td>메뉴기획자와 고객의 입장 고려</td></tr>
</table>

④ 메뉴의 개발

외식업체의 메뉴는 신중하게 개발해야 한다. 메뉴의 종류에 따라 외식업체의 배치와 그 밖의 설계가 달라지기 때문이다. 메뉴는 여러 가지 음식의 아이템들을 준비하기 위한 정보의 원천이다. 메뉴가 요구하는 조리절차와 진행과정을 고려하여 공간과 장비를 결정해야 한다. 그리고 메뉴는 판매 창출과 유지를 위한 판매촉진계획을 세우는 데 영향을 준다. 소유주나 외식업체 컨설턴트는 메뉴의 외식시설 설계에 미치는 영향을 충분히 고려하여 메뉴를 개발해야 할 것이다. 메뉴를 개발할 때에는 판매되는 시장의 환경과 생산의 용이성, 그리고 레이아웃이 고려되어야 한다.

메뉴는 형태에 따라 다른 특성을 가지고 있기 때문에 다양한 음식 아이템을 개발할 때에는 그 아이템을 관리하는 감독자나 직원의 형태, 직원 트레이닝에 영향을 준다. 표본 메뉴가 제시되지 못하면 운영지침서는 완성된 것이라 볼 수 없다.

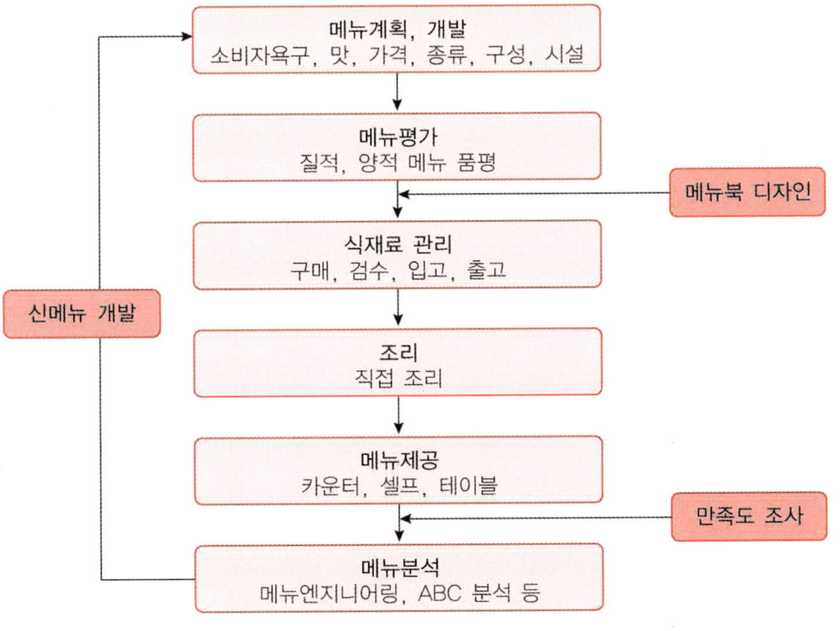

[그림 7-3] 메뉴개발

1) 메뉴가 변화하는 빈도

메뉴를 개발할 때 가장 먼저 결정할 사항은 메뉴를 얼마나 자주 교체할 것인지에 관한 것이다. 메뉴는 전혀 변화하지 않은 고정된 메뉴일 수도 있고, 매일 변화하는 메뉴가 될 수도 있다. 메뉴에 관한 의사결정 시 이러한 변화빈도에 대한 결정이 중요한 이유는 각종 창업계획의 진행절차가 메뉴의 변화빈도에 의해 크게 바뀔 수 있기 때문이다.

고정된 메뉴를 제공하는 외식업체의 시설계획은 매일 변화되는 메뉴를 제공하는 업체에 비해 훨씬 간단할 수밖에 없다. 매일 변화되는 메뉴는 주로 단체급식에서 많이 사용된다. 그러나 일반 외식업체는 그 업체만의 특성을 살린 메뉴로 자유롭게 메뉴를 개발하는 것이 좋다. 예를 들면, 특정식사를 할 때에는 고정메뉴를, 다른 식사에는 변화메뉴를 사용할 수 있다.

일반적으로 아침식사 시에는 주로 고정메뉴를 점심과 저녁식사 시에는 주로 변화메뉴를 사용한다. 이러한 메뉴 변화빈도에 따른 메뉴의 구분은 다음에 잘 나타나 있다.

(1) 완전한 고정메뉴

많은 패스트푸드와 전문적인 외식업체의 운영에서는 완성된 고정메뉴를 사용한다. 고정메뉴란 고객에게 제공될 메뉴항목을 메뉴판에 인쇄하여 일정기가 동안 같은 항목을 반복하여 제공하는 메뉴를 말한다. 메뉴에 변화를 주고자 할 때에는 메뉴의 인기도, 수익성, 생산용량 등을 고려하여 메뉴항목을 첨가하거나 삭제한다.

(2) 계절적 변화에 따른 고정메뉴

계절에 따른 메뉴변화는 계절적인 음식의 아이템에 있어서 외식업체에서 시기적절하게 사용된다. 대개 이러한 형태의 변화는 적어도 1년에 2~4회 시도하는 것이 좋다. 이러한 변화는 대개 메뉴 아이템을 완전하게 변화시키는 것은 아니고, 계절에 따라 인기있는 메뉴항목들에 주로 국한된다.

(3) 그날의 특별요리만 변화시키는 고정메뉴

고정메뉴가 변형되어서 하나의 형태로 분류될 수 있다. 그날의 특별요리는 매일 바뀔 수 있고, 그 변화내용은 메뉴판이나 게시판에 명확히 기재되어 있어야 한다. 이러한 메뉴는 단순한 고정메뉴의 형태가 이상적이지만, 반복고객의 식상함을 극복하기 위하여 제공된다.

(4) 매일 변화하는 메뉴

메뉴변화의 형태는 운영에 있어서 완벽한 형태를 띠어야 한다. 매일 변화하는 메뉴는 반복 고객이 많을 때 사용된다. 휴양지나 리조트나 캠프장 주변의 고정고객을 위한 메뉴로 적합하다. 또한 제한된 시간이나 기간에만 영업하는 경우에도 적합한 메뉴이다.

(5) 주기적으로 반복되면서 매일 변화하는 메뉴

메뉴를 주기적으로 변화시키는 형태는 외식사업의 운영에 있어서 반복적으로 사용되어 왔다. 예를 들어 직원식당, 학교급식 및 산업체급식의 사업에서 널리 사용된다. 변화의 주기는 대개 2~6주까지 이루어진다. 계절적인 변화들도 이러한 메뉴변화에 따라 고려될 수 있다.

2) 메뉴의 제공방법과 정도

메뉴에서 매우 중요한 부분은 얼마나 다양한 메뉴를 제공할 것인지를 결정하는 것이다. 외식업체에서 다양한 메뉴를 제공하는 경우도 있고, 제한된 메뉴를 제공하는 경우도 있다.

한정된 메뉴는 여러 가지 입장에서 볼 때 아주 바람직하다고 할 수 있다. 간단한 계획에는 설비와 간단한 아이템들 몇 가지를 포함하여 수립할 수 있고, 한정된 메뉴는 좁은 공간과 최소한의 설비만을 요구한다. 그러나 단점은 운영상의 이익을 달성하기 어렵고, 고객의 입장에서는 충분하게 고객 지향적이지 못하다는 것이다. 많은 종류의 메뉴들은 다양하고도 꼼꼼한 계획을 요구하는데, 이것은 생산자의 입장에서는 더욱 어려운 과제이기도 하다. 그러한 서비스들은 결과에 있어서 서비스의 속도와 설비에서 많은 공간과 비품들을 요구하기도 한다.

그러나 그러한 서비스의 특성은 더 큰 시장으로서의 접근이며, 바람직한 결과이기도 하다. 다행히 많은 곳에서 외식 서비스를 위해 다양한 형태의 메뉴뿐만 아니라 제한된 종류의 메뉴에도 적합한 설비를 유지할 수 있다. 이렇게 다양한 메뉴항목은 영업이 시작되고 고객요구를 더 잘 파악할 수 있을 때 어느 정도 부분적으로 수정할 수 있다.

비슷한 종류의 음식들이 저녁 외에 다른 형태의 식사를 위해 개발될 수 있다. 먼저 몇 종류의 메뉴가 식사시간에 제공될 것인가가 문제이고, 그 다음 단계는 메뉴에 나타날 음식 아이템을 어떻게 선택하는가 하는 문제이다.

다음은 메뉴항목을 선별함에 있어 고려해야 할 요소들이다.

(1) 대중성을 띤 판매

이것은 성공적인 운영에 있어서 가장 중요한 문제가 발생할 수 있는 요소이므로 판매시장에서 잘 활용해야 한다. 음식의 아이템은 신중하게 결정해서 판매해야 하며 너무 배타적인 아이템이어서는 안 된다. 다양한 음식의 형태는 바람직하며, 손님들이 메뉴를 선택할 때 너무 단조롭지 않고, 만족감을 주어야 할 것이다.

(2) 음식항목의 수익성

각 음식의 항목별로 식재료 원가와 인건비 및 기타 비용을 공제하고도 가장 큰 이익을 남기기 위해 각 메뉴별로 세밀한 분석이 필요하다. 수익성이 높아도 인기가 낮을 수 있기 때문에 메뉴를 작성할 때 수익성과 인기도는 균형 있게 조화를 이룰 수 있어야 한다. 메뉴는 높은 이익만을 남기는 아이템만으로 구성되어 있지 않으며, 모든 아이템이 전부 인기 있는 것은 아니다.

(3) 조리방법, 용이성 및 생산속도

주방의 효율적 기능이 결과로 바로 나타나 직접적인 영향을 가져온다. 최소한의 시간을 투자하여 생산할 수 있는 메뉴가 있고, 최소한의 노력과 최소한의 장비를 요구하는 메뉴도 있다. 가공처리하기 어려운 메뉴항목들도 조리할 때 사용할 수 있게 잘 다듬고 적합한 크기로 준비될 경우 주방의 속도를 높일 수 있다. 다른 방법으로는 한 가지 도구만을 이용해서 조리할 수 있는 단일품목으로 간단하게 조리, 생산해 낼 수 있도록 생산과정을 단순화시키는 것이다.

(4) 재료공급과 이의 변화

메뉴의 모든 식재료 아이템에서 식재료항목을 항상 공급할 수 있으면 이상적이지만, 그렇지 못한 것이 현실이다. 만약 식재료 공급처가 계속해서 재료를 공급할 수 없다면 메뉴에 그 항목을 포함시키지 않는 것이 좋다.

각각의 음식 아이템은 공급에 따라 여러 가지에 영향을 주기도 하고, 계획을 진행시킴에 있어 단순화를 가져올 수도 있으므로 현명하게 판단할 수 있는 기회를 제공한다.

(5) 음식 아이템 생산에 필요한 직원

예상되는 메뉴항목을 생산하는 데 필요한 조리사의 자질, 기술, 경험 등이 먼저 평가되어야 한다. 계속해서 높은 품질의 음식항목을 생산할 수 없는 경우라면 메뉴에 배치하는 것은 아무런 의미가 없다.

(6) 요구되는 주방장비와 사용법

메뉴에 나타나는 음식 아이템은 조리방법과 외식업체가 소유한 생산설비의 사정을 충분히 고려해야 한다. 각 음식항목을 생산하는 데 필요한 설비의 형태를 분석해야 하고, 또한 각각의 음식 아이템을 준비하는 데 걸리는 설비의 사용시간을 충분히 검토해야 한다. 이러한 분석은 메뉴의 개발이 끝난 뒤에 주방설비가 잘 활용되고 있는지를 확인하기 위하여 수행된다. 많은 음식 아이템은 주방설비를 보다 잘 활용할 수 있도록 언제나 수정할 수 있는 것이다.

(7) 1인분의 크기

1인분의 크기가 외형적인 모양새와 가격, 비용 및 기타 다양한 아이템에서 충분한 양을 선호하는 고객에게는 많은 양을 제공하고, 적은 양의 메뉴를 선호하는 고객에게는 적은 양을 제공함으로써 모두에게 만족을 줄 수 있을 것이다. 시각적인 모양은 1인분의 크기를 결정할 때 고려해야 할 주요한 사항이다. 1인분의 크기와 몇 인분의 양으로 생산할 것인지에 대한 계획은 주방에서 사용할 도구나 장비의 용량을 결정하기 전에 이루어져야 한다.

(8) 적합성

음식의 색채, 질감, 향기 및 시각적인 특성은 음식물을 평가함에 있어서 중요한 항목들이다. 정식을 주로 판매하는 외식업체운영에서는 서로 잘 어울리는 음식항목을 조심스럽게 선택할 수 있어야 한다. 시각적으로 훌륭해 보이고, 맛도 우수하다면 더할 나위 없이 좋은 것으로 볼 수 있다.

(9) 가격 책정

고객들은 자신들이 지불한 가격에 대해 메뉴의 가치를 감각적으로 느끼고 싶어 한다. 이것은 낮은 가격의 아이템을 메뉴에 첨가함으로써 고객들이 지불하는 메뉴가격에 대해 적절한 가격을 지불하고 있다는 확신을 심어줄 수 있다. 가격을 결정할 때 주의할 점은 고객들의 소비패턴이 충분히 고려되어 가격에 반영되어야 한다는 것이다.

메뉴개발의 중요성은 아무리 강조해도 지나치지 않다. 특정 외식업체의 메뉴결정에 따라 외식설비도 큰 영향을 받게 된다. 메뉴개발은 가장 중요하게는 그 업체의 수익성과 직결되며, 그 외에 크기, 설계, 레이아웃, 비품, 판촉활동 및 업체운영방침에 영향을 미치는 것이다. 메뉴결정은 장비의 효율적 활용과 균형 잡힌 작업일정을 짜는 데도 중요할 뿐만 아니라, 일단 외식업체가 계획되고 건설되어 영업을 시작한 후에도 계속해서 큰 영향을 미치게 되는 것이다. 실제로 외식업체의 관리는 메뉴에서 시작해서 메뉴로 끝난다고도 할 수 있다. 성공적인 외식업체의 운영을 위하여 메뉴의 역할은 아무리 강조해도 지나치지 않을 것이다.

제 8 장

Food Service Management

위생관리

학 습 목 표

1. 외식업체의 위생관리에 대해 이해할 수 있다.
2. 외식업체 위생관리시스템에 대해 이해할 수 있다.

Food Service **Management**

Chapter 8

위생관리

Food Service **Management**

1 외식업체 위생관리

1) 외식업체 위생관리의 중요성

고객들의 식품안전에 대한 관심이 높아지고 있고, 외식기업 선택 시에도 '음식의 질'이 최우선 고려사항이 되고 있다. 외식기업은 고객의 만족도를 향상시키고 고객의 지속적인 재방문을 통한 매출 증대를 위해 외식업체와 직원의 위생관리를 위해 노력하고 있다.

위생관리가 효과적이고 체계적으로 이루어지기 위해서는 외식기업의 특성과 환경을 고려한 위생관리 매뉴얼이 마련되어 있어야 하고, 기본적인 위생시설, 설비가 구비되어 있어야 한다. 직원은 위생관리 매뉴얼의 내용을 준수하여 작업을 수행해야 하며, 외식기업 매니저는 직원들을 대상으로 위생관리 매뉴얼에 대해 교육하고 위생관리 수행 여부를 실시간 관리, 감독해야 한다.

2) 식중독의 분류

외식기업 위생관리의 목적은 식품 조리과정과 식품 섭취 중에 일어날 수 있는 식중독을 예방하는 것이다. 식중독은 「식품위생법」 제2조 제14호에 식품의 섭취로 인하여 인체에 유해한 미생물 또는 유독물질에 의하여 발생하였거나 발생한 것으로 판단되는 감염성 또는 독소형 질환이라 규정되어 있다. 식중독의 종류에는 살모넬라균, 황색포도상구균, 장염비브리오균 등의 세균성 식중독과 노로바이러스, 노워크바이러스, 로타바이러스 등의 바이러스 식중독, 복어독, 버섯독, 마비성 패독, 기억상실성 패독 등의 자연독 식중독, 수은, 납 등의 중금속류와 농약 등에 의한 화학성 식중독이 있다.

[표 8-1] 식중독의 분류

분류		종류	원인균 및 물질
미생물 식중독 (30종)	세균성 (18종)	감염형	살모넬라, 장염비브리오, 콜레라, 비브리오, 리스테리아 모노사이토제네스, 병원성 대장균, 바실러스 세레우스, 쉬겔라, 여시니아 엔테로콜리티카, 캠필로박터 제주니, 캠필로박터 콜리
		독소형	황색포도상구균, 클로스트리디움 퍼플린젠스, 클로스트리움 보툴리눔
	바이러스성 (7종)	공기, 접촉, 물 등의 경로로 전염	노로, 로타, 아스트로, 장관아데노, A형 감염, E형 감염, 사포 바이러스
	원충성 (5종)	–	이질아메바, 람블편모충, 작은와포자층, 원포자층
자연독 식중독		동물성 자연독	복어독, 시가테라독어
		식물성 자연독	감자독, 원추리, 여로 등
		곰팡이 독소	황변미독, 맥각독, 아플라톡신 등
화학적 식중독		고의 또는 오용	식품첨가물
		본의 아니게 잔류, 혼입	잔류농약, 유해성 금속화합물
		제조, 가공, 저장 중에 생성	지질의 산화생성물, 니트로아민
		기타 물질에 의한 중독	메탄올 등
		조리기구, 포장에 의한 중독	녹청(구리), 납, 비소 등

출처 : 식품의약품안전처

3) 외식업체 식중독 발생

외식기업에서 가끔 집단식중독이 발생하여 문제가 되기도 한다. 집단식중독이란 역학조사 결과 식품 또는 물이 질병의 원인으로 확인된 경우로 동일한 식품이나 동일한 공급원의 물을 섭취한 후 2인 이상이 유사한 질병을 경험한 사건을 말한다. 주요 증상은 복통, 설사, 오심, 구토, 발열 등이며 여러 가지 증상이 동시에 발생한다. 식중독은 지구온난화 및 실내온도 상승 등의 사회적, 경제적, 환경적 변화로 인해 연중 지속적으로 발생하고 있다.

고객은 위생적이고 안전한 환경에서 외식을 즐길 권리가 있으므로 위생관리의 필요성이 강조되고 있다. 위생품질은 외식업체 경영자, 매니저, 직원 모두 위생관리의 중요성과 관리항목, 관리방법 등을 올바로 숙지하고 적합하게 실행하여 제공되는 음식에 대해 고객에게 신뢰감을 주어야 할 것이다.

4) 외식업체 위생관리 영역

외식기업 관리자와 직원이 식품 속에 내재되어 있는 미생물이 위험한 수준으로 증식되지 않도록 저장, 보관, 조리, 서빙하는 과정에서 위생관리와 품질관리를 올바르게 수행할 수 있다면, 최종적으로 고객에게 서빙되는 음식의 안전성을 확보할 수 있다. 외식기업 위생관리를 효과적으로 수행하기 위해서는 온도-시간관리, 교차오염관리, 직원 개인위생관리 항목을 잘 준수해야 한다.

(1) 온도-시간관리

가. 온도관리

식중독 예방을 위한 온도관리는 위생관리 시 가장 중요하게 관리해야 할 항목이다. 왜냐하면 온도는 미생물의 성장에 가장 중요한 영향을 미치기 때문이다. 미생물은 대부분 5~57℃ 범위에서 잘 증식하며 이 온도범위를 위험온도범위라고 한다. 따라서 외식기업에서 전처리한 식재료나 조리된 음식, 특히 식품의 pH가 4.6~7.5 정도이고, 수분활성도가 0.85 이상인 식품, 예를 들어 육류, 가금류, 어패류, 조리된 곡류와 감자류,

콩류 및 콩가공품 종자발아식품, 조리된 채소류와 절단된 과일류 등의 잠재적 위해식품(Potentially Hazard Foods : PHF)을 위험온도범위에서 장시간 보관한 경우 식중독균의 증식 가능성이 증가하므로 음식 생산 전 과정에서 온도관리를 잘 계획하고 수행해야 한다.

외식기업에서 계란이나 두부, 어묵 등의 냉장보관식품을 실온에 보관하는 경우, 전처리된 식재료나 양념류를 실온에 장시간 보관하는 경우에 식중독의 문제가 발생할 수 있다. 또한 가열조리음식을 식중독균이 사멸될 수 있을 정도의 온도로 충분히 가열하지 않는 경우, 육수 등을 가열한 후 부적절하게 냉각했을 때 식중독의 문제가 발생할 수 있다. 또한 가열조리 후 냉장, 냉동 보관하였던 음식의 재가열이 적절하게 수행되지 않았을 때 등에도 마찬가지이다.

나. 시간관리

외식업체의 시간관리가 위생관리에 있어서 매우 중요하다. 미생물은 부적절한 환경조건에서 10~12시간 안에 1개의 균체가 백만 개로 기하급수적으로 증식하며 식중독을 발생시킬 수 있기 때문이다. 따라서 외식업체에서는 식품취급 시 위험온도범위에서의 노출시간을 최소화하여 식중독균 증식을 예방해야 한다. 고객이 메뉴를 주문한 후 바로 조리를 시작하는 것이 이상적이나 일반적으로 외식업체에서는 운영여건상 사전에 식재료를 전처리해 두거나 일부 조리 후 냉장 보관하였다가 주문이 들어오면 조리사가 가열 혹은 재가열 후 고객에게 제공하고 있다. 이때 전처리한 식재료나 조리한 음식을 실온에서 장시간 보관하지 않도록 관리해야 한다.

다. 메뉴조리과정별 온도-시간관리

외식업체에서는 식재료 입고 시 냉장, 냉동식품의 분유와 유통기한을 검사하고, 냉동식품의 경우 녹은 흔적이 있으면 반품 처리해야 한다. 또한 식재료를 저장하는 냉장, 냉동고의 온도를 정기적으로 체크해야 한다.

전처리 시 냉동식품의 해동은 5℃ 이하의 냉장온도에서 하거나 21℃의 흐르는 물에서 4시간 이내에 해야 하며, 한 번 해동한 식품은 재해동하지 않는다. 그리고 전처리한 식재료나 파, 마늘 등은 사용 전까지 냉장온도에서 보관해야 하며, 가열조리 시에는 식품의 내부중심온도를 73℃에서 15초 이상 유지되도록 관리해야 한다.

조리 완료 후 서빙 전까지 보관온도와 시간은 5℃ 이하의 냉장온도에서는 24시간 이내에, 57℃ 이상의 보온온도에서는 5시간 이내에 서빙을 완료하도록 하고, 보온, 보냉고가 없어서 조리 완료 후 실온에서 보관했다가 서빙하는 경우에는 조리 완료 후 2~3시간 이내에 서빙을 완료하도록 한다.

가열조리 후 냉장보관을 위해 냉각하는 과정에서는 위험온도 범위에서 6시간 이상 방치하지 않도록 한다. 즉, 냉각 시 식품온도는 57℃에서 21℃도로 낮추는 데 2시간 이내, 57℃에서 5℃ 이하로 낮추는 데 4시간 이내로 관리하도록 하고, 이를 사용하기 전에 재가열하는 경우에도 가열조리 시와 동일한 온도기준으로 식품의 내부중심온도가 74℃에서 15초 이상 유지되는지를 확인하고 사용한다. 또한 재가열한 음식은 재차 가열하여 배식하지 않도록 한다.

냉장식품을 절단하거나 적은 양으로 나누어 담아서 보관하고자 할 때에는 식품을 15℃ 이하로 유지하고, 한 번에 소량씩 취급하고 처리한 후 냉장고에 보관한다. 식품을 냉장 혹 냉동저장하는 경우에는 식품 내 미생물의 성장을 지연시키고 저장수명을 어느 정도 증가시켜 줄 수는 있으나 식품 내의 미생물이 완전히 사멸되는 것은 아니다. 특히 리스테리아균이나 여시니아, 세균의 포자 등은 저온에서도 생육이 가능하므로 냉장, 냉동저장 시의 유통기한 관리나 냉장, 냉동고의 위생관리에 유의해야 한다.

또한 포자를 형성하는 식중독균인 클로스트리디움 보툴리늄(Clostridium botulinum), 클로스트리디움 퍼프린젠스(Clostridium perfringens), 바실러스 세레우스(Bacillus cereus) 등은 일반적인 가열온도와 시간으로 사멸되지 않으므로 완전조리식품이나 가공식품 구매 시 HACCP 지정 제품 등을 구매하여 사용하는 것이 안전하다.

외식관리자는 조리직원들에게 외식업체 조리과정 중 온도-시간관리의 중요성에 대해서 위생교육을 실시하고 각 조리과정에서 식품의 온도-시간을 관리할 담당자를 정하고 각 과정 담당직원이 정확하게 온도 혹은 시간을 측정할 수 있도록 교육, 훈련시켜야 한다.

(2) 교차오염관리

교차오염(cross-contamination)이란 생식재료나 오염된 식품과 접촉한 작업자의 손, 작업대, 스펀지, 행주, 조리기구 등에 의해 조리된 음식으로 유해물질이나 질병을 유발하는 미생물이 전달되는 것을 말한다. 교차오염은 생식재료와 조리된 음식이 접촉했을 때도 발생할 수 있다. 외식업체 조리과정 중 교차오염이 발생할 수 있는 예를 살펴보면, 살모넬라균에 오염된 육류를 손질한 도마와 칼을 세척, 소독하지 않고 바로 채소류를 절단하는 데 사용하였을 때, 육류의 살모넬라균이 도마와 칼을 통해 채소류로 교차오염될 수 있다. 이때 육류의 살모넬라균은 적절한 가열조리를 수행할 경우 사멸될 수 있으나 채소로 샐러드를 만들었다면 샐러드는 고객에게 서빙되기까지 별도의 가열조리과정을 거치지 않으므로 샐러드 속의 살모넬라균은 그대로 고객이 섭취하여 식중독을 유발할 수 있는 것이다. 따라서 아래와 같이 관리해야 한다.

- 식재료별로, 생식재료와 조리된 음식을 다루는 칼, 도마 등의 조리도구를 구분하여 사용하고, 조리도구는 사용 후 세척, 소독, 건조하여 위생적으로 보관해야 한다.
- 식재료 구입 후에는 원재료와 전처리한 식재료, 조리 완료한 음식을 구분하여 보관하고, 같은 구획의 저온저장 공간에 조리한 음식과 생식재료를 함께 보관할 경우에는 조리한 음식을 생식재료의 위칸에 보관하도록 한다.
- 조리직원은 개인위생관리 수칙을 준수하고 조리작업 전후 손 세척과 소독을 반드시 실시하도록 한다.
- 조리 시 맨손으로 작업하지 말고 반드시 소독한 조리용 장갑을 사용하고 조리용 장갑도 전처리용과 조리용으로 구분하여 사용하도록 한다.
- 식품 취급 등의 작업은 바닥으로부터 60cm 이상의 높이에서 실시하여 바닥으로부터 오염을 방지해야 한다. 이를 위해서 작업장 내 충분한 작업대를 구비해야 한다.
- 식재료의 입고부터 서빙에 이르는 전 과정에서 교차오염을 방지하기 위해 식품과 작업자의 이동 동선을 구분하고, 전체 작업과정에서 교행하지 않도록 관리해야 한다.

- 직원의 작업 배치 시에도 청결구역(조리실, 서빙준비실, 식기 보관실 등), 일반구역(식재료저장실, 전처리실, 세정실 등)으로 구분하여 각 구역 내에서 작업하도록 계획하고, 부득이하게 동일인이 두 구역에서 교대로 작업할 경우 다른 구역으로 이동할 때에는 각 구역의 복장규정을 준수하고, 출입 시 손 세척, 소독을 반드시 실시하도록 한다.
- 직원 탈의실에는 신발을 포함하여 외출복장과 위생복장 간에 교차오염이 발생하지 않도록 구분하여 보관할 수 있는 사물함 등을 구비하고 위생적으로 관리해야 한다.

(3) 직원 개인위생관리

가. 직원 개인위생관리방법

직원들의 철저한 개인위생관리는 건강유지뿐만 아니라 식품의 안전과도 밀접한 관련이 있다. 조리직원은 청결한 상태로 출근해야 하며 식품을 취급하기 전에는 반드시 손을 세척, 소독해야 한다. 또한 가능하면 작업 중 머리를 긁거나 입과 코 등 신체의 일부를 만지거나 흡연이나 전화기나 지폐 등을 만지는 행동을 하지 말고, 조리 중 오염된 식재료를 만졌을 때, 화장실을 다녀왔을 때 등은 손을 꼭 세척, 소독해야 한다.

직원이 손 세척, 소독을 잘 수행할 수 있도록 하기 위해서는 조리장 구역별로 손 세척, 소독시설을 잘 구비해 두는 것이 필요하다.

외식업체의 직원으로부터 오염될 수 있는 또 다른 원인은 땀이므로 직원의 땀이 음식이나 조리기기에 떨어지지 않도록 주의해야 한다. 이를 위해서는 식품 취급용 장갑을 자주 교체하여 사용하고 행주로 땀을 닦는 행위는 금지해야 한다. 부득이한

경우에는 일회용 타월을 사용하여 땀을 닦고 바로 손 세척, 소독 후 조리작업을 수행해야 한다.

조리직원은 조리작업을 시작하기 전 개인위생점검표를 이용하여 건강상태(체온 체크, 설사 등), 청결한 위생복, 위생모, 위생화, 앞치마 착용 여부, 손톱 위생상태 등을 점검하고, 작업 중 음식에 유입될 수도 있는 반지, 귀걸이 등의 장신구나 약, 열쇠, 필기류 등의 소지품은 탈의실에 보관하도록 한다.

전염성 질환의 증상이 있거나 보균자인 직원은 질병을 전염시킬 수 있으므로 절대 음식을 취급해서는 안 된다. 직원은 설사, 발열, 메스꺼움이나 피부질환 등의 증상이 있을 때에는 외식관리자에게 보고하고 관리자는 이들을 조리작업에서 제외하는 등의 조치를 취해야 한다. 또한 조리직원의 채용 전 건강검진을 반드시 실시하고, 건강진단서는 연 1회 갱신해야 한다.

건강진단수첩(보건증)의 관리

현행법상 식품접객업에 직접 종사하는 자는 모두 건강검진을 받은 후 영업에 종사하여야 하고, 1년에 한 번씩 정기진단을 받아 모든 근무자의 건강진단수첩(보건증)이 매장에 보관되어 있어야 한다. 법 때문만이 아니라 일반음식점의 위생관리는 철저할수록 좋다.

나. 직원 위생교육방법

외식산업은 노동집약적인 산업으로 직원들의 위생개념과 태도가 최종적으로 서빙되는 음식의 위생상태에 많은 영향을 미친다. 따라서 직원 개인의 식품 취급습관이 고객의 건강과 밀접한 관련이 있음을 직원 스스로 인식하게 하고 위생관리를 적극적으로 실천하도록 하는 것이 중요하다.

이를 위해서는 지속적이고 단계적인 위생교육, 훈련이 필요하다. 하지만 각 외식업체 단위로 위생교육자료를 제작하는 것은 쉽지 않다. 따라서 식품의약품안전처 식품안전정보원이 운영하는 식품나라(www.foodna.go.kr)나 한국보건산업진흥원 HACCP 지원사업단 홈페이지(www.haccphup.or.kr)에 업로드되어 있는 동영상, 애니메이션 등을 위생교육자료로 적극적으로 활용하는 것이 좋다. 교육자료로는 외식업체 위생관리 불량사례를 적발하는 TV 프로그램을 활용해 보는 것도 좋은 방안이다. 또한 최근에 사용이 급증하고 있는 스마트폰의 애플리케이션을 활용하면 시간과 공간의 제약을 받지 않고 직원의 위생교육을 실시할 수 있다. 대표적인 위생교육 애플리케이션으로는 식약처에서 개발, 운영하고 있는 식중독 예방정보 모바일 앱(http://m.kgda.go.kt/fm)이 있다.

최근에는 팬데믹(Pandemic) 현상과 관련한 위생문제가 큰 관심의 대상이 되고 있다. 범정부적인 차원에서 지켜야 할 여러 규율을 제시하기도 하였고, 아래에 관련 내용을 제시하였다.

위생관리 모범업소가 되기 위한 방법

- 마스크 착용 의무화: 다른 직원 및 식사 손님과의 사회적 거리두기를 완벽하게 유지하기란 불가능하므로, 직원들에게 안면 가리개(즉, 마스크)가 필요할 것이다. 마스크 사용방법과 마스크 교체시기를 직원에게 교육해야 한다.
- 교육 및 커뮤니케이션을 유용하게 활용: 모든 새로운 공중보건절차에 대한 교육이 있어야 한다. 특히 이전에 세정과 관련된 업무를 수행하지 않았던 직원들에게 더 중요하다. 사용 편의성, 예방 및 모범사례를 보장하는 필수제품을 결합한 세정 키트를 개발한다. 그런 다음, 직원 및 고객을 보호하기 위해 취하고 있는 조치와 안전한 권장제품을 사용하고 있다는 점을 직원과 고객에게 명확히 설명한다. 코로나바이러스의 만연은 식당의 직원들 또한 감염의 위험에 처할 수 있음을 의미하므로 비상절차를 수립해야 하다.
- 손 위생에 우선순위 부여: 손은 개인 감염 및 병원균 확산의 주된 경로이다. 따라서 주기적인 손 씻기 절차 및 손 세정제의 사용은 코로나19 바이러스 노출을 제한하는 데 있어 핵심적인 요소이다. 알코올 기반 손 세정제를 제공하는 벽걸이형 디스펜서와 독립형 손위생대를 이용할 수 있도록 해야 한다.

(4) 외식업체의 청결상태 점검

외식업체는 3요소, 즉 M(Merchandising), S(Service), C(Clean)가 잘 갖춰져 있으면 매출을 증대시킬 기본적인 요소를 갖췄다고 말할 수 있다. 외식업체의 청결은 외식업체 운영의 가장 기본적인 조건으로 항상 염두에 두어야 할 중요한 업무이다. 특히 음식을 가공, 조리해서 판매하는 패스트푸드점이나 전문 음식점에서는 청결뿐만 아니라 상품 취급에 의하여 발생되는 악취제거 등에도 세심한 주의를 기울여야 한다.

외식업체의 운영상태를 알아보려면 화장실을 가보면 된다. 요즘 국내 음식점의 화장실도 어느 정도 청결해졌지만 불결한 곳이 많다. 이것은 외식업체 경영주가 청결에 대한 중요성을 깨닫지 못했기 때문이다. 외식업체를 깨끗이 유지하는 것은 쉽지 않은 일이다. 그러나 청결의 중요성을 깨닫고 꾸준히 노력하며 체계적인 점검서를 통하여 관리하며, 직무 할당을 통하여 수시로 체크한다면 좀 더 쉽게 청결한 상태를 유지할 수 있다. 또한 외식업체 경영주는 수시로 청결상태를 확인하며 솔선수범하여 외식업체를 깨끗이 청소하는 자세가 필요하다.

[표 8-2] **외식업체 청결점검서**

외식업체 청결점검서	
장소	점검항목
간판	• 간판의 청결상태 • 간판 전등의 고장여부 • 거미줄이 끼어 있는지의 여부 • 전면 유리창의 청결상태 • 창틀의 청결상태
현관	• 매트의 청결상태 • 현관 천장의 청결상태 • 쓰레기통의 청결상태
외식업체 내부	• 계산대 주변의 청결상태 • 진열대 상품들의 청결상태 • 바닥의 껌 또는 얼룩 여부 • 고장난 전등의 여부 • 테이블과 의자의 청결 및 테이블 밑의 청결상태
화장실	• 악취가 나는지 여부 • 환기는 잘되는지 확인 • 휴지 및 비누는 준비되어 있는지 확인 • 수건의 청결상태 • 변기 내의 청결상태 • 휴지통은 깨끗한지 확인
주방	• 싱크대 배수구의 청결상태 • 환기가 잘 되는지 확인 • 천장의 청결상태 • 음식물 찌꺼기가 묻어 있지 않는가?

주방	• 배수구로 물이 잘 빠지는지 확인 • 조명상태는 문제가 없는지 확인 • 바퀴벌레 등 해충은 없는지 확인
장비	• 외식업체 내 에어컨 필터의 청결상테 • 냉동고에 성에가 끼어 있지 않은지 확인 • 냉장고에 오래된 음식물이 있는지 확인 • 싱크대 밑부분, 뒷부분은 깨끗한지 확인
창고	• 창고의 환기는 잘 되는지 확인 • 쥐 등 해충류는 없는지 확인 • 바닥의 청결상태 • 불필요한 폐품이 놓여 있지 않은지 확인

출처: 김동진 외(2017)

② 외식업체 위생관리시스템

1) 외식업체 HACCP 적용절차

식품위생요소중점관리기준(Hazard Analysis and Critical Control Point : HACCP)이란 식품의 원료관리, 제조, 가공, 조리, 소분, 유통의 모든 과정에서 위해한 물질이 식품에 섞이거나 식품이 오염되는 것을 방지하기 위하여 각 과정의 위해요소를 확인, 평가하여 중점적으로 관리하는 기준이다. 1995년 12월 「식품위생법」 제32조 제2항의 규정이 신설되면서 HACCP이 적용된 이후로 식품제조, 가공업체, 단체급식소는 물론 외식업체에 이르기까지 HACCP이 활발히 적용되고 있다. HACCP은 전 세계적으로 과학적이고 체계적인 위생관리시스템으로 평가받고 있다.

외식업체의 경우 선행요건 관리기준과 HACCP 관리기준을 간소화하여 적용 가능하므로 향후 외식업체를 중심으로 HACCP 적용이 더욱 활성화될 수 있을 것으로 기대된다.

외식업체에서 HACCP을 적용하고자 할 때에는 국제식품규격위원회에서 정한 HACCP 7원칙 12절차를 기준으로 한다.

(1) HACC 7원칙 12절차

HACCP 관리는 공통적으로 7원칙 12절차에 의한 체계적인 접근방식을 적용하고 있다. HACCP 7원칙이란 HACCP 관리계획을 수립할 때 단계별로 적용되는 주요 원칙을 말하고, 12절차란 준비단계 5가지 절차와 본 단계인 HACCP 7원칙을 포함한 총 12단계의 절차로 구성된 구축절차를 의미한다.

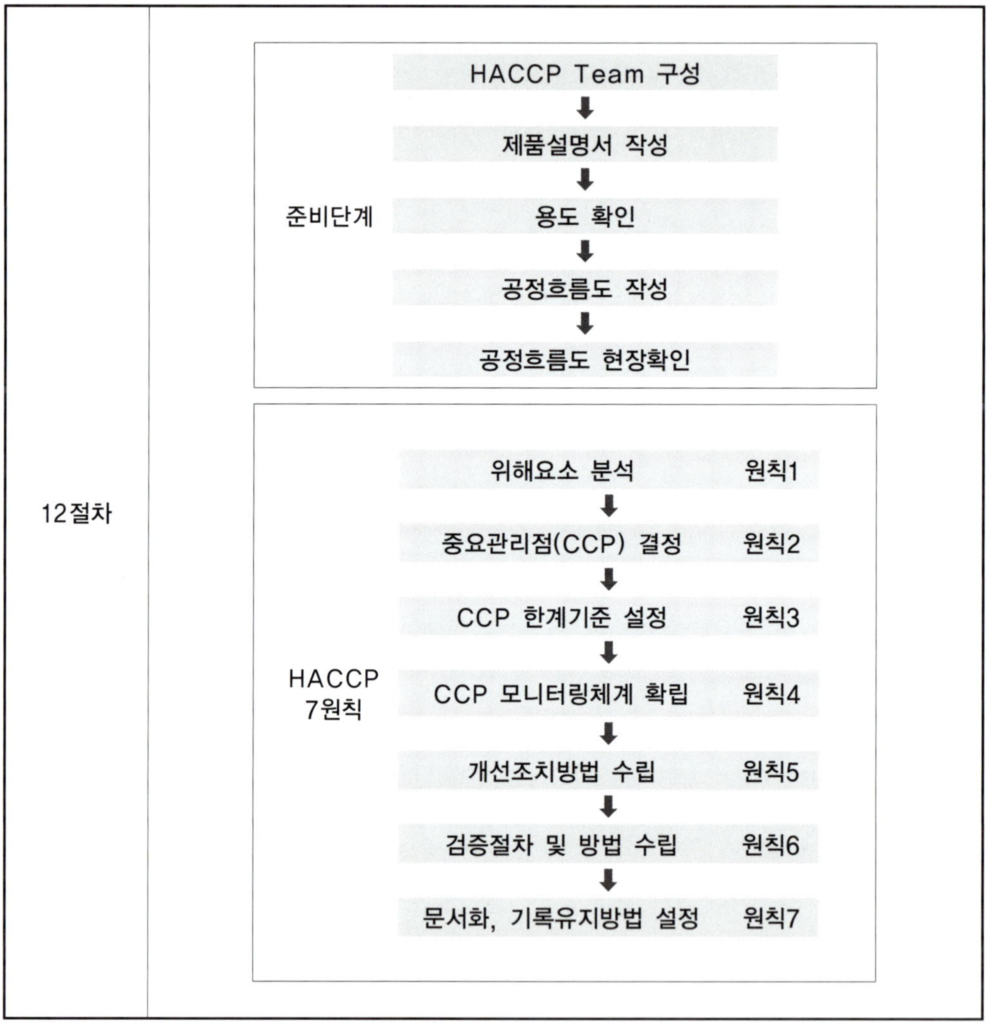

출처 : 한국식품안전관리인증원

[그림 8-1] HACCP 절차

기본적으로 HACCP 시스템은 모든 식품의 위해요소를 효과적으로 관리하여 안전성을 확보할 수 있는 가장 효율적인 관리제도로 인정받고 있다. 또한 적절하고 효과적인 HACCP 시스템의 수립, 실행 및 유지가 무엇보다 중요하다.

가. 절차 1: HACCP 실시를 위한 Team을 편성한다

HACCP 도입은 HACCP 계획의 작성 책임자와 HACCP에 대해 전문적인 지식과 기술 및 경험을 가진 인력이 참여하는 팀을 편성해야 한다. HACCP팀은 HACCP의 구축 및 유지관리, HACCP 계획의 개정 등이 주된 업무가 된다. HACCP 팀장과 팀원은 모두 일정시간의 위생교육을 받아야 한다. 팀 구성 후에는 팀원의 수행업무와 책임 및 권한을 명시하는 조직도를 작성하고 업무 인수, 인계체계를 마련하도록 한다. HACCP을 수행하는 부서별, 직원 개인별 책임과 권한은 서로 중복되거나 누락되지 않도록 작성하고, 비상시 인력을 대체하고자 할 때는 HACCP 교육을 받은 인력을 배치할 수 있도록 계획한다.

나. 절차 2: 제품의 특징을 기술한다

HACCP 적용 시 생산음식에 대하여 종류, 원재료, 조리공정, 특성, 포장형태 등을 분명히 기재해야 한다. HACCP 계획의 작성 시 원재료 및 음식에 관한 고유의 정보는 위해분석의 기초자료로 활용되므로 상세히 기재해야 한다.

다. 절차 3: 제품의 사용방법을 명확히 한다

제품의 용도 및 용법을 확인하는 절차이다. 최종 완성된 음식이 어떻게, 누구에게 서빙되는가를 예측하는 것이 필요하다. 특히 위해 원인물질에 대하여 감수성이 있는 노년층과 영유아 등 특정 계층에게 제공하는지 여부 등을 명확히 하는 것 등은 효과적인 HACCP 계획 작성을 위해 매우 중요하다.

라. 절차 4: 제조(조리)공정흐름도, 시설의 도면 및 표준작업서를 작성한다

식재료의 입고부터 음식의 최종 서빙까지의 공정에 대하여 그 흐름을 알 수 있는 제조(조리)공정흐름도와 조리시설 내의 시설, 설비의 구조 및 음식과 작업자의 이동경로 등을 기재한 시설의 도면, 조리에 이용하는 기기의 성능과 조리작업의 절차, 조리과정의 중요한 기준에 대하여 기재한 표준작업 절차서를 작성한다.

마. 절차 5: 제조(조리)공정흐름도를 현장에서 확인한다

전 단계에서 작성한 제조(조리)공정흐름도, 외식시설의 도면 및 표준작업 절차서에 대하여 음식조리현장에서 실제의 작업내용과 일치하는지를 확인하여 작성내용에 잘못이나 부족함이 없는지 여부를 충분히 검토한다.

바. 절차 6: 위해분석(Hazard Analysis: HA)을 실시한다(원칙 1)

위해분석은 위해요소 자체에 대한 정보 또는 위해요소가 발생할 수 있는 환경, 원재료, 조리과정 등과 관련된 정보를 수집하고, 수집된 정보를 평가하여 최종 서빙되는 음식에 내재할 수 있는 위해요소를 규명한다. 위해요소 중 생물학적 위해에는 병원성 세균, 바이러스, 기생충, 진균류 등이 있고, 화학적 위해에는 중금속(수은, 납, 카드뮴, 비소 등), 천연독소(곰팡이 독소, 패류독, 버섯독, 복어독 등), 잔류농약, 남용되거나 오용된 식품첨가물, 환경호르몬, 알레르기 유발물질, 기타 생산공정에서 혼입될 수 있는 세척제나 소독제, 조리과정에서 생성될 수 있는 아크릴아마이드 등이 있다. 물리적 위해로는 인체에 상처를 줄 수 있는 뼈 조각, 유리 파편, 금속 조각, 플라스틱 조각, 돌, 녹, 모발, 직원 장신구, 스테이플러 심, 클립, 기생충 알, 곤충, 설치류 분변 등의 이물질이 있다.

사. 절차 7: 중요관리점(Critical Control Point: CCP)을 결정한다(원칙 2)

위해요소분석을 통해 확인된 위해요소와 예방조치방법을 목록화한 후에 이들을 어떤 수준으로 관리할 것인지를 결정하기 위하여 중요관리점을 결정한다. 중요관리점이란 HACCP 적용과정에서 식품의 위해요소를 예방, 제거하거나 허용수준 이하로 감소시켜 업소에서 제공되는 음식의 안전성을 확보할 수 있는 중요한 단계 또는 공정이다. 위해분석에서 수집한 정보에 따라 가능하면 객관적이고 과학적인 방법으로 중요관리점을 결정한다.

아. 절차 8: 각 CCP에 대한 한계기준(Critical Limit: CL)을 설정한다(원칙 3)

절차 7에서 결정된 중요관리점에 대하여 위해를 예방, 배제 또는 허용범위 내로 관리하기 위한 기준을 작성한다. 한계기준은 관리항목과 해당 항목의 기준, 규격으로 구성한다. 한계기준의 예는 냉장, 냉동고 온도관리를 CCP로 설정했을 경우에는 냉장고 온도 5℃ 이하, 냉동고 온도 -18℃ 이하가 한계관리기준이 되며, 가열조리 음식의 내부 중심온도 측정을 CCP로 설정했을 경우 한계관리기준은 74℃ 이상에서 1분 이상 등으로 설정한다.

자. 절차 9: 각 CCP에 대한 모니터링(Monitering) 방법을 정한다(원칙 4)

중요관리점에 대해서 각 관리기준에 적합하게 관리되고 있는지를 실시간 관찰, 측정 또는 검사하는 방법을 정한다. 외식업체에서 HACCP을 적용할 때 외식관리자가 모든 CCP를 실시간 모니터링할 수는 없으므로 외식관리자는 해당 CCP의 작업을 수행하는 직원에게 모니터링 업무를 위임하고 정확한 모니터링이 수행될 수 있도록 해당직원을 교육, 훈련해야 한다. 또한 HACCP 관리기준서 작성 시 모니터링 담당자에 대한 적절한 자격요건과 책임 및 권한을 명확히 정해야 한다.

차. 절차 10: 모니터링 결과 CCP에 대한 CL 위반 시의 개선조치(Corrective Action)를 정한다(원칙 5)

개선조치는 안전성이 손상되었을 가능성이 있는 음식에 대하여 식품위생관리상 필요한 조치를 행함과 동시에 작업과정 중 관리기준에 위반되는 요인을 즉시 시정하고 작업공정의 관리상태를 HACCP 계획대로 되돌리기 위한 과정이다. 모니터링을 수행한 결과 CCP가 한계관리기준 범위 내로 관리되고 있지 않은 경우 개선조치를 취한다. 검수기준에 부적합한 식재료 입고 시 반품하거나 채소류를 소독하는 소독제의 농도가 기준치보다 낮을 때 농도를 조정하는 것 등이 개선조치의 예이다.

카. 절차 11: 모니터링 결과 CCP에 대한 CL 위반 시의 개선조치(Corrective Action)를 정한다(원칙 6)

HACCP을 계획할 때부터 정확하고 효과적으로 시행되고 있는지에 대하여 정기적으로 검증해야 하며, CCP 및 CL이 적절하게 설정되어 위해가 적절하게 관리되고 있는지를 보다 과학적인 방법으로 평가해야 한다. 검증은 HACCP 계획이 올바르게 수립되어 있는지 확인하는 유효성 평가(Validation)와 계획이 설계된 대로 이행되고 있는지를 확인하는 실행성 검증으로 나뉜다. 자체 인력으로 검증을 수행하기 어려울 경우에는 외부의 검증 전문가에게 검증을 의뢰하도록 한다. HACCP 계획 관련 자료의 검토 및 통계적 분석, 모니터링 측정장비의 검정, 교정, 음식 생산공정 각 단계에서 채취한 음식 상품과 식품이 접촉하는 외식업체시설의 표면에 대한 미생물 검사 등이 있다.

타. 절차 12: 모니터링 결과 CCP에 대한 CL 위반 시의 개선조치(Corrective Action)를 정한다(원칙 7)

HACCP이 성공적으로 정착되기 위하여 계속적이고 신뢰성 있는 기록이 유지되도록 한다. 체계적인 HACCP 적용을 위해서는 HACCP의 구축, 운영, 개선에 대한 절차와 방법 등을 문서화하고, 문서화된 규정에 따라 각종 양식과 점검표 등을 현장 직원이 실시간 사실적으로 정확하게 규정하고 최소 2년 동안 보관해야 한다.

2) 식자재 관리에 대한 사항

(1) 식재료의 위생관리

가. 야채류

① 야채류는 쉽게 상하고 칼이 닿으면 더 쉽게 상하므로 관리를 철저히 해야 한다.

② 선입선출(FIFO : First In First Out), 즉 먼저 들어온 원재료를 먼저 사용하는 것이

기본이며 사용하고 남은 경우 포장하거나 신문지를 사용하여 신선도를 유지한다.

③ 씻은 채소와 씻지 않은 채소가 섞이지 않도록 분리 보관한다.

나. 냉동식품류

① 냉동보관이 원칙이고 한번 해동한 것은 재냉동하지 않도록 한다. 냉동식품도 유통기한을 확인하여 보관한다.

② 냉동된 음식물의 온도는 -17℃ 이하이다.

③ 육류를 3~4일 정도 저장할 경우 5℃ 이하가 좋고, 장기간 저장할 때는 냉동시켜 보관한다.

다. 냉장식품류

① 냉장식품은 냉동식품에 비해 유통기한이 짧으므로 주의하고 일정온도를 유지해야 한다. 개봉한 제품을 보관해야 할 경우 랩이나 위생팩으로 포장, 보관한다.

라. 과일류

① 바구니 등을 이용하는 과일류는 따로 보관하는 것이 좋다. 색이 잘 변하는 과일이 남은 경우 레몬을 설탕물에 담가 갈변을 방지하도록 한다. 바나나의 경우는 냉장고에 넣지 않고, 상온에 보관해야 한다.

마. 건어물류

① 건어물은 냉동보관이 원칙이고, 사용량에 따라 위생팩으로 개별 포장하는 것이 좋다.

바. 양념류

① 양념류는 플라스틱 용기에 담아서 보관하고 뚜껑을 잘 덮어서 딱딱하게 굳거나 이물질이 섞이지 않게 한다.

② 양념류는 물이 묻은 경우 잘 건조해서 사용한다.

사. 소스류

① 소스는 적정 재고량을 파악하여 보유하고 유통기한을 잘 체크하도록 한다.
② 물기를 제거하여 플라스틱 용기에 적당한 양을 담아 보관한다.

아. 주식류

① 주식류는 건조하면서 서늘하고 통풍이 잘 되는 곳에 보관한다.
② 해충이 번식한 쌀, 보리쌀은 그늘에서 건조, 제거시킨다.

자. 유지류

① 유지류는 직사광선을 피하고, 깨끗한 용기에 담아 서늘한 곳에 보관한다.
② 유지는 냄새가 많이 나는 식품과 분리, 보관해야 한다.

(2) 식재료의 취급

- 유통기한이 경과하고, 보존상태가 좋지 않은 식품은 가격이 저렴해도 구입하지 않는다.
- 통조림은 찌그러지거나 팽창되면 안 된다.
- 외식업체의 재고수량을 파악하고, 필요한 적정량만 구입해야 한다.
- 보존한 식품은 선입선출 방식으로 재고품을 회전시킨다.

[표 8-3] 식품의 저장온도

식품	냉장보존(0~4℃) 유통기한	냉동보존(-18℃) 유통기한
식육류(삼겹살, 돈육)		6개월
가공육(소시지)	1주	15일
가금육(닭고기)		6개월
어패류(삼치, 조개, 새우 등)		3개월
우유	5~7일(제조일 기준)	
버터	2주	
슬라이즈 치즈(모차렐라 치즈)	6개월	
냉동 튀김류		3~6개월
돈까스 소스	2개월	
탕수육 소스, 케이준 소스 등	4개월	
육수 베이스	24개월	
커팅 야채류	3~4일	

3 외식업의 주방기기 관리

1) 냉장, 냉동고의 관리

식생활의 획기적인 변화로 음식을 냉동, 냉장고에 보관하기 시작하였다. 만약 냉동, 냉장고가 없으면 식품의 유통관리가 되지 않아 많은 음식을 맛보지 못하게 되고 맛보고 싶다면 무척 비싼 비용이 들어갈 것이다. 그래서 현재 냉동, 냉장고는 매우 유용하고 필요한 기기가 되었고, 관리상태에 따라 오히려 문제가 될 수 있으므로 많은 식재료를 취급하는 외식업체에서는 냉동, 냉장고를 잘 관리해야 한다.

① 냉장, 냉동고 내의 제품은 적정량의 물건을 보관하는 것이 기능 유지에 더욱 좋다. 냉기 순환의 문제로 고장이나 제품 변질, 효율을 저하시키기 때문이다.

② 응축기는 먼지가 끼지 않게 하고, 정기적으로 솔을 이용하여 응축기 틈을 털어

내고 물로 세척해 준다. 전기장치에 물이 들어가지 않도록 주의하고, 냉동, 냉장고 뒷면을 주기적으로 관리하도록 한다.

③ 냉장고의 적정온도는 4℃(±1℃), 냉동고의 적정온도는 -18℃(±2℃)로 조절하여 사용하는 것이 좋다.

④ 식품의 수납량은 내부 용량의 70% 이하로 유지하고, 한눈에 잘 보이도록 잘 정돈한다.

⑤ 냉장, 냉동고는 적정 가동 유지를 위한 정기적인 내부 서리 제거, 적정 온도 유지, 주 1회 이상 청소 및 소독을 실시한다.

⑥ 냉장, 냉동고 문의 개폐는 가능한 한 신속하게 필요한 최소 수만으로 한정한다. 필요한 식재료는 무엇인지 미리 생각해 본 뒤 한꺼번에 꺼내는 것을 습관화한다.

⑦ 증발기(냉기가 나오는 부분)에 5mm 이상의 성에가 끼면 냉각성능이 떨어지므로 성에를 제거한다. 칼, 송곳, 드라이버 등으로 무리하게 성에를 제거하려고 하면 증발기의 손상으로 인해 장비 전체의 사용이 불가할 수 있으므로 주의를 요한다.

2) 제빙기의 관리

① 제빙기는 사용하는 물의 종류(상수도 혹은 지하수)에 따라 수명이 달라지는 경우가 있다. 상수도의 경우는 별 문제가 없으나 지하수를 사용하는 경우에는 많은 차이가 있음에 유의해야 한다.

② 지하수를 사용할 경우 기기 내부의 오염이 심각해지므로 자주 세척을 하여 석회가루를 계속 제거해야 한다. 지하수 사용 시 기기 노즐의 세척은 반드시 주기적으로 해야만 한다.

제빙기 관리 시 유의사항

- 제빙기 내부는 청결을 유지하고, 제빙기 내부에 냉장 보관을 위한 물품을 두지 말아야 한다(캔음료, 페트병 등).
- 얼음 저장고(Icc House) 내부의 얼음을 컵이나 손으로 만지면 대장균 번식이 늘어나게 되므로 얼음 사용 시 반드시 금속재질의 전용 용기(Ice Scoop)를 사용해야만 한다.

3) 튀김기의 관리

① 기름의 온도를 170℃ 정도까지 올리려면 15~20분 정도 걸리므로 매장 오픈 시간 전까지 미리 예열을 해둔다.

② 온도 조절기를 원하는 온도의 눈금계에 맞춰 사용하면 된다.

③ 튀김기의 기름을 새 기름으로 갈 때 튀김기 밑의 코크 밸브를 열고, 폐유가 잘 나오지 않을 경우 찌꺼기를 제거한 후 긴 젓가락으로 구멍을 뚫어주면 된다.

튀김기 사용 시 유의사항

- 재료를 튀길 때 재료의 양을 알맞게 넣는다(기름 표면의 2/3 정도).
- 재료 표면의 수분을 제거한 후에 조리해야 위험하지 않다.
- 기름을 너무 오래 사용하지 말고, 자주 갈아주며 기름은 산소와 빛의 영향으로 산화되므로 식힌 후 뚜껑을 덮어둔다.

4) 배기후드의 관리

배기후드는 조리과정에서 발생하는 열, 냄새, 연기 등을 제거하기 위한 설비이며 필터(filiter)가 있는 후드와 없는 후드 등의 두 종류가 있고 자연 배기보다 대부분이 강제 배기식을 채택하고 있다.

① **필터가 있는 후드 설치장소** : 튀김, 부침 등 식용유를 사용하는 조리기구 상부에 설치한다.

② **필터가 없는 후드 설치장소** : 취사기 등 열 및 증기가 많이 발생하는 열기구 상부에 설치한다.

4 외식업체 품질관리

외식업체의 품질관리는 고객의 수요에 적합한 품질의 제품을 경제성을 고려하여 계획하고, 이것을 기준으로 작업 매뉴얼을 정하여 음식을 생산하고, 제품의 수준을 검사하고 판매하며, 음식과 서비스가 고객의 만족수준과 니즈에 부합하는지 등을 조사하여 고객에게 서비스를 행하는 일련의 활동을 의미한다. 외식업체의 품질관리란 외식업체 경영상 가장 유리하다고 생각하는 품질을 보장하고 이것을 가장 경제적으로 생산하는 방법이다.

외식업체 품질관리를 위해서 고객에게 최종 서빙되는 음식의 품질을 계획한 수준으로 관리하기 위해서는 음식의 크기, 형태, 색깔, 냄새, 맛, 질감 등의 관능적 품질을 잘 관리하고, 영양소의 적절한 구성과 효율 등을 고려하는 영양학적 품질, 그리고 이물질, 독성물질 혹은 식중독균의 혼입 등을 방지할 수 있는 미생물학적 품질관리가 필요하다. 음식의 품질을 우수하게 관리하기 위해서는 음식의 안전성을 확보하고, 이를 위한 노력을 해야 한다. 따라서 외식업체에서는 음식의 안전성 확보와 우수한 품질보증을 위한 노력을 동시에 수행하고 있다.

여러 외식업체에서는 정부나 지자체, 세계기구에서 부여하는 품질인증제도를 적극 획득하여 국제기준에 적합한 품질경영시스템의 정비와 경영수업의 확립을 통해 브랜드 이미지를 제고하고 고객신뢰 확보를 통한 매출 증대를 모색하고 있다. 또한 품질인증제도를 획득하면 국제시장 진출에도 용이하다.

1) 국제품질인증제도

외식업체에서 도입하고 있는 대표적인 국제품질인증제도에는 품질경영시스템(ISO 9000 시리즈), 환경경영시스템(ISO 14001), 식품안전경영시스템(ISO 22000), 안전보건경영시스템(KOSHA 18001) 등이 있다.

그중에서 ISO 9001은 국제표준화기구(International Organization for Standardization : ISO)가 제정한 품질경영시스템에 관한 국제표준으로 고객에게 제공되는 제품이나 서비스 실현체계가 규정된 요구사항을 만족하고 있음을 제3자 인증기관에서 객관적으로 평가해서 인증해 주는 제도이다. ISO 9001은 품질경영시스템의 수립과 문서화, 실행유지 및 효과성의 지속적인 개선에 관한 사항을 규정한 일반 요구사항 및 품질 방침과 목표, 매뉴얼 및 규격요구절차서, 문서관리, 기록관리, 내부감시, 부적합품 관리, 시정조치, 예방조치 및 프로세스의 기획, 운영 및 관리 관련 절차서와 같은 문서화 요구사항 등의 내용을 제시하고 있다.

ISO 14001은 기업활동의 전 과정에 걸쳐 지속적인 경영성과를 개선하는 일련의 경영활동을 위해 ISO에서 제정한 환경경영시스템에 관한 국제표준으로 환경법규나 규제기준의 준수차원을 넘어 환경방침, 추진계획, 실행 및 운영, 점검 및 시정조치, 경영검토, 지속적 개선 등의 포괄적인 환경경영이 적합하게 구축되었는지를 제3자 인증기관에서 객관적으로 평가하여 인증해 주는 제도이다.

ISO 22000은 Codex의 HACCP 원칙과 ISO 경영시스템을 통합한 인증표준으로 식품안전위해요소관리를 실증하기 위한 식품안전경영시스템의 요구사항을 규정한 제도이다. ISO 22000은 ISO 9001을 기본 틀로 하고 있으면서 HACCP 7원칙과 12단계를 모두 포함한 '안전한 제품의 기획 및 실현'에 대한 요구사항을 규정하고 있다. 따라서 ISO 22000 인증심사과정에서 HACCP의 타당성 검증도 가능하다.

이외에 KOSHA 1800A 인증은 한국인증원이 국내 기업의 안전보건시스템 도입을 촉진하고 작업장 안전보건경영의 효율성을 제고시키고자 표준을 제정하여 인증제도로 운영하는 것으로 이를 통해 사업장의 위험을 정량적으로 평가할 수 있어 합리적 경영이 실현 가능하며 재해율, 작업손실률 등의 감소로 생산성 향상과 근로자 복지개선을 도모할 수 있다.

- ISO 9001: 고객에게 제공되는 제품이나 서비스 실현체계가 규정된 요구사항을 만족하고 있음을 제3자 인증기관에서 객관적으로 평가해서 인증해 주는 제도
- ISO 14001: 환경법규나 규제기준의 준수차원을 넘어 환경방침, 추진계획, 실행 및 운영, 점검 및 시정조치, 경영 검토, 지속적 개선 등의 포괄적인 환경경영이 적합하게 구축되었는지를 제3자 인증기관에서 객관적으로 평가하여 인증해 주는 제도

- ISO 22000은 Codex의 HACCP 원칙과 ISO 경영시스템을 통합한 인증표준으로 식품안전위해요소관리를 실증하기 위한 식품안전경영시스템의 요구사항을 규정한 제도이다.
- KOSHA 1800A 인증은 한국인증원이 국내 기업의 안전보건시스템 도입을 촉진하고 작업장 안전보건경영의 효율성을 제고시키고자 표준을 제정하여 인증제도로 운영하는 것

2) 모범음식점 지정

시, 군, 구청장이 선정하는 모범음식점은 음식문화 개선 및 좋은 식단제의 조기정착과 일반음식점의 수준 향상을 유도하기 위해 「식품위생법」 제47조, 「식품위생법 시행규칙」 제61조에 의해 지정하고 있다. 모범음식점으로 지정되면 2년간 출입, 검사 면제, 시설개선자금과 운영자금을 우선 융자받을 수 있으며 업소의 내, 외부에 모범음식점 표시판을 붙이고 홍보할 수 있다.

일반음식점의 모범업소 지정절차를 보면 다음과 같다.

첫째, 대상업소는 「식품위생법 시행령」 제21조제8호 나목의 규정에 의한 일반음식점으로 영업신고를 하고 영업신고증을 교부받은 업소이다.

둘째, 시기는 모범업소 지정을 받고자 하는 업소가 모범업소 지정신청서를 작성하여 시장, 군수, 구청장에게 제출할 때이다.

셋째, 모범음식점의 수는 전체 일반음식점 수의 5% 이내(원칙)이다.

넷째, 모범업소로 지정받고자 하는 업소의 영업자는 해당 시장, 군수, 구청장에게 제출을 하면, 지정신청을 받은 시장, 군수, 구청장은 지정기준에 적합한지 여부를 현지조사한 후 위원회를 소집하여 그 지정여부를 심의하여 시장, 군수, 구청장이 모범업소로 지정을 한다.

다섯째, 재심사 및 지정의 취소는 시장, 군수, 구청장은 모범업소에 대하여 매년 10월에 정기적으로 모범업소 지정의 적합여부를 재심사하게 된다.

여섯째, 지정취소요건은 재심사결과 부적합하다고 판단될 때이고, 영업정지 이상의 행정처분을 받거나 당해 시 · 군 · 구 관할지역 외로 영업소의 소재지를 변경하였을 경우이다. 이때 시장, 군수, 구청장은 취소요건 발생 즉시 지정을 취소하고 지정이 취소된 업소에 대하여 모범업소 지정증인 표지판 회수 및 지원시책을 중지하여야 한다.

표 8-4 에는 모범음식점 지원내용에 대한 내용이 제시되어 있다.

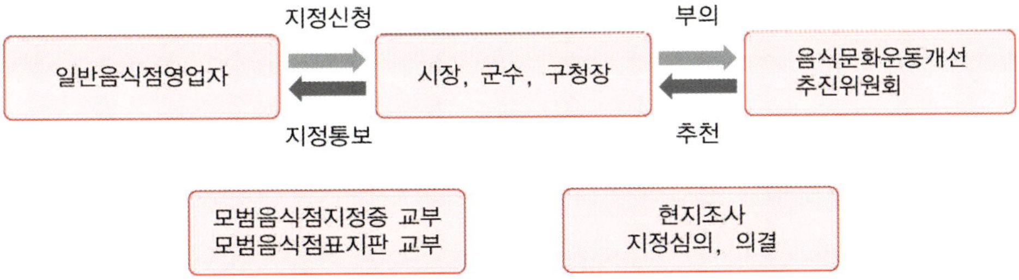

출처 : 법제처

[그림 8-2] 일반음식점 모범음식점 지정절차

[표 8-4] 모범음식점 지원내용

지원기관	지원내용
시 · 군 · 구	1. 상 · 하수도료 및 지하수 수질검사비 지원 2. 공동찬통, 소형 · 복합찬기 구입비 지원 3. 음식물쓰레기 처리기기 설비자금 융자 4. 쓰레기봉투 구입비 지원 5. 영업자의 위생관리시설 개선을 위한 융자사업과 음식문화의 개선 및 좋은 식단 실천을 위한 사업의 우선지원
중앙부처, 시 · 도, 시 · 군 · 구	유관업소 포상 시 우선적으로 고려
한국외식업중앙회	1. 모범업소 관련 책자 발간 배포 등 2. 정기간행물에 모범업소 지정업소 게재

제 9 장

Food Service Management

외식산업 인적자원 관리

학 습 목 표

1. 조직의 목적과 구성요소에 대해 이해할 수 있다.
2. 직원관리에 대해 이해할 수 있다.
3. 인적자원 관리전략에 대해 이해할 수 있다.

Food Service **Management**

Chapter 9

외식산업 인적자원 관리

Food Service **Management**

1 조직의 목적과 구성요소

1) 인적자원 관리

1970년대 후반부터 자본·기술 등의 물적 자원과 비교하여 인적자원의 중요성을 강조하고, 사람을 보다 가치 있고 쓸모 있게 만드는 활동으로써 개인과 직무의 조화와 통합을 통한 조직의 개선과 향상을 목적으로 한다. 인적자원 개발의 주된 역할은 인적자원 계획의 각 단계를 조정, 관리, 종합하여 조직을 운영하도록 하여 관리자가 적시에 조직구조를 설계하는 데 도움을 준다. 다시 말해서 조직의 목적을 달성하기 위해 근로의욕을 북돋우려면 조직 내의 인간을 효율적으로 이용하여 조직의 목적달성에 이바지하게 하는 것이라고 볼 수 있다. 인적자원 관리(HRM ; Human Resource Management)는 경영관리의 한 부문인 인사관리에서 비롯된다.

직원들과 좋은 인간적인 관계를 유지하고 직원들이 칭찬하는 조직이 되는 것이 필요하다. 그러기 위해서 적합한 인재를 적재적소에 잘 배치하고, 그들의 스트레스가 무엇인지 항상 파악하며 확장을 통해 동반성장을 이룰 수 있도록 해야 한다.

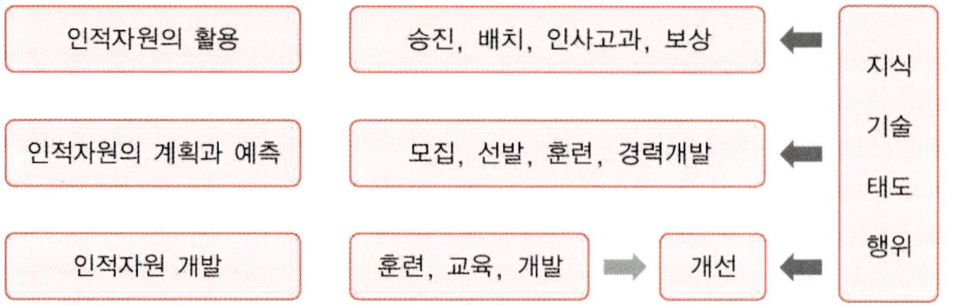

[그림 9-1] **인적자원의 개념**

조직이란 공동목적의 달성을 위해 필요한 여러 가지 활동을 나누어 처리하고, 서로 협조하여 수행하는 사람들의 집합체이다. 경영자는 기업이 추구하는 목적을 이루기 위하여 조직을 합리적으로 구성, 경영하는 능력과 관리하는 기술을 가져야 한다. 조직의 목적을 간략하게 살펴보면 다음과 같다.

첫째, 기업의 목적을 능률적이고, 유효하게 이룰 수 있도록 조직 구성원들 간의 협력관계를 확립한다.

둘째, 각 개인들이 가지고 있는 여러 가지 기능을 개발하여 적극적으로 기업 목적에 공헌할 수 있는 조직을 마련한다.

셋째, 기업의 성장을 촉진시킬 수 있는 조직을 유지한다. 조직이 제기능을 효과적으로 수행하고 기업목표를 이루기 위해서는 조직의 요소가 합리적으로 구성되어야 한다.

전략적 인적자원 개발은 학습문화의 결과물로 정의될 수 있다. 전략적 자원인 인적자원은 기업의 성패를 좌우하는 경쟁우위를 달성하는 원천이 된다. 전략적 인적자원 개발은 일련의 훈련, 개발, 학습전략이 기업전략에 영향을 미친다. 전략적 인적자원 개발은 조직의 기존 요구를 충족시키고, 조직이 번영하고, 성장하도록 돕는다. 인적자원 개발과 기업전략 간의 호혜적 관계가 전략적 인적자원 개발의 중요한 부분이고, 학습문화 발달의 중심에 전략적 인적자원 개발이 있다.

(1) 부문화

기업의 목표달성에 필요한 모든 업무를 분화함으로써 직무수행의 기본 단위를 마련하는 것을 부문화 또는 부서화라고 한다. 일반적으로 기업의 규모가 커지면서 많은 일들을 여러 구성원들이 나누어서 하게 되면 이를 효과적으로 관리할 필요가 있다. 이를 위해 서로 유사하거나 관련이 있는 업무나 작업활동이 함께 이루어질 수 있도록 그 담당자들을 부서별로 묶게 된다.

(2) 책임의 확정

책임이란 일정한 직무와 권한을 일정한 책임표준에 따라 수행할 의무를 상위자에게 부과하는 의미이다. 직무는 적절한 권한위양과 함께 하위자에게 위양되고, 책임은 위양될 수 없으므로 조직은 책임표준을 구체적으로 정해야 한다.

(3) 직무의 할당

단위직무는 각 개인 또는 각 직위에 따라 직무로써 할당된다. 직무는 직능이라고도 하는데, 이는 조직의 구성원에게 각각 분화된 업무의 기술적 단위 또는 업무의 총체라고 한다. 직무할당은 책임소재별로 경영활동을 수행시키기 위한 기초 작업인데, 이 경우 적정배치는 직무할당의 기본원칙이다. 그리고 직무할당은 각 직위에 대하여 이루어지며 직무명세서, 직위카드 및 조직편람 등을 작성하게 된다.

(4) 권한의 할당

권한이란 할당된 직무를 스스로 수행하고 조직의 구성원에게 수행시키기 위해 주어진 공식적인 권리를 말한다. 직무를 수행하는 데 필요한 권한은 스스로 직무를 수행할 수 있는 힘이고, 자신의 결정에 대해 타인을 자연스럽게 따르게 할 수 있는 힘으로 조직 내에서 공식적으로 보장되는 것이다.

(5) 직위

직위는 조직상의 위치로서 수행할 직무가 할당되고 그 직무를 수행할 권한과 책임이 구체적으로 규정되어 조직의 각 구성원에게 부여된 조직의 기본단위를 말한다. 따라서 직위는 기업의 목표의 달성에 필요한 기업의 한 기관으로서 각 구성원을 조직과 관련시킬 때 발생하는 개념이다.

(6) 상호관계의 설정

조직이 합리적인 편성을 위해 각 직위 상호 간에 발생하는 직무의 범위와 권한, 책임의 중복 및 모순관계를 방지해야 하고, 직위 간의 관계를 합리적으로 설정해야 한다. 특히 조직의 안정을 위해서는 조직 내 어느 개인, 어느 부서에 상관없이 부여받은 권한과 책임이 동등해야 한다. 그러므로 권한, 책임, 의무가 서로 균형을 유지해 나가도록 하는 과정 속에서 과업을 수행해야 한다.

2) 조직구조

외식업체의 대부분이 직원 10인 이하의 영세형이고, 가족경영 형태의 소규모 경영조직이지만, 외식산업이 성장하고 규모도 커짐에 따라 기업형 외식업체가 나타남으로써 이들의 경영조직은 직능별로 전문화되어 가고 있다. 조직구성에서 소규모 업소의 조직은 영업조직의 형태로 이루어져 있고, 대규모 업소와 체인본부의 조직은 합리적인 조직관리를 위해 고객에게 제공될 음식을 생산하는 생산부서, 생산된 음식을 판매하는 판매부서, 그리고 영업활동을 지원하는 관리부서 등으로 구성된다. 외식업체의 조직구조에 대하여 살펴보면 다음과 같다.

(1) 소규모 외식업체

소규모 외식업체에서는 경영자, 서빙직원, 주방직원 등의 조직구성을 나타낸다. 경영자가 서빙직원과 주방직원에게 지시를 내리면 이들은 지시내용을 분담하여 실행한다. 경영자와 직원 간의 업무균형과 협동이 이루어질 때 업체를 합리적으로 움직이며 성과를 거둘 수 있다.

(2) 중규모 외식업체

중규모 외식업체에서는 조리부문과 객장부문에 역할을 정해 두어, 그들의 지시대로 주방과 객장의 서비스 업무가 이루어지게 되어 있다. 여기서 경영자가 점장의 역할을 하는데 점장은 업무가 원활한지 항상 확인해야 한다. 객장이 바쁘면 객장을 돕고 주방이 바쁘면 주방에 들어가 도울 수 있는 유연함이 있어야 하고, 모든 것을 점장 자신이 직접 처리하는 독단을 보이면 곤란하다. 중요한 것은 부하직원을 신뢰하여 권한을 위임하고, 윗사람은 권한을 맡긴 부하의 부족한 점을 보완한다는 자세를 취해야 한다.

외식업체 수가 많아지면 슈퍼바이저라는 중간관리자가 필요해졌다. 슈퍼바이저는 사장을 대신하여 현장상황을 파악하고, 점장과 직원을 지도하면서 외식업체를 활성화시키는 역할을 한다.

(3) 체인형 외식기업

외식업체가 대규모의 체인으로 확대되면 조직이 크게 달라진다. 외식 체인기업은 영업부문과 관리부문으로 나뉜다. 영업부문은 라이조직으로 기업의 목적 달성에 직접적으로 권한을 행사하고, 이에 따라 책임을 지는 부서로서 직영점을 직접 경영하고 가맹점의 경영지도를 해준다. 관리부문은 스태프 조직으로 기업의 목적을 좀 더 효율적으로 이룰 수 있도록 라인조직에 조언과 서비스를 제공하는 부서로서 인사, 재무, 기획 등의 부서가 여기에 속한다.

3) 조직구성원의 직무

식당의 구조나 크기, 유형 등에 관계없이 조직구성원은 능률적으로 업무를 수행해야 한다. 대표적인 인적 서비스산업인 만큼 식당 구성원의 기능과 역할은 고객에 대한 서비스 수준 및 상품의 판매와 직결된다. 호텔을 포함한 중규모 이상의 외식업체 직원 업무를 살펴보면 다음과 같다.

(1) 주방부서

주방부서는 식음료의 생산을 담당하는 곳으로 고객과의 접촉이 적어 'back of the

house'라고 한다. 업장의 크기와 종류에 관계없이 생산업무에 따라 다음과 같이 분리된다.

가. 총주방장

총주방장은 주방의 생산부서 직원을 감독하는 경영자이다. 규모가 큰 업장의 총주방장은 운영, 관리를 책임지며 생산은 주방장이 담당한다. 그러나 작은 규모의 업장에서는 총주방장이 운영과 생산을 모두 책임진다.

총주방장은 업장, 지배인과 함께 메뉴를 기획하고 메뉴의 표준화, 전반적인 메뉴의 품질, 식재료 구매명세서 개발, 당일의 메인 식단 준비, 식재료구매 여부에 대한 의사결정, 특별행사 계획, 식음료 생산과정의 개발 및 생산업무 등을 실행하고 있다.

나. 조리사

조리사는 주방장을 보조하고, 여러 가지 조리방법에 따라 음식을 준비한다. 대형식당의 조리사는 수프조리사, 소스조리사, 생선조리사, 오븐구이조리사 등으로 구분된다. 조리사 보조는 조리사가 요리하도록 준비하는 것을 돕는다. 요리하기 전의 준비과정을 담당하거나 조리사의 감독하에 간단한 요리를 한다.

다. 식기서비스 보조

식기서비스 보조는 연회 및 업장에서 필요한 그릇을 책임진다. 식기서비스의 보조요원은 음료를 준비하기도 하고 필요할 때는 음식서브를 보조하기도 한다.

라. 기물관리원

기물관리원은 주방의 모든 집기에 대한 세척, 위생 및 구매 등을 담당하고 있다. 또한 주방기기 설비를 관리하고 냄비류를 청결하게 관리해야 한다. 쓰레기와 주방의 청소, 식기, 유리그릇, 은그릇 등의 세척 및 보관, 주방 전반의 위생관리 등을 담당한다.

마. 창고관리원 및 검수원

창고관리원은 식재료의 저장, 확인, 출고 등을 담당하며, 검수요원은 식재료가 배달되었을 때 배달송장과 함께 배달되어 온 식재료의 품질, 규격, 수량 등이 구매명세서와 일치하는가를 확인해야 한다. 또한 송장에 표시되어 있는 가격과 구매주문서에 나타난 품목의 가격이 일치하는지도 확인해야 한다.

바. 제과 직원

제과조리부서는 제과조리장, 제과조리사 보조 등으로 나뉜다. 제과조리장은 제과조리기술이 고도로 필요한 제품을 생산하며, 제과조리사는 식빵, 파이, 케이크 등 단순한 제품을 만들고, 제과조리사 보조는 제과조리사를 돕는다.

(2) 영업장부서

업장은 고객과의 접촉이 많은 곳으로 'front of the house'라고 한다. 식당지배인, 호스트, 캡틴, 웨이터, 접객수장, 바텐더, 캐셔 등으로 구성된다. 이 중 일부를 살펴보면 다음과 같다.

가. 식당지배인

식당지배인은 식당을 운영하는 임무와 호스트의 임무를 겸하고 있다. 즉 식당의 책임자로서 영업장의 운영, 고객관리 및 식당직원의 인사관리, 교육훈련 등 직원과 부서장 간의 직간접적인 중계역할을 한다.

나. 접객수장

접객수장은 접객의 책임을 맡고 있는 책임자로서 직원의 복장 및 용모를 점검하고 식음료 서비스에서 정확한 주문과 서비스를 담당한다. 직원을 감독하고 영업장의 상태를 점검하여 모든 것이 제 위치에 있는가를 확인한다. 특선메뉴, 주요 고객, 그날의 예약된 고객인원 등을 직원에게 알려주며 테이블 옆에서 디저트 요리의 시범도 보인다. 안내원은 지배인, 부지배인의 업무를 보좌하며 고객을 영접하고 테이블까지의 안내 역할을 한다.

다. 접객원

접객원은 접객수장을 보좌하며 주문된 식음료를 직접 취급하여 고객에게 제공하고 각 책임구역의 준비 및 정돈, 청소 등을 한다. 영업장의 서비스 종류에 따라 접객원이 실행하여야 할 접객기술은 다양하다.

라. 조주원

조주원은 칵테일과 알코올음료를 준비하고, 고객에게 직접 서비스하거나 음료접객원에게 제공한다.

마. 음료접객원

음료접객원은 주문된 음료를 고객에게 제공한다.

바. 수납원

수납원은 예약관리와 고객의 식음료가격을 계산하여 요금을 받고 그날의 영업실적을 지배인에게 보고한다.

② 직원관리

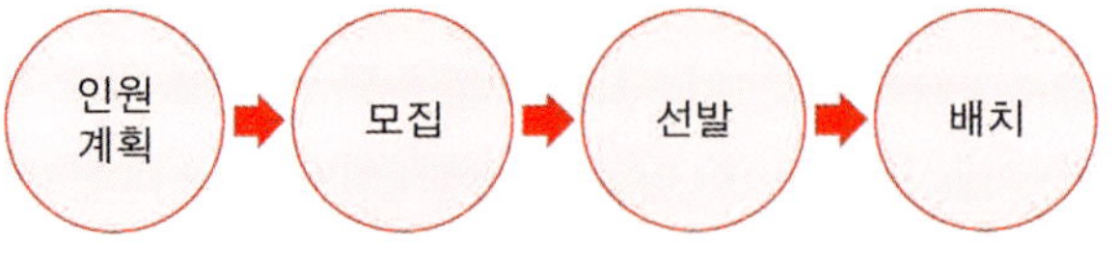

[그림 9-2] 채용과정

1) 모집과 선발

모집의 의미는 자격을 갖춘 직무자를 조직에 불러들이기 위한 일련의 활동으로 과업에 대한 대규모 집단의 지원사들을 확보함으로써 경영자가 조직이 필요로 하는 유능한 직원들을 선발하는 것을 목적으로 한다. 외식업체에서는 업종과 업태 또는 업소의 영업전략에 따라 정규직원과 시간제 직원을 적절한 비율로 채용하여 인적자원을 관리하고 있다.

모집방법에는 광고 · 인터넷 · 추천 · 연고모집 등을 통한 외부모집과 내부모집의 두 가지가 있다. 내부모집이란 필요한 인력을 갖춘 직원의 승진이나 전직 등을 통해 조직내부로부터 모집하는 방법이다. 내부모집의 장점은 외부모집에 비해 모집비용이 저렴하고, 채용 후에도 교육훈련에 따른 비용이 절감되며, 직원들의 능력개발과 사기를 높일 수 있다는 점이다. 외부모집은 신문, 잡지, TV, 라디오 등의 매체에 광고를 하거나 학교 등을 통하여 직접 지원자를 받는 방법으로 조직의 외부로부터 후보자를 모집하는 것이다. 외부모집의 장점은 유능하고 진취적인 외부자를 확보하여 조직의 분위기와 효율을 높일 수 있다는 점이다. 한편 경력직 사원을 스카우트하는 형식으로 특채할 경우에는 직원들의 승진기회를 박탈할 수도 있기 때문에 신중하게 결정해야 한다.

선발은 지원자의 지식 · 기능 · 성격 · 체력 등의 자격요건을 조사하여 모집에 의해 형성된 지원자 집단에서 직무명세서에 제시된 해당 직무나 직위에 가장 적합한 사람을 선정하는 과정이다. 선발하는 과정은 지원 서류의 검토, 필기 또는 기능시험, 면접, 적성검사, 신체검사 등이다.

이러한 모집과 선발을 통하여 확보된 직원들은 그들의 능력이나 적성에 맞추어 적재적소의 부서에 배치함으로써 직원들의 능력개발과 조직효율성 향상을 꾀해야 한다.

(1) 직무평가

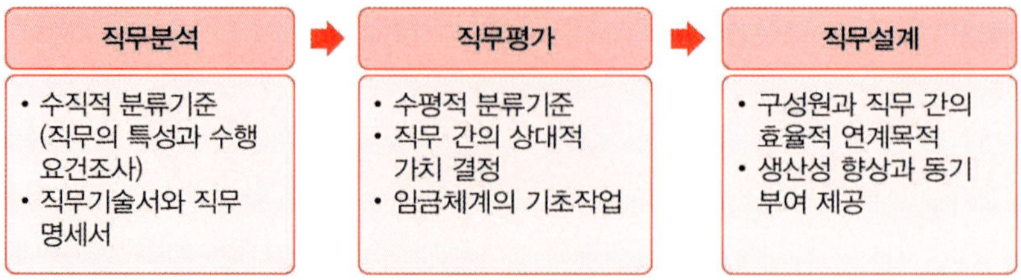

[그림 9-3] 직무관리의 구성요소

직무평가는 직무의 가치를 평가하는 것이다. 직무평가의 가장 큰 목적은 조직 내 임금구조를 보다 합리적으로 하는 데 있고, 다음과 같은 용도로 사용된다. 첫째, 직무의 기본임금과 공정한 임금구조를 위한 기준을 마련한다. 둘째, 새로운 직무 또는 변경된 직무에 적용할 수 있는 임금책정방법을 제공한다. 그리고 조직구성원이나 노동조합에게 단체교섭에 필요한 임금결정에 대한 자료를 제공한다.

임금의 기준을 직무의 상대적 중요성에 따라 다르게 정하는 직무급제도를 도입하고자 할 때에는 직무평가가 반드시 선행되어야 한다. 각 직무마다 지식 · 기술 · 책임 · 작업조건 등이 다르므로 이를 반영한 직무 간의 임금격차를 결정하는 것이 중요한 관건이 되기 때문이다.

직무평가에서는 직무의 중요도와 공헌도를 어떻게 무엇을 기준으로 하여 평가할 것인지를 결정하는 것이 핵심이다. 직무평가 시 사용되는 기준을 평가요소라고 하며, 가장 널리 사용되는 네 가지 평가요소는 다음과 같다. 첫째, 기술(skill)로 지적 기술과 신체사용기술이다. 둘째, 책임(responsibility)으로 대인적 책임과 대물적 책임이 있다. 셋째, 정신적 노력과 육체적 노력으로 이루어진 노력(effort)이다. 마지막은 작업조건(working condition)이다.

인적자원 관리는 직무를 통해서 직원의 자기만족을 충족시켜 주고 만족으로부터 유발되는 사기가 생산성 증대에 영향을 미친다. 인적자원 관리는 우선 직원 채용으로부터 시작되며 채용이 제대로 이루어지기 위해서는 먼저 명확한 직무내용이 전제되어야 한다.

(2) 직무기술서와 직무명세서

인사관리에 있어서 직원모집 시 첫 번째 단계는 각각의 직무를 요약하고, 주업무를 나열하여 누가 누구를 감독하는지 알려주는 직무기술서를 쓰는 것으로 시작된다.

직무기술서(Job Description)는 직무급의 기초, 직무평가의 기준, 승진의 결정기준, 경영간부육성의 기준 등으로 활용한다. 그리고 직무내용의 요약, 수행되는 과업, 직무수행의 방법, 직무수행의 절차, 작업조건(인원수, 상호작용의 정도) 등을 제시하고 있다.

직무명세서(Job Specification)는 직무분석 결과에 따라 직무수행에 필요한, 즉 요구되는 조건으로서, 행동, 기능, 능력, 지식 등을 일정한 양식에 따라 체계적으로 기록한 것이다. 직무기술서의 내용에는 요구되는 교육수준, 요구되는 기능/기술 수준, 요구되는 지식, 요구되는 정신적 특성(창의력, 판단력), 요구되는 육체적 능력, 요구되는 작업경험, 책임의 정도 등을 제시하고 있다.

[표 9-1] **직무기술서와 직무명세서의 차이**

직무기술서	직무명세서
과업(직무성격), 책임(직무내용), 의무(수행방법)	지식(학력), 기술(경험), 능력(기능)
직무내용의 요약 수행되는 과업 직무수행의 방법 직무수행의 절차 사용되는 원재료, 장비, 도구 관련되는 타 직무와의 관계 작업조건(인원수, 상호작용의 정도)	요구되는 교육수준 요구되는 기능/기술 수준 요구되는 지식 요구되는 정신적 특성(창의력, 판단력) 요구되는 육체적 능력 요구되는 작업경험 책임의 정도

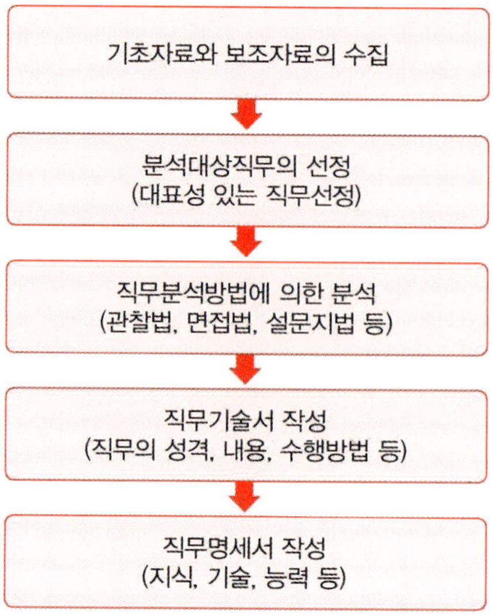

[그림 9-4] 직무기술서와 직무명세서 작성 순서

[표 9-2] 직무기술서와 직무명세서의 활용범위

직무기술서, 직무명세서 활용범위	조직구조설계(조직도), 인력소요계획수립(정원계획), 직무평가와 보상(임금관리), 모집, 선발, 배치(채용관리), 직무수행성과에 대한 평가(인사고과), 교육훈련과 능력개발(교육훈련관리), 경력개발계획수립(경력개발관리), 노사관계개선(노사관계관리), 직무설계(인사이동), 안전관리(근로조건관리), 작업지도 및 경력경로상담(인간관계 등)

2) 교육훈련

(1) 교육훈련의 필요성

교육훈련은 직원의 직무능력을 더욱 향상시키기 위해 반드시 필요하다. 교육은 잠재능력을 키우고, 직무를 효과적으로 실행하기 위한 부분이다. 그리고 훈련은 육체적인 연습과 기술적인 연습으로 실용적 지식을 부여하는 것이다. 그러나 교육훈련에는 시간과 비용이 소요되므로 사람이 부족하면 선발하고, 체계적인 교육훈련 없이 즉시 현장에 투입되는 경우가 실제로 많은데 이는 결국 서비스 질이 낮아지는 결과를 초래

한다. 따라서 경영자 또는 관리자는 교육훈련의 중요성을 인식하고 엄격하게 실행하여야 한다.

[표 9-3] 교육과 훈련의 차이점

구분	목적	효과
교육	장기적, 보편적, 인간적 목표를 지향	보편적인 일반지식 학습, 다양한 결과
훈련	직무 고유의 단기적 목표	특정 직무기능 습득, 특정한 결과

가. 기업 측면

외식업체에서 인력자원의 관리와 개발은 중요한 사항이다. 이는 직원에 대한 서비스 교육훈련의 실시 여부가 장래의 계속기업으로서의 번영과 발전이라는 과제로 연결되기 때문이며, 그 업소의 우수성을 측정하는 중대한 요소가 되기 때문이다. 기업의 측면에서는 직원의 잠재능력을 충분히 발휘하게 하고 관리능력을 배양할 수 있도록 해야 한다.

나. 직원 측면

직원에 대한 교육훈련은 직원의 자기개발 기반을 조성하기도 한다. 외식업체의 교육훈련을 통해 각 개인의 능력을 개발할 수 있고, 직무에 대한 강한 동기부여를 하고, 각 개인의 자아실현에도 도움이 된다.

다. 고객 측면

현재의 고객들은 서비스의 품질에 대해 민감하므로 직원의 교육훈련은 기업의 이윤추구 범위를 떠나 고객에게 환원하는 서비스 수준으로까지 이루어져야 한다. 고객들은 집을 떠나 밖에서 식사하는 만큼의 가치를 얻고 싶어 하기 때문에 직원의 교육훈련을 통해 양질의 서비스를 제공하여야 한다.

(2) 교육훈련의 내용

기업에서 실시하는 교육훈련의 내용에는 크게 네 가지 영역이 있다. 첫째는 전문지식, 둘째는 기능기술이며, 셋째는 태도, 넷째는 창조성 개발 등이다. 이 네 가지 영역은 어느 기업에서나 어느 하나도 소홀히 할 수 없는 교육훈련의 매우 중요한 내용이 되고 있다.

외식산업은 서비스업으로서의 특성이 있는 만큼 이 네 가지 내용 중에서 특히 서비스 태도의 교육과 직무기능, 기술 그리고 외국어 훈련 등에 매우 치중하고 있는 실정이다. 외식산업에서 실시하는 주요 교육훈련 과목으로는 서비스정신, 외국어, 서비스기능, 그리고 일반교육 등이 있다. 교육훈련의 내용을 교육대상별, 직능별로 구분하면 다음과 같다.

가. 교육대상에 따른 교육훈련

① 신입사원 및 파트타임 직원에 대한 교육훈련

신규 채용자에 대해서는 현실의 직무를 효율적으로 담당하고 수행할 수 있도록 실시해야 하며, 또한 재직구성원들에 대해서는 새로운 기능과 기술을 습득하기 위한 교육훈련이 실시되어야 한다. 최근 경영환경의 변화에 따라 파트타임 근로자나 임시직 또는 파견근로자들을 채용하는 경향이 증가하고 있다. 이러한 추세에 맞추어 이들의 교육도 신입사원 교육의 범주에 포함시켜 교육훈련을 실시하고 있다. 파트타임 직원은 대부분 고객 가까이에서 서비스를 제공하는 경우가 많으므로 이들에 대한 교육훈련 역시 매우 중요하다.

신입사원의 교육은 외식업에 대한 신뢰감과 업무에 대한 흥미, 집단생활에서 지켜야 할 매너나 에티켓, 그리고 레스토랑의 공통적인 일반지식과 생활 대우상의 문제 등에 관한 교육을 받는다. 이러한 교육을 통해 새로운 것에 대한 심리적 불안감을 해소할 수 있다.

② 중간관리자에 대한 교육훈련

중간관리자는 경영자의 방침을 충분히 이해하고 경영목표를 달성해 나가야 하는 위치에 있는 사람으로 기업활동에서 가장 중요한 자리이다. 중간관리자는 주임, 부지배인 또는 부서 지배인급 등의 지위를 가지고 직원들을 감독, 지도, 통솔하는 역할을 한다. 외식업체의 경우 서비스의 전달과정에 고객이 참여하기 때문에 고객, 중간관리자, 직원이라는 인간관계에서 중간관리자의 역할은 매우 중요하다.

이들에 대한 교육훈련에는 업무의 지식, 외식업에 대한 전반적인 지식, 서비스 작업을 지도할 수 있는 기능, 서비스 작업방법의 개선기능 및 통솔기능 등을 수행할 수 있는 내용이 포함되어야 한다. 구체적으로는 외식경영의 기초지식, 안전 및 위생 관리, 식재료에 관한 지식, 메뉴경영이론, 조리의 이론과 기술, 원가관리, 접객서비스 기술과 고객관리, 리더십, 마케팅, 부하교육 및 훈련, 관계법령 등의 교육을 받게 된다.

③ 최고경영자에 대한 교육훈련

점장 등 관리자는 조직목표를 실현하기 위해 노력해야 한다. 따라서 부하를 통해 외식업체의 성공적인 경영을 실현하는 것이 관리자의 임무이며, 업적 달성과 부하에 대한 인간적 배려라는 두 가지 측면의 리더십이 필요하다. 그러나 업적 달성과 부하에 대한 인간적 배려는 전후관계가 아니고 부하의 협조를 통해 실적을 향상시키기고 업적 달성을 통해 팀워크를 강화하는 동시관계에 있다. 이것을 가능하게 하는 것이 참된 리더십이다.

나. 직능에 따른 교육훈련

① 주방부문

조리부문의 교육훈련에서는 조리기능 및 기술과 관련된 사항을 주로 다룬다. 최근 개방주방의 개념이 도입되면서 조리부문의 직원과 고객의 접촉빈도가 높아지는 추세이다. 이러한 추세에 맞추기 위해서는 주방의 직무교육뿐 아니라 고객응대와 관련된 교육도 실시되어야 한다.

그 밖에 위생에 관한 교육내용도 매우 중요시되고 있는데, 개인위생과 건강관리가 기본적인 내용이다. 또한 주방설비를 다루는 부문이므로 각종 설비 이용에 대한 안전관리 교육 및 에너지 사용상의 주의사항도 빠질 수 없는 교육과정이다.

② 객장 서비스부문

고객에게 음식을 제공하는 부서로 고객과의 접촉이 가장 빈번하며, 여기에 종사하는 직원들로는 업장지배인, 호스트, 캡틴, 푸드서버, 보조, 바텐더 등을 들 수 있다. 이들에게 무엇보다도 중요한 교육훈련과정은 고객응대에 관한 것이다. 고객과 1차적으로 대면하면서 각종 서비스를 제공해야 하므로 객장의 서비스부문은 직무태도, 예절교육, 직업관 등과 같은 정신교육을 기본으로 한다.

교육내용에 따라 서비스 제공자의 인격수양에 관한 교육, 상품내용, 식사법, 품질 등에 관한 상품지식 교육, 고객의 심리 및 욕구파악을 위한 세일즈맨십 교육, 그리고 효과적인 판매기술 교육 등이 있다.

③ 관리부문

관리부문은 주방부문의 생산활동과 객장 서비스부문의 서비스 활동을 지원하는 부서로 마케팅, 총무, 재무, 개발담당자 등으로 구성되어 있다. 이들은 조리와 서비스에 관한 기본 교육을 받은 후 파트별로 업무교육을 받게 된다.

(3) 교육훈련 방법

직원의 능력개발을 위한 교육훈련 방법에는 강의식 방법, 회의식 방법, 사례연구법, 실연, 역할연기법, 수련장 연수 등이 있다. 외식업체에서 주로 실시하는 교육훈련 방법은 OJT(on the job training ; 직장 내 훈련)로서 이는 상급자가 실제로 시범을 보이면서 그것을 따라 하게 하는 기법으로 훈련생의 몸에 익을 때까지 반복하게 하는 기법이다. 또 직원들에게 고객과 직원의 역할을 부여하여 연기해 보게 함으로써 상황대처 능력을 높이는 역할연기법도 포함된다. 또한 근무하면서 가장 중요한 것은 팀워크라고 볼 수 있다. 본질적인 팀플레이 포인트는 고객에게 더 맛있는 요리를 즐겁게 서비스하는 것이다. 각 담당자들은 모두 만족하는 고객으로 활기가 넘치는 모습을 바란다. 하지만 그 방향에 대해서는 의견이 같을 수 없기에 충돌이 일어나기도 한다. 이러한 상황을 역할 연기법을 통해 미리 확인해 보는 것이다.

한편 현장 밖에서 이루어지는 교육방법에는 협회 세미나 참석, 국내 전문기관 연

수, 해외연수 그리고 외부에서 실시하는 합숙훈련 등이 있다.

[표 9-4] OJT의 장단점

구분	OJT
장점	• 훈련이 추상적이 아니고 실제적이다(체험학습). • 직장 외 교육훈련보다 실시가 용이하다. • 훈련으로 진보됨을 알 수 있으며 직원의 동기를 유발시킬 수 있다(동기부여). • 상사나 동료 간에 이해와 협조정신을 강화, 촉진시킨다(상호 간의 인간관계 형성). • 저비용으로 할 수 있다. • 훈련하면서 일할 수 있다. • 직원의 습득 정도와 능력에 따라 훈련할 수 있다(능력별 교육).
단점	• 우수한 상사가 반드시 우수한 교사는 아니다. • 일과 훈련 양쪽이 철저하지 못할 가능성이 있다. • 다수의 직원들을 한 번에 훈련할 수 없다. • 통일된 내용, 정도의 훈련을 할 수 없다.

3) 보상

최근에 보상을 비롯한 내부마케팅의 중요성이 대두되고 있다. 내부마케팅은 직원을 고객으로 생각하고 이들 기업구성원과 기업 간의 적절한 마케팅 의사전달체계를 유지함으로써 외부 고객들에게 보다 양질의 서비스를 제공하려는 기업의 활동이다. 그중에 중요한 보상에 대해 살펴보면 다음과 같다.

직무수행에 따른 적절하고 공정한 보상은 직원들에게 경제적인 측면뿐 아니라 심리적으로도 중요한 의미를 가진다. 직원에게 지급되는 보상은 주로 금전적 형태인 '급여'와 비금전적 부가급부인 '복지후생'으로 나눌 수 있다. 또한 우수한 인재를 관리하기 위한 '임금관리'가 있다.

(1) 급여

급여는 기본급, 수당, 상여금, 퇴직금 등으로 구성되며 보상체계의 중요한 부분이다. 기본급은 근무평가에 따른 직무급에 가족급이 부가되는 것이 보통이며, 수당에는 직무수당, 시간 외 수당, 자격수당 등이 있다. 상여금은 경영성과에 따른 특별보상의 형태이나 미리 정한 시기에 정해진 금액 또는 비율에 따라 지급되며 급여의 개념으로 볼 수 있다.

소규모 외식업체의 경우에는 대기업과 같은 호봉제를 시행하기가 어려우므로 기본급과 수당을 합한 월정 급여를 정하고 근속에 따라 일정금액을 가산하는 정도로 체계화하고 있다. 경영성과에 따라 정률 또는 정액으로 상여금을 지급하거나 개인별, 집단 인센티브를 시행하는 경우도 있다. 종래의 외식산업에서는 급여 지불능력이 상대적으로 취약하여 직원들의 복리후생에는 거의 관심을 두지 못했다. 그러나 급여 이외에 제공되는 각종 복지제도는 직원들의 소속감이나 서비스의 질을 높이는 중요한 요소가 될 수 있고, 나아가 인재 확보의 중요 요소가 되기도 한다.

(2) 복리후생

복리후생은 여러 가지로 실행할 수 있다.

첫째, 식사를 제공하는 것으로 식사수당을 지급하는 경우와 직원용 음식을 만들어 제공하는 방법이 있다. 또는 자사 외식업체의 메뉴 중에서 선택하게 한다.

둘째, 직원들을 위해 외식업체 내의 시설로 휴게실과 로커시설을 제공하는 것이 필요하다. 일반 외식업체에서는 직원이 쾌적하게 일할 수 있는 환경을 만드는 데 소홀했던 것이 사실이다. 직원이 편하고 즐겁게 일할 수 있도록 별도의 휴게실을 만들어 휴식시간에 쉴 수 있도록 해야 한다. 또 휴게실 내에 로커를 설치하여 개인의 사물을 정리, 관리할 수 있도록 해야 한다.

셋째, 여행, 야유회, 체육대회, 취미모임 등을 활성화하여 단결심과 소속감을 높이는 것이 필요하다. 회사의 강요가 아닌 직원들이 선택할 수 있도록 배려해 주는 것도 필요하다.

기타 복리후생 방안으로 결혼기념일이나 생일을 축하하는 것, 명절, 크리스마스 선물을 지급하는 것, 우수사원, 공로자를 표창하는 것 등을 생각해 볼 수 있다.

(3) 임금관리

임금(Wage)은 사용자가 근로자에게 임금 · 급여 · 수당 · 상여 또는 그 밖의 명칭으로 근로의 대가로써 지급하는 것이다. 임금관리는 인적자원 관리의 목적을 달성하기 위한 활동으로 기업이 지불하는 임금수준과 제도를 재무관리나 그 밖의 여러 경영관리와 관련시키면서 서로 균형을 유지하도록 하고 있다. 한편 임금수준은 기업의 지급능력, 생계비의 보장, 사회적 균형, 생산성, 법령, 경제적 환경 등의 요인에 의해 결정된다.

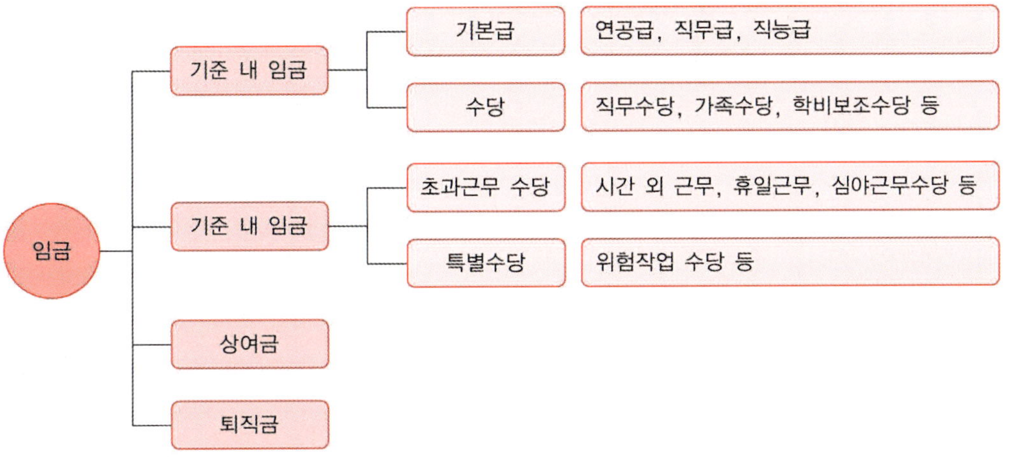

[그림 9-5] 임금의 분류

③ 인적자원 개발

인적자원 개발(Human Resource Development; HRD)은 교육 · 훈련이라고 불렸으나 최근에 포괄적인 용어로 활용하고 있다. 인적자원 개발 영역은 길지 않은 역사이지만 많은 성장을 보이고 있다. Gilley & Eggland(1989)는 지난 20여 년간 인적자원 개발이 전문분야로써 자리 잡았다고 하였다. 인적자원 개발은 나름의 지식과 연구체계를 갖춘 연구와 실제의 장이라고 볼 수 있다.

Gilley와 Eggland(1989)가 주창하는 인력개발 모델은 다음과 같다.

첫째, 개인개발(individual development)로서 직원 자신이 현재 재직하고 있는 직종에 관련된 새로운 지식, 기술을 습득하고 긍정적 태도 및 행동을 보이게 함으로써 업무향상을 할 수 있도록 인력개발을 하는 것이다. 둘째, 경력개발(career development)로서 조직이 미래 사업에 배치할 인력개발을 목적으로 미래직무에 필요한 기술을 개발하기 위해 개인의 관심, 가치관, 적성, 활동 및 업무 등을 파악하는 개발과정이다. 이를 통하여 조직의 요구와 개인의 요구를 합치시키고자 한다. 셋째, 조직개발(organization development)로서 조직구조 전반에 대한 시스템적 접근(system-wide approach)을 하는 것이다. 조직개발은 인적자원과 관련된 여러 가지 조직변수, 즉 조직구조, 과정, 전략, 문화 등의 상호작용을 분석하는 조직진단을 통하여 문제점을 도출하고, 나아가 이를 해결하기 위한 개입활동(interventions)을 시도한다(Gilley & Eggland, 1989).

개인개발과 경력개발의 초점은 직원에게 있고 조직개발의 초점은 조직에 있다고 할 수 있다. 또 개인개발은 시간적으로 단기적 효과를 지향하는 데 반해, 경력개발과 조직개발은 중·장기적 효과를 추구한다.

일자리 미스매치가 사회적 문제로 대두된 가운데 인재난(人材難)에 시달리는 대부분의 레스토랑들은 파트타임 또는 아르바이트직원을 고용하고 있으며 그들 대부분은 미숙련자들이다. 따라서 직원을 선발한 후 곧바로 접객서비스를 하게 되는 경우 실수와 고객의 불평·불만이 발생할 수 있다. 그런 일이 지속되면 가장 중요한 고객을 영원히 잃어버리게 될지도 모른다.

따라서 직원을 모집하고 선발한 다음 단계는 조직과 직무에 대한 적응능력을 개발하는 것으로 이는 매우 중요하다.

1) 전직

직원이 동등한 수준에 있는 다른 직위 또는 직무로 수평 이동하는 것을 전직(transfers)이라고 말하는데, 전근이라고도 한다. 전직의 경우는 직무의 내용·책임·보상 등에 있어서 이동 전의 직무와 커다란 차이가 발생하지 않는다. 전직은 다른 작업장, 교대 근무, 다른 지역이나 국가로의 이동 등 형태가 다양한데, 다른 지역이나 국가로 직원을 인사 이동할 때에는 개인적인 사정을 고려해 주어야 한다. 전직은 직원과 조직 전체에 다음과 같은 여러 가지 이점을 가져다줄 수 있다.

① 잘못 배치된 직원을 적재적소에 배치할 수 있다.

② 직원이 새로운 경험으로 보다 효율적인 근무를 통해 능력을 향상시켜 줄 수 있다.

③ 다양한 직무경험을 통해 다재다능한 인력을 확충할 수 있다.

2) 승진

승진(promotion)은 직원을 직무서열 또는 자격서열에서 높은 수준의 직위로 수직 상향 이동시키는 것을 의미한다. 이때 보수와 권한 및 책임의 확대가 수반된다. 이러한 승진은 개인에게 자아발전욕구를 충족시켜 주는 수단이 되고, 조직의 입장에서는 효율적인 인적자원 개발의 근간이 된다고 할 수 있다.

3) 인사이동관리

인사이동이란 구성원이 어떤 기업에 고용되어 특정 직무에 배치된 후, 그의 능력, 직무내용 및 기업 운영상 변화에 따라 수직적 · 수평적으로 배치상의 변화를 가져오는 인적자원 관리상의 절차를 의미한다.

수직적 이동은 승진, 승격의 종적인 인사이동을 의미하며, 수평적 인사이동은 기존의 직무에서 새로운 직무로 급여 · 지위 · 책임 등의 차원에서 별다른 변동 없이 이동하는 수평적 인사이동을 말한다.

4) 징계관리

인사이동의 마지막 형태는 징계에 의한 강등이나 해고이다. 징계는 일반적인 행동기준에서 벗어나는 행동으로 인하여 구성원 간의 상호관계나 조직체의 목적달성에 방해될 경우 취하게 되는 인적자원 관리의 과정이다.

일반적으로 외식사업체의 징계대상이 되는 행동은 근무태도의 문제(무단결근, 작업장 무단이탈 등), 정직성의 문제, 직무상 행동의 문제(작업 중 음주), 명령불복종 등 이러한 위반행동에 대한 징계절차는 구두경고 → 인사 파일에 구두경고사항 기록 → 서면견책 → 직무정지 → 해고의 순으로 진행된다.

5) 배치전환

직무에 적합한 사람을 선발하였다고 해서 채용의 모든 절차가 끝난 것은 아니다. 미래의 기업을 이끌 사람과 직무를 합리적으로 연결시켜 주는 배치의 과업을 수행해야 한다. 배치전환의 유형은 과 간 배치전환, 부서 간 배치전환, 회사 전체 내 배치전환으로 나누어진다.

6) 이직

이직(separation)은 직원에 대한 기업의 고용관계가 단절됨을 의미한다. 이직은 직원의 자의에 의해 일어날 수도 있는데, 자발적 이직이라고 한다. 자의와 상관없이 발생할 수도 있는데, 이것을 비자발적 이직이라 한다.

자발적 이직은 사직(resignation)과 휴직(leave)으로 분류할 수 있으며, 비자발적 이직에는 레이오프(layoff), 해고(discharge), 정년퇴직(retirement) 등이 속한다.

외식기업의 이직은 새로운 직원의 채용과 교육 등으로 인한 비용 증가, 생산성 저하, 서비스 질 저하, 메뉴품질의 저하 등과 같은 부정적인 영향을 기업에 미칠 수 있으므로 인적자원 관리를 체계적인 시스템을 갖추고 관리해야 할 것이다.

사 례

외식업 직업탐구 : 레스토랑 매니저

▸ 매니저의 핵심 역할은, 레스토랑을 원활하게 운영하는 것

이 매니저= 레스토랑의 총괄 매니저로서 챙겨야 할 중요한 업무가 여러 가지이지만, 가장 중요한 것은 레스토랑이 원활하게 돌아가도록 "운영"하는 부분입니다. 레스토랑의 대표가 경영을 신경 쓰는 사람이라면, 레스토랑을 이용하는 고객들이 즐겁고 불편함 없이 이용할 수 있도록 편안한 시간을 만들어주는 역할을 하는 사람이죠. 때로는 손님에게 친구가 되어주는 일 역시 중요한 업무 중 하나입니다. 단순히 끼니를 때우기 위해 잠시 방문하는 식당이 아니라 특별한 시간을 기대하며 찾게 되는 레스토랑이라면, 고객의 입장에서도 자신을 잘 알아주고 다정하게, 때로는 격식 있게 대해주는 매니저를 통해 편한 시간을 보내고 싶어 하기 때문입니다. 한편 함께 일할 좋은 직원을 구하는 것도 정말 중요합니다. 어떻게 해야 레스토랑의 분위기와 스타일에 맞는 적절한 서비스를 할 것인가 끊임없이 고민하고, 직원들을 교육해 한 방향으로 호흡을 맞추는 것도 필요합니다.

▸ 그중에서도 가장 중요한 것은 커뮤니케이션 능력

이 매니저= 위의 언급한 내용이 모두 중요하지만, 가장 신경 쓸 부분은 역시 매장의 원활한 운영을 위한 커뮤니케이션입니다. 하루하루 큰 문제상황 없이 레스토랑 각 분야의 전문 인력들이 호흡을 맞추며 굴러가도록 하는 것이 핵심이지요. 매니저는 손님과 가장 많은 대화를 나눌 수 있는 사람입니다. 또한 경영자, 셰프와 레스토랑의 운영에 대해 실질적인 고민을 함께 나눌 수 있는 사람이기도 합니다. 셰프가 보여주고 싶은 음식, 경영자가 레스토랑을 통해 이루고자 하는 니즈를 고객의 반응에 맞추어 합리적으로 현실화하는 조율자 역할을 하는 것이지요. 매장 운영에 관한 매니저의 결정 하나하나에 손님의 식사 경험이 달라질 수 있습니다.

▸ 음식을 더 맛있게 즐길 수 있도록, 매니저의 몫

이 매니저= 매니저는 셰프가 이끄는 키친의 의도와 고객의 욕구를 잘 조율해야 하는 사람입니다. 주방에서는 익숙할 수 있는 식재료에 대한 정보를 매니저 선에서 먼저 찾아보기도 하고, 어떤 맛이 나는지 확인한 뒤 손님에게 미리 안내해 드리는 것도 중요합니다. 대중적으로 보편화되지 않은 향신료에 대해 미리 설명하고, 고객이 예상치 못해 놀랄 수 있는 부분을 줄여보는 것이지요. 음식과 관련된 설명도 고객의 분위기에 맞게 조절하는

센스도 필요합니다. 그 요리가 탄생한 지역의 이야기 등 일화를 흥미롭게 듣고 싶어 하는 고객도 있고, 간단한 설명과 함께 고객이 직접 요리를 먼저 맛볼 수 있도록 간단한 설명을 원하는 분도 있을 것입니다. 이런 부분은 고객을 직접 보고, 소통하며 조절하는 센스가 필요합니다.

▶ 셰프를 비롯한 주방 인력과의 팀플레이

이 매니저= 가장 본질적인 팀플레이 포인트는 '어떻게 하면 고객에게 이 요리를 좀 더 맛있게, 흥미로운 방식으로 전달할 것인가'입니다. 매니저, 셰프, 경영자 등 레스토랑의 각 담당자들은 모두 레스토랑이 만족하는 고객으로 활기가 넘치는 모습을 꿈꿉니다. 하지만 그 방향에 대해서는 의견이 같을 수 없기에 충돌이 일어나기도 합니다. 아무래도 홀에서 직접 고객을 대면하며 서비스를 하는 입장과 주방에서 정말 맛있는 음식을 만들고자 하는 사람은 서로 보는 포인트가 다르기 때문입니다. 예를 들면 셰프는 기본적으로 염도가 제법 높아야 맛있는 음식을 준비했는데, 경영상의 이유로 짠 음식과 어울리지 않는 와인을 프로모션해서 고객들에게 제안해야 할 때 소믈리에와 경영자 사이의 불협화음이 생길 수도 있어요. 혹은 홀에서 고객이 음식 먹는 속도를 주방팀과 잘 맞추지 못한다면 컴플레인이 발생하기도 합니다. 이를 위해서는 하나의 기준이 있어야 합니다. 레스토랑에 따라 셰프의 색이 가장 우선순위가 될 수도 있고, 고객의 니즈에 꼭 맞는 서비스와 음식을 기준으로 맞추어갈 수도 있겠지만, 그래도 각 담당자가 공통적으로 삼는 가치 기준이 팀플레이에 큰 도움이 됩니다.

–매경프리미엄

제 10 장

Food Service Management

회계 및 원가관리

학습목표

1. 회계에 대해 이해할 수 있다.
2. 세무관리에 대해 이해할 수 있다.
3. 원가관리에 대해 이해할 수 있다.

Chapter 10

회계 및 원가관리

Food Service Management

1 회계의 개념

회계(會計; Accounting)는 사회의 변천 및 경제적 환경과 밀접한 관계가 있기 때문에 그 변화에 따라 그 정도도 다르게 정립되어 왔다.

현대사회에서 경제활동은 국가 · 기업 · 단체 등의 조직을 통해 대부분 이루어진다. 또한 모든 조직의 내부와 외부에는 이해관계가 있는 개인이나 조직이 존재한다. 그리고 이해관계자들이 각자 자기의 이익을 보호하기 위한 합리적 의사결정을 해야 한다. 이러한 현상을 화폐액으로써 나타내주는 것이 회계라 할 수 있다.

[표 10-1] 회계영역

관리회계	기업의 내부정보이용자인 경영자가 경영계획 및 통제업무를 수행하는 데 필요한 회계정보 • 업적평가활동, 세금을 절약하기 위한 활동, 예산편성 및 통제활동, 원가를 측정하고 전달하는 활동, CVP(Cost Volume Profit) 분석 • 글로벌경쟁, 기업구조조정, 원가절감
재무회계	한 회계기간 동안에 발생한 경영활동의 결과를 나타내는 회계보고서 • 대차대조표, 손익계산서, 이익잉여금처분계산서(또는 결손금처리계산서), 현금흐름표, 자본변동표로 구성

회계 감사	기업이 작성한 재무보고서의 신뢰성을 높이기 위해 자격을 갖춘 전문가가 객관적이고 공정한 입장에서 재무보고서를 검토하여 의견을 제시하는 것이 필요 • 회계전표, 총계정원장, 각종 보조부, 시산표, 재무제표 등
세무 회계	과세소득을 산정하기 위한 회계(기업회계기준) • 익금(益金) 산입, 익금 불산입, 손금 산입, 손금 불산입

1) 부기

부기(Book-Keeping)는 장부에 남기는 기록이다. 우리는 일상생활에서 수많은 기록을 하며 살고 있다. 기업의 경영활동에서 발생하는 재화나 채권 및 채무 등의 증감변화를 일정한 원리원칙에 의하여 조직적으로 기록하고 계산하여 정리하는 것으로 그 결과를 명백히 하는 방법을 말한다. 즉 부기란 '장부기입'의 약칭으로 경제주체의 활동에 따른 화폐액의 증감변화를 일정한 원리에 따라 기록 · 계산 · 정리하는 방법이다.

2) 회계정보의 기록

회계정보의 기록이란 일정한 원리에 따라 자산, 부채, 자본, 수익, 비용 등으로 거래를 구분하여 회계장부에 기입하는 과정인데 부기(簿記)라고도 한다. 이러한 기록과정을 통해 재정상태보고서나 재정운영보고서와 같은 결산재무제표를 만들게 된다.

(1) 단식부기(single entry)

현금, 채권, 채무 등을 대상으로 발생된 거래의 한쪽 면만을 기록하는 방식으로 전통적으로 정부회계에서 사용하여 온 기록방식이다. 비영리단체, 소규모기업(가계, 학교, 관청, 재단부기)에서 많이 이용되고 있다.

(2) 복식부기(double entry)

하나의 거래를 대차평균의 원리에 따라 왼쪽(차변)과 오른쪽(대변)에 이중 기록하는 기록방식으로, 복식부기에서는 하나의 거래를 두 가지 요소 또는 그 이상의 요소로 분해할 수 있다. 즉 발생된 거래는 반드시 두 가지 이상의 계정에 기입된다. 두 가지 이상의 계정을 병행하여 동시에 기록하여 현금수지 잔액과 사용별 내역이 동시에 얻어지게 된다. 복식부기에서는 회계실체의 활동 전반을 파악할 수 있어 복식부기를 완전부기라고도 한다. 중·대기업(상업, 농업, 공업, 보험부기)에서 많이 활용되고 있다.

[표 10-2] **기장방법에 따른 부기의 분류**

구분	단식부기	복식부기
원칙	표준화된 일정한 원리가 없음	표준화된 일정한 원리원칙이 존재 (계정을 이용한 기록방법)
회계방식	현금주의 단식부기 (공기업회계는 발생주의 복식부기)	발생주의 복식부기(기업형)
보고서	세입세출결산서	재무제표(재정운영, 상태보고서 등)
기장의 분담	자기검증기능이 없음	자기검증기능이 존재(대·차 평균의 원리)
보고형식	회계단위별 분리보고	회계단위 간 연계와 통합보고
가치지향	행정 내부조직 중심 - 예산집행통제, 법규준수	주민의 삶의 질 향상 - 투명한 공개, 효율적 집행
정확성	재무상태 및 손익파악 불완전	재무상태 및 손익파악 완전
자기검증 기능	없음	대차평균의 원리에 의한 회계오류의 자동검증
이용영역	비영리단체, 소규모기업 (가계, 학교, 관청, 재단부기)	중·대기업(상업, 농업, 공업, 보험부기)

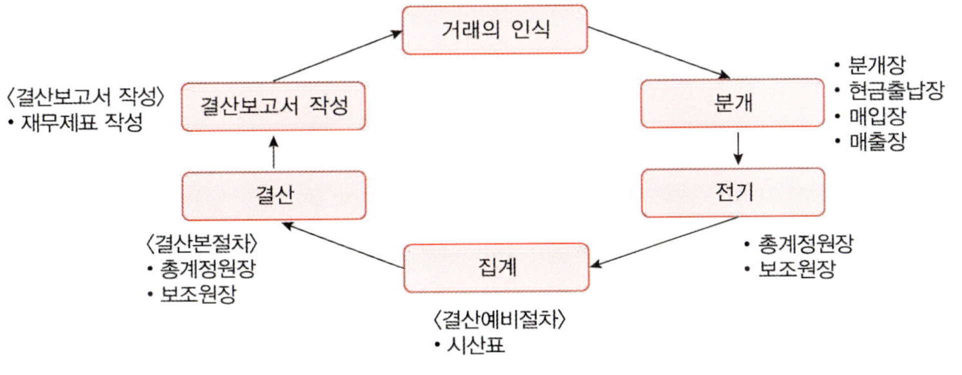

[그림 10-1] **복식부기 회계의 순환과정**

회계순환과정의 주요 용어

- 분개장 : 회계자료를 인식하고 측정하여 최초로 기록하는 장부
- 총계정원장 : 기업 회계상 모든 계정의 수입과 지출 등을 수록한 장부
- 전기 : 분개의 내용을 각 계정별로 집계하기 위하여 해당 계정에 옮겨 적기
- 시산표 : 대차금액 일치의 원리에 의해 오류를 검증
- 재무제표 : 거래자료를 활용하여 경영활동의 결과를 분석한 재무회계의 정보

3) 거래의 개념

복식부기 회계에서의 거래(transaction)란 "지방자치단체의 자산, 부채 및 순자산과 수익이나 비용의 증감변화를 일으키는 모든 경제적 사건"으로 일상적 거래의 개념과는 그 범위가 다르며, 예산거래는 물론 예산 외 거래에 대해서도 인식하게 된다.

[표 10-3] **부기상의 거래 구분**

구분	일상적 거래	일상적 비거래
부기상 거래	임대료의 수입, 임차료의 지급	건물 · 재고자산 등의 손실 · 훼손, 금전 · 물품 등의 망실, 건물 · 비품 · 기계장치 등의 감가, 채권의 대손
부기상 비거래	상품의 매매계약, 건물의 임대차 계약	직원의 사망

4) 분개의 법칙

거래 내용을 차변과 대변으로 나누어 기입하는 것을 의미하며 분개는 거래의 8요소에 따른 결합관계를 차변과 대변의 해당 계정과목에 의해 나타내는 복식부기의 가장 기본적인 논리구조로 나타난다. 그리고 기업이 회계연도가 끝나는 때에 결산 보고를 하기 위하여 작성하는 여러 종류의 회계 보고서인 재무제표와의 관계를 제시하면 **그림 10-2** 와 같다. 재무제표는 기업 회계 원칙에 따라 작성되며, 기업의 경영성적 및 재정상태를 외부에 공개할 때 사용하기도 한다.

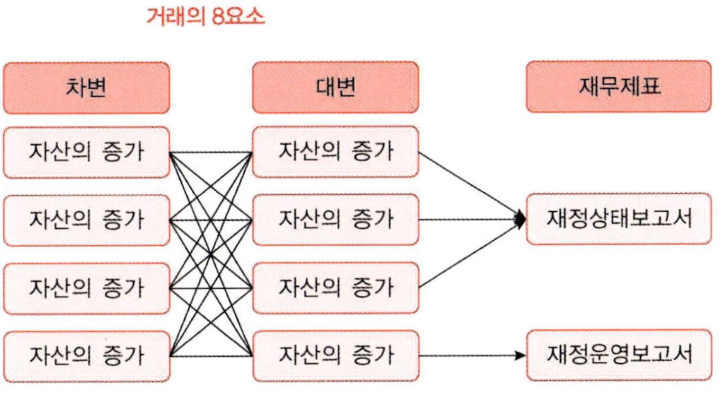

[그림 10-2] **거래의 8요소 결합관계 및 재무제표와의 관계**

5) 거래의 이중성과 대차평균의 원리

- 모든 거래는 차변요소와 대변요소로 결합되어 이루어지며 차변요소의 금액과 대변요소의 금액도 같게 되는데 이것을 거래의 이중성이라 한다.
- 거래의 이중성에 의해 결국 차변의 합계액과 대변의 합계액은 일치하여야 하는데 이러한 것을 대차평균의 원리라 한다.

- 거래의 이중성 : 차변요소의 금액=대변요소의 금액
- 대차평균의 원리 : 차변의 합계액=대변의 합계액

6) 기업공시 개요

기업공시제도(Corporate Disclosure System)는 기업으로 하여금 자사주식의 투자판단에 필요한 기업 내용, 즉 경영실적, 재무상태, 합병, 증가 등 주가에 상당한 영향을 미칠 수 있는 중요한 기업 내용의 정보를 완전히 공시하도록 함으로써 투자자가 기업의 실체를 정확히 파악하여 투자자 스스로의 자유로운 판단과 책임하에 투자결정을 하도록 하며 동시에 그렇게 함으로써 증권시장을 통해 자원배분의 효율화를 기할 수 있게 하는 제도이다.

[표 10-4] 사업보고서 내용

사업보고서	회사개요	• 회사개요, 회사의 연혁, 자본금 변동사항, 주식의 총수 등, 의결권 현황, 배당에 관한 사항
	사업내용	• 사업의 개요 • 주요 제품, 서비스 등 • 주요 원재료 • 생산 및 설비에 관한 사항 • 매출에 관한 사항 • 수주상황 • 시장위험과 위험관리 • 파생상품 등에 관한 사항 • 경영상 주요 계약
	재무에 관한 사항	• 요약재무정보, 연결재무제표, 연결재무제표 주석, 재무제표, 기타 재무에 관한 사항
	감사인의 감사의견 등	• 회계감사인의 감사의견 • 회계감사인의 변경 • 내부통제에 관한 사항
	이사의 경영진단 및 분석의견	• 예측정보에 대한 주의사항 • 재무상태 및 영업실적 • 유동성 및 자금조달과 지출
	이사회 등 회사의 기관에 관한 사항	• 이사회에 관한 사항, 감사제도에 관한 사항, 주주의 의결권 행사에 관한 사항
	주주에 관한 사항	• 최대주주 및 특수 관계인의 주식 소유현황 • 최대주주의 변동현황 • 주식의 분포
	임원 및 직원 등에 관한 사항	• 임원 및 직원 현황, 임원의 보수 등
	계열회사 등에 관한 사항	• 계열회사 등의 현황
	이해관계자와의 거래내용	• 대주주 등에 대한 신용공여 등, 대주주와의 자산양수도 등, 대주주와의 영업거래, 특수 관계자와의 거래
	전문가의 확인	• 전문가의 확인, 전문가와의 이해관계

② 손익계산서

'한국채택국제회계기준'을 도입한 후부터 기업회계기준은 '한국채택국제회계기준', '일반기업회계기준', '특수분야회계기준' 등으로 구성된다. 한국채택국제회계기준은 기준서와 해석서로 구성되며, 기준의 본문은 아니지만 실무적용의 편의를 위하여 관련 실무지침 등을 제공한다. 일반기업회계기준, 특수분야회계기준 등도 기준서와 해석서로 구성되며, 관련 실무지침 등을 제공한다.

[표 10-5] 손익계산서 개별표시 항목 내용

매출액과 매출원가의 분류항목	• 매출액은 업종 또는 부문별로 구분하여 표시할 수 있음 • 반제품매출액, 부산물매출액, 작업폐물매출액, 수출액, 장기할부매출액 등이 중요한 경우에는 이를 구분하여 표시할 수 있음
판매비와 관리비의 분류항목	• 판매비와 관리비는 상품과 용역의 판매활동 또는 기업의 관리와 유지에서 발생하는 비용 • 급여, 퇴직급여, 명예퇴직금, 복리후생비, 임차료, 접대비, 감가상각비, 무형자산상각비, 세금과 공과, 광고선전비, 연구비, 경상개발비, 대손상각비 등 매출원가에 속하지 아니하는 모든 영업비용을 포함하며, 당해 비용을 표시하는 적절한 항목으로 구분
영업외수익의 분류항목	• 영업외수익은 이자수익, 배당금수익(주식배당액은 제외), 임대료, 단기투자자산처분이익, 단기투자자산평가이익, 외환차익, 외화환산이익, 지분법이익, 장기투자증권손상차손환입, 투자자산처분이익, 유형자산처분이익, 사채상환이익, 전기오류수정이익 등을 포함
중단사업손익의 분류항목	• 사업중단직접비용과 중단사업자산손상차손을 포함한 중단사업으로부터 발생한 영업손익과 영업외손익을 중단사업손익으로 하여 법인세효과를 차감한 후의 순액으로 보고함
계속사업손익의 표시	• 계속사업손실이 발생하는 경우에는 이에 대응하여 발생하는 법인세효과를 계속사업손익법인세비용 항목으로 하고 부수(-)로 표시함 • 중단사업손익이 없을 경우에는 '법인세비용차감전계속사업손익'을 '법인세비용차감전순손익'으로 표시하고, '계속사업손익법인세비용'은 '법인세비용'으로 표시하며, '계속사업이익'은 별도로 표시하지 않음

손익계산서는 대차대조표와 함께 가장 기본적인 재무제표로서 일정기간 동안의

기업 경영성과를 나타내는 보고서이다.

손익계산의 내용은 기업의 일정사업기간 동안의 수익과 비용, 이익과 손실에 관한 것을 포함하며, 대차대조표는 자산 · 부채 · 자본으로 구성한다.

1) 수익과 비용의 인식

(1) 수익(Revenue)

기업은 재화와 용역을 생산하거나 구입하여 판매하는 활동을 끊임없이 수행하여 받은 대가이며, 이때 상품의 판매나 용역을 제공하고 받은 대가를 수익이라고 한다. 기업이 수익을 획득하기 위해서는 원재료 구입 · 판매 · 대금 회수 등의 과정을 거치며, 각 단계를 거칠 때마다 그 가치는 점차적으로 증가한다. 이 경우에 가치가 증가하는 정도에 따라 수익을 인식하는 것이 원칙이지만, 각 단계별로 수익금액을 측정하여 인식하는 것은 불가능하다.

상품을 판매하고 고객들로부터 받은 금액이 매출액이며 기업의 수익이 매출액만 있는 것은 아니다. 다른 활동으로부터 수익을 얻는다. 이자수익, 임대료수입, 금융기관의 이자수입 등도 수익의 예이다.

매출액에서 매출원가를 차감하면 매출총이익이 산출되는데 기업이 거래에서 수익을 나타내준다. 그러나 매출총이익만으로 기업의 재무성과를 평가할 수는 없다. 기업의 재무성과는 손익계산서상의 순이익 또는 순손실에 의하여 평가되기 때문이다.

영업이익은 기업 본래의 영업활동으로부터 나타난 것으로 상품의 판매활동에서 발생한 매출액이다. 영업외수익은 기업 본래 영업활동 이외의 활동으로부터 나타난 것으로 이자수익 · 임대료수익 등을 말한다. 특별이익은 영업이익이나 영업외수익과 같이 규칙적이고 정상적으로 발생하는 것이 아니라 채무면제이익 · 보험차익 등과 같이 반복적이지 않게 발생하는 수익을 말한다.

(2) 비용(Expense)

기업은 상품의 판매나 용역을 제공하고 수익을 얻는다고 하였다. 이때 수익을 얻기 위해서는 상품을 구입하거나 용역(서비스)을 사용해야 한다. 따라서 비용이란 수익을 획득하는 과정에서 소멸된 원가 또는 소비된 자산, 지출된 영업상의 원가소모액을 말한다.

비용은 주된 영업활동으로부터 발생한 비용(매출원가, 판매비와 관리비, 영업외비용, 특별손실, 법인세 등) 및 영업활동과 직접적인 관련 없이 발생한 손실(損失; Loss)과는 구분되어야 한다. 손실이란 주요 경영활동 이외의 부수적인 거래나 사건의 결과로 발생하는 경제적 효익의 유출로서 이는 자본의 감소로 나타나게 된다.

매출원가는 비용 중에서 가장 중요한 항목으로서의 주된 수익을 얻기 위해 투입되는 비용이다. 외식사업에서 매출원가는 판매된 메뉴의 원가를 나타낸다. 판매비와 관리비는 판매업무 및 일반관리업무와 관련하여 발생된 모든 비용으로서 급여 · 감가상각비 · 광고선전비 · 운반비 · 광열비 등이 있다. 영업외비용은 본래의 영업활동 이외의 활동으로부터 나타나는 비용으로서 지급이자 등의 금융비용이 이에 해당한다. 특별손실은 화재 도난 등과 같이 비정상적이고 우발적으로 나타난 손실이다.

[표 10-6] **매출원가 범위**

매출총이익	• 매출총이익 = 매출액 - 매출원가 • 매출원가 : 기초상품(제품)재고액 + 당기순매입액(당기제품제조원가) - 기말상품재고액(기말제품재고액)
판매비와 관리비	• 영업비 • 판매비 : 판매원급료, 여비교통비, 보험료, 견본비, 복리후생비, 통신비, 판매수수료, 발송비, 광고선전비, 회의비, 차량유지비 • 관리비 : 비임원보수, 사무용품비, 임차료, 수선비, 접대비, 보험료, 수도광열비, 감가상각비, 사무원급료
영업외손익	• 영업외손익 : 이자수익, 유가증권처분이익, 임대료, 유가증권평가이익, 유형자산처분이익 • 영업외비용 : 이자비용, 외환차손, 기부금, 유가증권처분손실, 유가증권평가손실, 유형자산처분손실
특별손익	• 특별이익 : 채무면제이익, 보험차익 등 • 재해손실, 기타

2) 손익분기점(Break-Even-Point ; BEP)

손익분기점 또는 CVP(Cost-Volume-Profit relationship analysis)는 손실과 이익이 분기되는 점을 말하며, 점포의 매출액과 매출을 달성하기 위해 들어간 제 비용이 일치하는 즉 '0'이 되는 것을 말한다. 즉 매출액이 손익분기점을 초과하면 이익이 발생하고 밑돌면 손실이 발생한다. 한 기간의 매출액이 당해기간의 총비용과 일치하는 점 이상으로 증대하면 이익을 가져오는 기점을 가리킨다.

(손익분기점 매출액(BEP) ÷ 매출액) × 100

③ 세무관리

세무회계는 과세소득을 산정하기 위한 회계이다. 세법의 규정에 따라 공평 타당한 조세부담의 배분기준으로서 과세소득의 계산을 목적으로 하는 회계를 말하며, 기업회계에 대응되는 개념이다. 기업회계는 기업회계기분에 따라 작성되며, 이해관계자들에게 유용한 정보를 제공하는 데 목적이 있다. 반면에 세무회계는 세법 규정을 따르며, 과세소득과 세액에 관한 정보를 전달하는 기능을 한다.

외식기업 경영자는 법률로 규정된 납세의 의무를 져야 한다. 개인사업자의 경우 부가가치세와 종합소득세를 납부해야 하며, 법인은 소득세 대신 법인세를 납부해야 한다. 이외에도 직원들의 급여에 대한 원천징수의 의무가 있다.

1) 부가가치세(VAT; Value Added Tax)

(1) 부가가치세의 개념

부가가치세는 최종소비자가 부담하는 세금으로, 사업자가 대신 납부하는 세금이다. 사업자는 물건값에 부가가치세를 포함하여 판매하고 있기 때문에 실제로 세금은 소비자가 부담하는 것이며, 사업자는 소비자가 부담한 세금을 잠시 보관하고, 세금을 신고하고 납부해야 한다. 따라서 사업자는 매 신고기간별로 발생한 내용을 부가가치세신고서에 기재하여 사업장의 관할세무서에 신고해야 한다.

(2) 부가가치세의 특징

부가가치세는 다음의 특징을 갖고 있다.

① 부가가치세란 사업자가 영업활동하는 과정에서 얻어지는 부가가치에 대하여 내는 세금으로 매출액 - 매입액 = 이윤에 대하여 10%의 세금이 계산되는 구조이다.

② 부가가치세는 물건을 구입하는 사람(소비자)이 부담하는 세금이다.

③ 부가가치세가 과세되는 거래를 할 때에는 반드시 세금계산서를 주고받아야 한다.

④ 부가가치세는 6개월 단위로 하여 과세한다.

⑤ 부가가치세는 사업장 단위로 과세한다.

⑥ 따라서 부가가치세의 관할세무서는 사업관할세무서가 된다.

「부가가치세법 시행령」에 따르면 재화의 범위와 용역의 범위는 아래와 같다.

[표 10-7] 재화와 용역의 범위

재화의 범위 (제2조)	① 물건 • 상품, 제품, 원료, 기계, 건물 등 모든 유체물(有體物) • 전기, 가스, 열 등 관리할 수 있는 자연력 ② 권리 • 광업권, 특허권, 저작권 등 제1항에 따른 물건 외에 재산적 가치가 있는 모든 것
용역의 범위 (제3조)	① 재산가치 • 건설업, 숙박 및 음식점업, 운수업, 방송통신 및 정보서비스업, 금융 및 보험업, 부동산업 및 임대업. 다만, 전 · 답 · 과수원 · 목장용지 · 임야 또는 염전 임대업은 제외. 전문, 과학 및 기술 서비스업과 사업시설관리 및 사업지원 서비스업, 공공행정, 국방 및 사회보장 행정, 교육 서비스업, 보건업 및 사회복지 서비스업, 예술, 스포츠 및 여가관련 서비스업, 협회 및 단체, 수리 및 기타 개인서비스업, 가구 내 고용활동 및 달리 분류되지 않은 자가소비 생산활동, 국제 및 외국기관의 사업 ② 건설업과 부동산업 중 기획재정부령으로 정하는 사업은 재화(財貨)를 공급하는 사업

소비세와 소득세를 국민순환과정 속에서 보면 개인소득세 및 법인소득세가 소득창출국면, 즉 생산요소의 공급자에게 그 수입의 원천에 부과되는 인세인 데 반해, 소비세는 소득의 처분국면에 착안하여 주로 생산물의 공급자에게 부과되는 물세이며 소득의 사용으로 소비되는 부분(소비 = 소득 - 저축)에 대한 과세이므로 일정기간만을 따져보면 과세표준은 소득보다 저축액만큼 작아진다.

우리나라 부가가치세는 매출세액에서 자기의 사업을 위하여 사용되었거나 사용될 재화 또는 용역의 공급에 대한 세액을 공제하도록 하여 간접적으로 투자지출(자본재)에 대응하는 부가가치에 대해서는 과세하지 않도록 하고 있기 때문에 소비형에 속한다. 따라서 기본적으로 최종소비지출에 대응하는 투자가치에 한하여 과세된다. 그리고 부가가치 재생산을 위한 투자에 대해서는 과세하지 않는다.

(3) 부가가치세의 계산

외식사업의 부가가치세에는 상품과 서비스의 공급 시에 발생하는 매출세액과 식재료 등을 구입할 때 납부하는 매입세액이 있다. 부가가치세는 매출세액에서 매입세액을 차감한다.

부가가치세는 6개월을 과세기간으로 하여 신고·납부하게 되며 각 과세기간을 다시 3개월로 나누어 중간에 예정신고기간을 두고 있다.

과세자는 연간 매출액을 기준으로 일반과세자와 간이과세자로 구분한다. 일반과세자는 연간 매출액이 4,800만 원 이상 또는 일반 간이과세 적용이 배제되는 사업 또는 지역에 해당되는 경우에 해당하고, 개인 간이과세자는 1년간 매출액이 4,800만 원 미만이며 간이과세 적용이 배제되는 사업 또는 지역에 해당되지 않는 경우에 해당한다.

[표 10-8] 일반과세자와 간이과세자의 차이

구분	일반과세자	간이과세자
연간매출액	4천8백만 원 이상	4천8백만 원 미만
세액계산	매출액의 10% - 매입액의 10%	매출액 × 업종별부가가치율 × 10% - 공제세액

구분	일반과세자	간이과세자
신고납부	① 1년에 2번 신고납부, 법인은 4번 신고납부하게 된다. ② 개인사업자의 경우 예정신고는 관할세무서에서 결정 고지한다.	① 1년에 2번은 확정신고 납부한다. ② 2번의 예정신고는 관할세무서에서 결정 고지한다.
기장의무	① 세금계산서를 주고받아야 한다. ② 매입·매출장 등 장부의 기장 의무가 있다.	① 영수증을 발행할 수 있다. 즉, 세금계산서를 발행할 수 없다.

※ 간이과세자는 간이과세 적용이 배제되는 사업 또는 지역에 해당되지 않아야 하며, 2005년부터는 여러 개의 사업장이 있는 경우에는 별도의 일반과세 사업장이 없어야 하고, 하나라도 일반과세 사업장이 있으면 4,800만 원 미만이어도 일반과세자로 전환된다.

[표 10-9] 부가가치세 신고·납부기간(일반과세자)

과세기간	과세대상기간		신고납부기간	신고대상자
제1기 1.1~6.30	예정기간	1.1~3.31	4.1~4.25	법인사업자
	확정신고	1.1~6.30	7.1~7.25	법인/개인사업자
제2기 7.1~12.31	예정기간	7.1~9.30	10.1~10.25	법인사업자
	확정신고	7.1~12.31	다음해 1.1~1.25	법인/개인사업자

개인 간이과세자는 1년을 과세기간으로 하여 신고·납부하게 된다.

[표 10-10] 부가가치세 신고·납부기간(개인 간이과세자)

과세기간	신고납부기간	신고대상자
1.1~12.31	다음해 1.1~1.25	개인 간이사업자

- 1년간의 매출액 4,800만 원 미만
- (매출액 × 업종별 부가가치율 × 10%) − 공제세액 = 납부세액
- 공제세액은 세금계산서에 기재된 매입세액 × 해당업종의 부가가치율(10%)

[별지 제21호서식] <개정 2020. 4. 21.>

홈택스(www.hometax.go.kr)에서 도 신청할 수 있습니다.

일반과세자 부가가치세 [ ]예정 [ ]확정 [ ]기한후과세표준 [ ]영세율 등 조기환급 신고서

※ 뒤쪽의 작성방법을 읽고 작성하시기 바랍니다. (4쪽 중 제1쪽)

				처리기간	즉시
신고기간	년 제 기 (월 일 ~ 월 일)				
사업자	상 호 (법인명)		성 명 (대표자명)		사업자등록번호 - -
	생년월일		전화번호	사업장 / 주소지 / 휴대전화	
	사업장 주소			전자우편 주소	

① 신 고 내 용

구 분				금 액	세율	세 액
과세표준 및 매출세액	과세	세금계산서 발급분	(1)		10/100	
		매입자발행 세금계산서	(2)		10/100	
		신용카드·현금영수증 발행분	(3)		10/100	
		기타(정규영수증 외 매출분)	(4)		10/100	
	영세율	세금계산서 발급분	(5)		0/100	
		기 타	(6)		0/100	
	예 정 신 고 누 락 분		(7)			
	대 손 세 액 가 감		(8)			
	합 계		(9)		㉮	
매입세액	세금계산서 수 취 분	일 반 매 입	(10)			
		수출기업 수입분 납부유예	(10-1)			
		고정자산 매입	(11)			
	예 정 신 고 누 락 분		(12)			
	매입자발행 세금계산서		(13)			
	그 밖의 공제매입세액		(14)			
	합 계 (10)-(10-1)+(11)+(12)+(13)+(14)		(15)			
	공제받지 못할 매입세액		(16)			
	차 감 계 (15)-(16)		(17)		㉯	
납부(환급)세액 (매출세액 ㉮ - 매입세액 ㉯)					㉰	
경감·공제세액	그 밖의 경감·공제세액		(18)			
	신용카드매출전표등 발행공제 등		(19)			
	합 계		(20)		㉱	
소규모 개인사업자 부가가치세 감면세액			(20-1)		㉲	
예 정 신 고 미 환 급 세 액			(21)		㉳	
예 정 고 지 세 액			(22)		㉴	
사업양수자의 대리납부 기납부세액			(23)		㉵	
매입자 납부특례 기납부세액			(24)		㉶	
신용카드업자의 대리납부 기납부세액			(25)		㉷	
가 산 세 액 계			(26)		㉸	
차감·가감하여 납부할 세액(환급받을 세액)(㉰-㉱-㉲-㉳-㉴-㉵-㉶-㉷+㉸)					(27)	
총괄 납부 사업자가 납부할 세액(환급받을 세액)						

② 국세환급금 계좌신고 (환급세액이 2천만원 미만인 경우)	거래은행	은행 지점	계좌번호	
③ 폐 업 신 고	폐업일		폐업 사유	

④ 과 세 표 준 명 세			
업 태	종목	업종 코드	금 액
(28)			
(29)			
(30)			
(31)수입금액 제외			
(32)합 계			

「부가가치세법」 제48조·제49조 또는 제59조와 「국세기본법」 제45조의3에 따라 위의 내용을 신고하며, 위 내용을 충분히 검토하였고 신고인이 알고 있는 사실 그대로를 정확하게 적었음을 확인합니다.

년 월 일

신고인: (서명 또는 인)

세무대리인은 조세전문자격자로서 위 신고서를 성실하고 공정하게 작성하였음을 확인합니다.

세무대리인: (서명 또는 인)

세무서장 귀하

첨부서류	뒤쪽 참조

세무대리인	성 명		사업자등록번호		전화번호	

210mm×297mm[백상지 (80g/㎡) 또는 중질지(80g/㎡)]

출처: 국세청

[그림 10-3] 일반과세자 부가가치세 신고서

[별지 제44호서식] <개정 2020. 3. 13.> 홈택스(www.hometax.go.kr)에서도 신청할 수 있습니다.

간이과세자 부가가치세 [ ]예정신고서 [ ]신고서 [ ]기한후과세표준신고서

(앞쪽)

관리번호		처리기간	즉시
신고기간	년 (월 일 ~ 월 일)		

사업자						
	상 호		성명(대표자명)		사업자등록번호	- -
	생년월일		전화번호	사업장	주소지	휴대전화
	사업장 소재지				전자우편주소	

❶ 신고내용

구 분				금 액	부가가치율	세율	세 액
과세표준 및 매출세액	과세분	전기·가스·증기 및 수도사업	(1)		5/100	10/100	
		소매업, 재생용 재료수집 및 판매업, 음식점업	(2)		10/100	10/100	
		제조업, 농·임·어업, 숙박업, 운수 및 통신업	(3)		20/100	10/100	
		건설업, 부동산임대업, 그 밖의 서비스업	(4)		30/100	10/100	
	영세율 적용분		(5)			0/100	
	재고납부세액		(6)				
	합계		(7)			㉮	
공제세액	매입세금계산서 등 수취세액공제		(8)			뒤쪽 참조	
	의제매입세액공제		(9)				
	매입자발행 세금계산서 세액공제		(10)				
	전자신고 세액공제		(11)				
	신용카드매출전표 등 발행세액공제		(12)				
	기타		(13)				
	합계		(14)			㉯	
매입자 납부특례 기납부세액			(15)			㉰	
예정고지(신고)세액			(16)			㉱	
가산세액	미등록 및 거짓등록 가산세		(17)				
	신고불성실	무신고(일반)	(18)				
		무신고(부당)	(19)				
		과소신고(일반)	(20)				
		과소신고(부당)	(21)				
	납부지연 가산세		(22)				
	결정·경정기관 확인 매입세액 공제 가산세		(23)				
	영세율 과세표준 신고 불성실 가산세		(24)				
	매입자 납부특례	거래계좌 미사용	(25)				
		거래계좌 지연입금	(26)				
	합계		(27)			㉲	
차감 납부할 세액(환급받을 세액) (㉮-㉯-㉰-㉱+㉲)						(28)	

❷ 과세표준 명세

	업 태	종 목	업종코드	금 액
(29)				
(30)				
(31)	기타(수입금액 제외분)			
(32)	합 계			

❸ 면세수입금액

	업 태	종 목	업종코드	금 액
(33)				
(34)				
(35)	수입금액 제외분			
(36)	합 계			

❹ 국세환급금계좌신고	거래은행	은행 지점	계좌번호	
❺ 폐업신고	폐업연월일	. .	폐업사유	

「부가가치세법 시행령」 제114조제3항 및 「국세기본법」 제45조의3에 따라 위의 내용을 신고하며, 위 내용을 충분히 검토하였고 신고인이 알고 있는 사실 그대로를 정확하게 작성하였음을 확인합니다.

년 월 일

신고인: (서명 또는 인)

세무대리인은 조세전문자격자로서 위 신고서를 성실하고 공정하게 작성하였음을 확인합니다.

세무대리인: (서명 또는 인)

세무서장 귀하

세무대리인	성 명		사업자등록번호		전화번호	

210mm×297mm[백상지(80g/㎡) 또는 중질지(80g/㎡)]

출처: 국세청

[그림 10-4] 간이과세자 부가가치세 신고서

(4) 세금계산서

세금계산서(「부가가치세법」 제32조)라 함은 일반적으로 사업자가 재화 또는 용역을 공급하는 때에 부가가치세를 거래징수하고 재화 또는 용역을 공급받는 자에게 교부하는 증서를 말한다. 현행 「부가가치세법」에서는 이러한 세금계산서를 재화와 용역을 공급하는 자와 공급받는 자가 서로 수수(授受)하도록 하여 그 거래가 있는지를 상호대차할 수 있도록 하고 있다. 공급하는 자는 매출거래로써 세금계산서를 발급하게 되고, 공급받는 자는 그 거래가 매입거래가 되어 매입세액 공제를 받기 위해 매입처별 세금계산서 합계표에 기재하여 국세청에 신고하고 있다.

세금계산서는 사업자가 재화나 용역의 공급 시 거래상대방에게 교부하는 영수증을 말하며 세금계산서 2부를 발행하여 그중 적색 1부는 당해 공급자가 보관하고 청색 1부는 공급받는 거래상대방에게 교부한다.

부가가치세법 시행규칙 [별지 제14호서식](적색)

[별지 제11호서식] <개정 2009.3.26> (적 색)

세금계산서(공급자보관용)

책 번 호 [ ] 권 [ ] 호

일 련 번 호 [ ][ ] - [ ][ ][ ][ ]

공급자	등록번호	- -			공급받는자	등록번호		
	상호(법인명)		성 명 (대표자)			상호(법인명)		성 명 (대표자)
	사업장 주소					사업장 주소		
	업 태		종 목			업 태		종 목

작성				공급가액												세액										비 고
연	월	일	공란수	조	천	백	십	억	천	백	십	만	천	백	십	일	천	백	십	억	천	백	십	만	천	백	십	일	

월	일	품 목	규 격	수 량	단 가	공 급 가 액	세 액	비 고

합계금액	현 금	수 표	어 음	외상미수금	이 금액을 영수/청구 함

210㎜×148.5㎜ (인쇄용지(특급) 34g/㎡)

부가가치세법 시행규칙 [별지 제14호서식](청색)

(청 색)

세금계산서(공급받는 자 보관용)

책 번 호 | 권 | 호

일 련 번 호 □□-□□□□

공급자	등록번호	□□□-□□-□□□□□			공급받는자	등록번호			
	상호(법인명)		성 명 (대표자)			상호(법인명)		성 명 (대표자)	
	사업장 주소					사업장 주소			
	업 태		종 목			업 태		종 목	

작성			공급가액												세액										비 고
연	월	일	공란수	조	천	백	십	억	천	백	십	만	천	백	십	일	천	백	십	억	천	백	십	만	천	백	십	일	

월	일	품 목	규 격	수 량	단 가	공 급 가 액	세 액	비 고

합계금액	현 금	수 표	어 음	외상 미수금	이 금액을 영수/청구 함

210㎜×148.5㎜(인쇄용지(특급) 34g/㎡)

출처 : 국세청

[그림 10-5] 세금계산서

(5) 신용카드

가. 신용카드 등의 사용에 따른 세제공제대상자

다음의 사업을 하는 사업자(법인은 제외)는 부가가치세가 과세되는 재화 또는 용역을 공급하고 세금계산서의 교부시기에 신용카드매출전표를 발행할 수 있다.

나. 세액공제

세금계산서의 교부 시에 신용카드 매출전표 또는 직불카드 영수증을 발행하거나 전자결제수단에 의하여 대금을 결제(決濟)받는 경우에는 그 발행금액의 1.3/100(음식업의 간이과세자 2.6/100)에 상당하는 금액(연간 700만 원 한도)을 납부세액에서 공제할 수 있다.

2) 소득세

외식기업의 세금 종류를 살펴보면 부가가치세, 소득세, 특별소비세, 법인세, 지방세, 원천징수한 세금 등이 있다.

사업소득은 종합소득신고의 의무가 있으며, 종합소득신고는 1월 1일부터 12월 31일까지 발생한 이자소득, 사업소득, 일시재산소득, 배당소득, 부동산임대소득, 기타 소득 등을 다음해 5월 1일~31일까지 주소지 관할세무서에 신고하고 산출된 세금을 납부하여야 한다. 소득세는 개인이 여러 가지 경제활동을 통하여 얻은 소득에 대하여 납부하는 세금이다. 따라서 소득세는 1월 1일~12월 31일까지 연간 소득에 대하여 다음해 5월 1일~5월 31일까지 주소지 관할세무서에 신고 · 납부하여야 한다. 중간예납제도는 전년도에 납부한 세액을 기준으로 1/2에 상당하는 세액을 11월에 납부한다. 따라서 다음해 5월의 소득세확정신고 시에는 연간 총소득에 대한 세금에서 미리 낸 중간예납세액을 공제하여 납부한다. 세율은 최저 8~35%까지의 4단계 누진세율구조로 되어 있다.

(1) 소득의 계산

가. 장부를 작성한 경우

장부를 작성한 경우에 소득이란 연간 총수입금액(매출액)에서 그 수입을 얻기 위하여 지출한 경비(비용)를 뺀 금액을 말한다. 즉, 소득금액 = 총수입금액 - 필요경비이다. 여기서 장부란 간편 장부대상자가 작성할 수 있는 간편장부와 그 이상의 사업자가 작성해야 하는 복식부기에 의한 장부를 말한다.

가계부를 작성하는 가계가 적절한 예산과 통제에 의해 잘 운영되듯이 사업의 경우에도 당연히 장부를 작성하는 것이 기본이 된다. 장부를 작성하는 것이 세금만의 용도가 아니라 경영의 예측과 예산, 통제에 활용될 수 있어야 한다.

나. 장부를 작성하지 않은 경우

장부를 기장하지 않은 사업자의 경우에는 아래와 같이 소득금액을 계산한다. 다음의 단순경비율과 기준경비율은 장부작성자와의 형평을 기하기 위해 매년 4월 정도에 국세청에서 제정하여 적용하고 있다.

단순경비율과 기준경비율

- 단순경비율에 의한 소득금액 계산 : 당해연도 신규사업자 또는 직전연도 수입금액이 일정금액에 미달하는 영세사업자에게 적용된다. 계산구조는 다음과 같다

소득금액 = 수입금액 - (수입금액 × 단순경비율)

- 기준경비율에 의한 소득금액 계산 : 단순경비율 대상자가 아님에도 장부를 작성하지 않은 경우에는 다음과 같이 소득금액을 계산한다.

소득금액 = 수입금액 - 주요 경비 - (수입금액 × 기준경비율)

(2) 세액의 계산

- 종합소득세
- 소득급액 - 종합소득공제 = 과세표준 × 세율 = 산출세액
- 산출세액 - 세액공제 + 가산세 - 기납부세액 = 자진납부세액

① 소득금액에서 종합소득공제를 차감하면 과세표준이 계산되고 이 과세표준에 세율을 적용하여 종합소득세액이 계산된다. 종합소득세액에서 세액공제를 차감하고, 가산세를 가산하고, 중간예납세액과 같은 기납부세액을 차감하면 최종적으로 내야 할 종합소득세가 계산된다. 아울러 종합소득세 계산 시 부담세액의 10%를 주민세로 별도로 내야 한다.

② 종합소득공제는 본인과 부양가족에 대한 인별공제액 100만 원과 경로우대자, 장애인에 대한 추가공제 등을 말한다.

③ 세액공제는 간편장부대상자가 간편장부를 작성한 경우에 적용하는 기장세액공제 등을 말한다.

④ 가산세는 장부를 작성할 의무가 있는 자가 장부를 작성하지 않았을 경우에 부과되는 무기장가산세와 적격한 증빙을 수취하지 않은 것에 대하여 부과되는 증비 불비가산세 등을 의미한다.

[표 10-11] **소득세율**

과세표준	세율
1천2백만 원 이하	8%
1천2백만 원 초과 4천6백만 원 이하	15%(누진공제액 108만 원)
4천6백만 원 초과 8천8백만 원 이하	24%(누진공제액 522만 원)
8천8백만 원 초과 1억 5천만 원 이하	35%(누진공제액 1,490만 원)
1억5천만 원 초과 3억 원 이하	38%(누진공제액 1,940만 원)

[표 10-12] **법인세율**

과세표준	세율
2억 원 이하	10%
2억 원 초과	20%(누진공제 20백만 원)

④ 원가관리

원가 또는 비용을 적절히 관리하고 통제하는 것은 외식기업이 경제적으로 건전한 운영을 하기 위한 것으로 관리의 원칙에 따르고, 모든 원가통제의 실시가 필요하며, 특정한 목적을 달성하기 위하여 희생된 또는 희생될 경제적 자원을 화폐단위로 측정한 것을 말한다. 원가의 3요소 중 노무비(Labor Cost)는 제품을 제조하는 데 소요되는 직원의 노동력에 대하여 지급하는 임금 · 급료 · 상여금 등을 말하며, 재료비(Material Cost)는 제품의 제조에 소요되는 재료의 소비액이며, 경비(Expense)는 재료비와 노무비 이외의 모든 비용으로서 전기료 · 가스료 · 감가상각비 · 보험료 등이 이에 속한다.

원가관리는 경영관리의 중요한 도구로서 차기 업적수행을 위한 예산을 편성함에 있어 체계적이고 논리적인 재무계획을 세우기 위한 기준을 정하는 데 필요한 정보를 제공하는 역할을 한다. 또한 고객과 경영자를 동시에 만족시킬 수 있는 합리적인 가격을 책정하기 위한 기초가 되는 원가자료를 제공하는 기능을 수행하게 된다. 다양한 원가관리의 목적을 정리하면 다음과 같다.

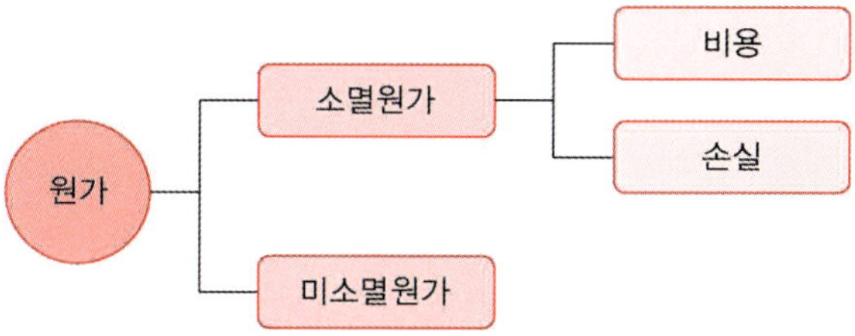

[그림 10-6] **원가관리**

[표 10-13] **원가관리의 목적**

원가관리의 목적	재무제표 작성의 자료 제공
	원가통제에 필요한 자료의 제공
	예산편성 및 예산통제를 위한 자료 제공
	판매가격 결정을 위한 자료 제공
	경영계획 설정을 위한 자료 제공

메뉴 원가관리의 목적이 일정수준의 품질과 양을 유지하면서 원가를 최소화하려는 관리활동이기 때문에 원가 차이가 발생할 때 그 원인을 파악하여 불합리한 원가요소를 제거하고 식음료 경영의 합리화를 도모하기 위한 것으로 그 필요성은 다음과 같이 제시할 수 있다.

[표 10-14] **원가관리의 필요성**

원가관리의 필요성	표준원가의 계산
	메뉴 및 표준원가 카드의 작성
	판매분석
	변동원가계산의 편리성
	원가보고서의 작성
	적정한 이익관리

원가요인을 관리하기 위해서는 외식업체 원가에서 가장 많은 비중을 차지하는 식재료원가에 영향을 미치는 요인을 파악하는 것이 가장 중요하다. 이를 간략히 정리하면 다음과 같다.

식재료 원가에 영향을 미치는 요인	판매의 배합, 소비자의 구매성향, 판매배합에 있어 계절적 변화, 판매가격, 표준, 인적자원, 장비와 시설, 검수, 부패, 재고 수준 및 재고회전율, 저장온도, 식자재 취급방법, 낭비와 생산일정, 과도한 사전조리, 산출률, 음식의 변동, 표준조리방법 등

원가를 간단하게 분류하면 다음과 같다.

첫째, 직접비와 간접비에 의한 분류 둘째, 고정비와 변동비에 의한 분류 셋째, 계산의 시점에 의한 분류

1) 직접비와 간접비

직접비는 특정제품의 생산을 위해서 직접 쓰이는 직접재료비 · 직접노무비 · 직접경비로 구분하고, 간접비는 여러 제품을 공통으로 또는 간접적으로 소비하는 원가를 말하며 간접재료비 · 간접노무비 · 간접경비로 구분한다.

2) 고정비와 변동비

고정비는 생산비나 매출액의 증감에 관계없이 언제나 일정한 금액으로 지출되는 비용이며, 변동비(비례비, 체증비, 체감비)는 생산비나 매출액의 증감에 비례하여 변동하는 비용을 말한다.

3) 계산의 시점

실제원가는 제품이 제조된 후 그 제품의 제조를 위해 실제로 소비된 경제가치를 원가로 계산한 것으로 확정원가 또는 보통원가라 한다.

예정원가는 제품의 제조 이전에 예상되는 원가를 산출한 것으로 경적원가 · 추정원가 · 사전원가라 한다. 표준원가(표준원가×표준수량=표준원가)는 기업이 이상적으로 제조활동을 할 경우에 예상되는 원가, 즉 경영능률을 최고로 올렸을 때 예상되는 최소 원가를 말한다.

[표 10-15] 식재료 원가계산방법

취득 원가법	선입선출법	식재료가 입고된 순서에 따라 소비된다는 가정하에 식재료 소비가격 산출
	후입선출법	가장 최근에 입고된 식재료를 우선 소비한다는 가정하에 소비가격 산출
	개별법	사용한 식재료를 구입한 가격별로 기록하여 사용한 식재료비 계산
	최종매입원가법	최종적으로 입고된 식재료를 먼저 사용한다는 가정하에 소비가격 산출
평균 원가법	총평균법	해당기간 동안 입고된 모든 식재료의 구입단가를 평균하여 계산
	이동평균법	구매할 때마다 재고량과 가중평균가를 산출하여 소비가격 계산
	단순평균법	일정기간 내에 구입한 식재료의 평균가격을 적용한 방법
시가법	시장원가 지수법	취득원가와 관계없이 원가계산 당시의 시장가격을 기준으로 식재료원가를 산출하는 방법
예정 원가법	추정가격법 표준원가법 사전원가법	사용된 식재료를 사전에 설정한 가격을 적용하여 계산하는 방법

5 POS시스템

POS시스템이란 Point of Sale의 약어로서 판매정보관리 시스템이라 불린다. 이는 각 영업장에서 발생된 모든 현황을 한 시점에서 보고서 형식으로 파악 · 분석할 수 있도록 구성된 시스템이다. 팔린 상품에 대한 정보를 판매시점에서 즉시 기록함으로써 판매정보를 집중적으로 관리하는 체계이고, 점포판매 시스템이라고도 한다.

POS정보는 상품정보, 고객정보와 시간정보로 나눌 수 있는데, 상품정보는 금액정보와 단품정보로 세분되며, 금액정보는 얼마 팔렸는지에 대한 정보이고 단품정보는 몇 개 팔렸는지에 대한 정보이다. 고객정보는 고객층정보와 개인정보로 나누어지며 고객층정보는 고객의 집단에 대한 정보로 학생, 주부, 직장인 등에 관한 정보들이 여기에 속한다. 개인정보는 신용카드나 고객카드를 통하여 얻는 개인에 관한 정보를 말한다.

[표 10-16] POS시스템 도입의 필요성

POS시스템 도입의 필요성	
다점포화	매입, 매출 증가(처리데이터 증가) 조직 확대(조직운영, 미숙, 관리비용 증가)
소비자 환경	생활양식 다양화 및 개성화(정보 부족으로 소비자 변화에 대한 반응이 늦음) 신용사회의 도래(그에 따른 접객서비스 낙후)
경쟁격화	서비스산업 형태 기업으로 변화 업종, 업체 간 경쟁으로 이익의 저하
외부환경	고객 고도사회로의 변화에 대한 대응 유통 관련 행정정보망 변화 예상

1) POS 정보의 활용

POS 정보를 활용할 수 있는 가장 중요한 3가지 분야는 상품정보관리, 고객관리, 직원관리라 할 수 있다.

(1) 상품정보관리

상품구색계획은 점포가 지향하는 점포 이미지를 정하고, 그 이미지에 적합한 상품의 구색을 정하고 매장배치, 진열방법을 정하고 판촉계획을 수립하여 집행하고 그 결과를 POS를 통하여 수집해서 다시 전략을 수정해 나가는 전체적인 사이클을 말한다. 효과적인 진열이란 고객의 이동방향을 고려한 진열로서 연관구매를 촉진시키는 것인데, 진열공간, 진열위치를 고객의 선호나 팔아야 할 상품에 초점을 맞추어 연출함으로써 동일한 진열량, 동일한 진열면적이라 할지라도 종전보다 더 많은 매출을 올릴 수 있고, 매일 판매량에 큰 변화가 없는 상품은 컴퓨터에 적정재고량을 미리 기억시켜 두고 구매자료와 POS시스템으로부터의 판매자료를 가감하여 적정재고 수준에 이른 상품에 대하여 발주주문서를 자동적으로 출력시키는 방법이자 판매촉진의 수단으로 전단 살포여부, 판매가격, 일기, 요일, 진열위치 등의 POS자료를 기반으로 한 통계프로그램을 개발하면서 특정일자의 판매량을 어느 정도 예측할 수 있게 되었다.

(2) 고객관리

고객관리는 매우 중요한 부분으로 고객의 데이터 베이스 수립부터 시작된다. 여기에는 고객의 정보(RFM ; Recency Frequency Monetary) 방식이 많이 쓰인다. 고객의 다양한 정보를 통해 고객의 연령대별 기호와 방문시간 등을 추적할 수 있으므로 외식업체의 운영에 많은 도움을 주고 있다.

(3) 직원관리

POS정보를 활용하면 우선 카운터의 업무를 알 수 있다. 영업장의 일일처리 고객수, 시간당 처리 수, 카운터별 매출액, 카운터별 현금 과부족 실태 등을 알 수 있다. 이로 인해 카운터들의 생산성 향상에 POS정보를 활용할 수 있다.

[표 10-17] POS정보의 활용분야와 목적

분류	목적
매출관리: 시간대별 매출분석	• 부문별 매출 • 매출총이익 • 시간대별 매출관리
상품계획: PB상품의 판매동향분석, 신상품 추세분석	• PB상품계획 • 인기/비인기상품관리 • 신상품 도입의 평가
진열관리: 진열기법분석, 쇼핑형태분석, 점내 경쟁분석	• 진열방식계획 • 매장배치계획
판촉계획: 판촉효과분석, 가격탄력성분석, 판매단가와 판매량의 상관분석	• 적절한 판촉활동(매체, 시기, 기간) • 적정매가 결정

분류	목적
발주, 재고관리: 적정발주량 산출, 판매요인분석	• 발주권고 • 자동보충발주 • 판매량 예측
고객관리: 구입빈도분석, 지역별 판매분석, 연령별 판매분석	• 적절한 DM(Direct Mail) • 카운터서비스 • 지역 마케팅 • 애프터서비스

제 11 장

Food Service Management

외식마케팅

학 습 목 표

1. 마케팅의 기본요소에 대해 이해할 수 있다.
2. 외식마케팅믹스에 대해 이해할 수 있다.
3. 시장세분화, 표적시장, 상품 포지셔닝에 대해 이해할 수 있다.
4. 판매촉진방법인 매출증대에 대해 이해할 수 있다.

Food Service **Management**

Chapter 11

외식마케팅

Food Service Management

1 마케팅의 개념

외식기업의 환경이 복잡해지고 생산 규모가 소비의 규모를 능가함에 따라 외식기업 간의 경쟁이 치열해졌고, 소비자들의 생활수준 향상은 그들의 욕구를 다양하게 하였다. 외식기업의 목적을 달성하기 위해서는 과거의 생산 중심이나 판매 중심의 경영에 대한 접근에서 벗어나 새로운 경영철학을 수립해야만 한다. 이것이 바로 현대 마케팅 관리의 접근이라 할 수 있는 마케팅 콘셉트이다.

소비자는 다양한 선택의 기로에서 결정을 내리는데 레스토랑 선택의 이유와 메뉴 선택의 이유는 무엇인지 확인할 필요가 있다. 또한 그들의 선택에 만족하고 선택한 레스토랑을 재방문할지에 대한 답을 얻기 위하여 우리는 먼저 마케팅을 이해할 필요가 있다.

근대 공업사회에서 제품의 수요는 공급을 초과하였고, 그러한 시대의 기업마케팅 관리 목표는 기업의 이익극대화에 초점이 맞추어질 수 있었다. 실제로 이때는 마케팅이라는 개념보다는 영업이라는 개념이 더 적절했던 시대이다. 그러나 기업들의 과다한 생산으로 인하여 수요에 비하여 공급이 과다해지면서, 기업 간의 경쟁이 치열해지게 되었다. 즉, 기업이 소비자의 욕구를 파악하고 그 욕구를 만족시킬 수 있는 상품을 생산하여 판매해야 하는 국면의 전환이 일어난 것이다.

기업들은 그들의 상품과 서비스를 판매하기 위하여 다양한 노력을 하였고, 생산자 중심의 사고에서 소비자 중심의 사고로 상황이 전환되면서 기업들은 고객만족을 이루지 않고서는 기업의 수익성을 확보하기 어렵다는 것을 깨닫게 되었다. 이때 마케팅이라는 개념의 중요성이 크게 인식되었다. 최근 외식기업들의 대거 등장에 따른 경쟁의 심화와 더불어 경쟁우위를 유지하고 이익을 도모하기 위해서 마케팅은 반드시 필요한 레스토랑의 핵심활동으로 발전하게 되었다.

1) 마케팅의 정의

마케팅은 오늘날 비즈니스와 일상생활에서 자주 사용되는 용어로 시대와 연구자에 따라 다양하게 정의되고 있다.

한국마케팅학회에서는 "마케팅은 조직이나 개인이 자신의 목적을 달성하기 위한 교환을 창출하고 유지할 수 있도록 시장을 정의하고 관리하는 과정이다."라고 정의하였고, 미국마케팅학회에서는 "개인이나 조직의 목적을 충족시켜 주는 교환을 창조하기 위하여 아이디어, 제품, 서비스의 창안, 가격 결정, 촉진, 유통을 계획하고 실행하는 과정이다."라고 정의하였다.

외식마케팅이란 '외식기업이 시장에서 기업의 목표와 소비자의 목표를 충족시켜 주는 교환을 창출시키기 위하여 상품, 가격, 유통, 촉진, 서비스 생산과정, 사람, 물리적 환경을 계획하고 수행하는 과정'이라고 정의할 수 있다. 그리고 마케터는 항상 고객의 관점에서 이해하려고 노력해야 하고 고객의 만족을 최우선 목표로 설정해야 한다는 것이다.

2) 마케팅의 기본요소

외식마케팅의 기본요소인 소비자의 요구, 욕구, 그리고 수요, 그러한 소비자의 요구와 욕구를 충족시켜 줄 수 있는 상품, 상품에 대해 소비자가 지각하는 품질과 가치, 만족, 교환, 거래 그리고 관계 등의 개념에 대한 명확한 이해가 선행되어야 한다.

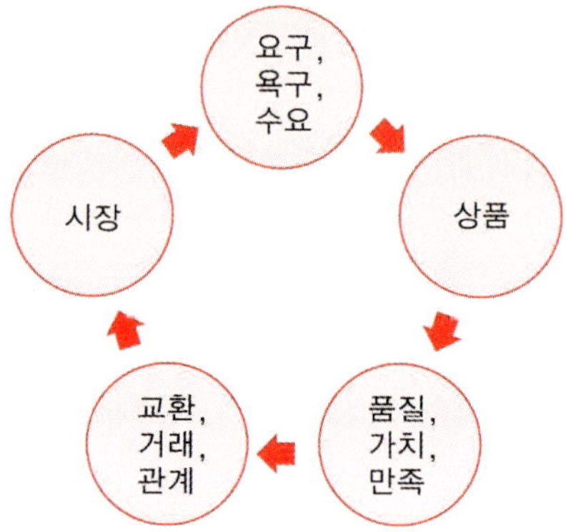

출처 : 김동진 외(2017)

[그림 11-1] 마케팅의 기본 요소

(1) 요구(Needs), 욕구(Wants), 수요(Demands)

요구(Needs)	생활하는 과정에서 무엇인가 결핍을 느끼는 상태
욕구(Wants)	니즈를 해결할 구체적인 대상
수요(Demands)	구체적인 욕구에 구매력이 추가된 것

가. 요구(Needs)

니즈는 마케팅을 가능하게 만드는 힘의 원천이라고 볼 수 있다. 요구란 인간이 생존하고 생활하는 과정에서 무엇인가 결핍을 느끼는 상태로 흔히 니즈, 1차적 욕구, 원초적 욕구 또는 본원적 욕구라고 말한다. 인간의 니즈는 외부의 자극에 의해 발생되는 것이 아니라 인간 내부에서 자연스럽게 발생한다. 예를 들면 배가 고픈 사람은 무엇인가 먹고 싶다는 원초적인 욕구를 느끼게 되는데, 이를 니즈라고 할 수 있다.

나. 욕구(Wants)

니즈가 구체적으로 대상을 지향하거나 일정한 형태를 취하면 욕구가 된다. 니즈는 대체로 자연스럽게 발생되지만, 욕구는 개개인의 성향, 문화, 가치관 그리고 환경 등에 따라 다르게 나타나고 있다. 예를 들어 햄버거나 스테이크를 먹고 싶다는 니즈가 발생되면 개인의 특성에 따라 니즈인 식사를 해결하는 방법은 다르게 나타날 수 있다. 이렇게 니즈를 해결할 구체적인 대상이 바로 욕구라고 할 수 있다.

마케팅의 출발점은 소비자의 요구와 욕구를 발견하는 것으로부터 시작된다. 즉, 니즈가 충족되지 못한 것은 무엇인가 결핍되어 있다는 것이다. 이러한 결핍을 보충할 수 있는 것을 필요로 하는 상태로 표현할 수 있다. 따라서 마케팅의 시작은 충족되지 않은 요구와 욕구를 발견하여 이를 충족시켜 줄 수 있는 상품을 개발하는 것이라고 할 수 있다.

다. 수요(Demands)

구체적인 욕구에 구매력이 추가되면 수요가 된다. 여기서 말하는 구매력이란 금전적 능력을 포함하여 시간, 공간적 한계 등이 합쳐진 것을 말한다.

예를 들어 배고픔을 해결하기 위하여 음식을 먹기 위한 금전과 적합한 장소에 음식을 구매하러 갈 수 있는 시간이 충족된다면 그것은 수요가 된다.

마케팅을 제대로 활용하기 위해서는 지금까지 살펴본 요구와 욕구, 그리고 수요를 정확하게 이해하는 것이 필수적이다. 즉 소비자의 욕구, 요구, 그리고 수요를 정확하게 이해해야 한다. 소비자의 요구, 욕구, 그리고 수요를 정확하게 알아내고 정확하게 대응하는 경우에만 고객을 만족시킬 수 있기 때문이다.

예를 들어 직장인들이 점심식사를 하기 위해 외식업체에 가는 경우와 저녁시간에 회식을 하기 위해 외식업체에 가는 경우의 요구와 욕구, 그리고 수요는 동일하지 않다. 가령, 점심시간에는 낮은 가격과 배고픔을 해결하는 니즈 해결에 초점을 맞출 수도 있지만 저녁시간의 회식은 원초적 욕구인 니즈를 해결하기 위한 것보다는 친목도모와 같은 좀 더 높은 차원의 니즈를 충족시키기 위해 레스토랑을 찾을 수 있다는 것을 이해해야 한다. 마케팅적인 측면에서 고객의 진정한 니즈와 욕구를 정확하게 파악하려는 노력은 끊임없이 이루어져야 한다.

(2) 상품(Product)

일반적으로 상품(Product)이란 '소비자의 요구나 욕구를 충족시킬 수 있는 그 어떤 것'이라고 정의할 수 있다. 이때 요구나 욕구를 충족시켜 주는 것은 유형의 것일 수도 있고 무형의 것일 수도 있다. 다시 말해 상품이란 '소비자의 요구나 욕구를 충족시킬 수 있는 유형, 무형의 충족물'이라고 정의할 수 있다. 일반적으로 상품은 유형적인 제품에 무형적인 서비스가 결합된 형태를 띠는 경우가 많다.

외식업체에서 유형적인 제품은 음식이고, 무형적인 서비스는 직원이 제공하는 신속함이나 친절함이 그 예가 될 수 있다. 마케터는 소비자들이 상품에 대하여 더욱 만족할 수 있도록 하는데, 상품은 소비자의 니즈나 욕구를 충족시켜 주는 제공물을 의미한다. 마케터들은 고객의 욕구를 끊임없이 파악하여 요구나 욕구를 충족시킬 수 있는 상품을 개발하고 공급해야 할 것이다.

(3) 서비스품질(Service Quality)

소비자의 서비스품질을 개선하기 위한 많은 기술이 개발되어 왔지만 서비스품질 자체를 측정하기 위한 기술개발에는 상대적으로 많은 노력을 기울이지 않았다. 1980년대 Parasuraman, Zeithaml, & Berry의 연구에 기초하여 서비스품질을 측정하는 SERVQUAL이라는 기술이 개발되었다. 이들은 서비스를 제공하는 동종 기업의 고객들이 일반적으로 기대하는 서비스와 이를 제공하는 특정 회사의 성과 비교를 바탕으로 하는 특정 회사의 서비스품질에 대한 고객의 인지도를 서비스품질이라고 정의하였다. 서비스품질을 측정하기 위하여 유형성, 신뢰성, 반응성, 확신성, 공감성의 다섯 가지 척도를 이용한다.

[표 11-1] SERVQUAL 척도

SERVQUAL 척도	내용
유형성	물리적 시설, 설비 및 비품, 직원의 외모
신뢰성	신뢰감을 주고, 정확하게 서비스를 수행하는 능력
반응성	고객들에게 자발적이고 즉각적인 서비스를 제공하고자 하는 직원의 의지
확신성	서비스 지식과 공손함, 고객에게 신뢰와 확신을 주는 능력
공감성	고객들에게 제공하는 보살핌과 마음에서 우러나오는 관심 정도

SERVQUAL은 특별한 질문지를 통해 서비스품질을 측정하는데, 보통 고객들이 이 설문지에 직접 기입을 한다. 설문지는 다섯 가지 서비스 척도를 반영하는 22개 항목으로 이루어졌다. 고객들은 '전혀 동의하지 않음', '매우 동의함'이라는 라벨이 붙여진 7점 척도를 이용하여 22개 문항에 대한 그들의 기대치와 실행도를 평가한다.

예를 들어, 유형성 척도의 경우 기대치 문장 중 하나는 "직원은 잘 차려입고 단정해야 한다."이다. 그리고 이와 대등한 인지도 진술문은 "기업의 직원은 잘 차려 입고 단정해 보인다."이다. 다섯 가지 서비스 척도 각각의 진술문 모두에 대한 점수는 평균을 내고 나서, 인지도 평균 점수에서 기대치 점수를 뺀 것으로 인지된 품질점수를 계산한다. 고객이 인지하는 서비스품질은 제공된 서비스품질과 고객이 일반적으로 받고자 기대하는 서비스품질 사이의 차이이다.

서비스품질(Service Quality)

인지도(Perception) - 기대치(Expection) = 서비스품질(Service Quality)

(4) 고객가치

마케팅은 소비자에게 아주 뛰어난 가치를 제공하는 것이 필요하다. 소비자가 상품에 대한 가치를 인식하지 못한다면 상품에 대해 만족할 수 없다. 일반적으로 가치는 소비자가 얻을 수 있는 혜택과 해당 소비자가 지불하는 비용의 차이라고 정의할 수 있으나 가치에 대한 정의를 정확하게 내리는 것은 쉽지 않다. 그뿐만 아니라 다양한 소비자들이 인식하는 가치는 각기 다르고 항상 변화하기 때문에 각각의 다양한 소비자에게 그들만이 인식할 수 있는 최고의 가치를 제공하는 것은 결코 쉬운 일이 아니다.

소비자들이 외식기업을 선택할 때 메뉴의 가격이 저렴할 경우에 가장 가치 있게 느낀다고 가정해 보면, 어떤 레스토랑이 경쟁업체에 비해 가장 저렴한 가격을 제공할 경우 소비자들은 그 레스토랑을 선택할 것이다.

그러나 어떤 소비자들은 메뉴의 가격이 저렴하면 가치를 느끼는 반면 어떤 소비자들은 레스토랑의 분위기나 직원들의 서비스 등의 다른 다양한 것으로부터 가치를 인식할 수 있다. 설령 똑같은 레스토랑을 방문한 소비자들도 다양한 가치 때문에 가치를 정확하게 이해할 수 있다면 그 외식업체는 소비자의 니즈나 욕구를 충족시켜 줄 수 있어 분명 성공의 열쇠를 쥐고 있다고 볼 수 있다.

따라서 마케터들은 다양한 소비자들의 니즈와 욕구, 더 나아가 그들이 지각하는 가치를 이해하고 그러한 니즈와 욕구를 충족시켜 줄 수 있는 가치를 제공하는 것의 중요성을 잊지 말아야 한다. 고객들은 레스토랑에서 제공하는 음식이나 서비스, 분위기, 가격 등을 통하여 실제로 가치를 얻었다고 느끼고 만족할 때만 해당 레스토랑을 재방문하거나 해당 레스토랑을 다른 사람들에게 알리려고 노력할 것이다.

(5) 고객만족

고객만족은 고객이 구매하기 전에 기대하였던 성과와 구매 후에 얻은 성과 사이의 차이로 인한 기쁨과 실망에 대한 개인적 감정을 의미한다. 즉, 만족이란 기대와 인지된 성과 사이에 존재하는 차이라고 할 수 있다. 이때 고객이 지각하는 인지된 성과가 기대치보다 높거나 같다면 고객은 만족하게 될 것이고, 반대로 인지된 성과가 기대치보다 낮다면 고객은 제공된 상품에 대해 불만족하게 될 것이다.

고객만족도는 고객충성도에 영향을 미치게 된다. 그러나 고객만족도와 고객충성도가 동일하거나 고객이 만족한다고 해서 그 상품에 대해 충성도가 생기는 것은 아니다. 고객만족은 고객충성도의 필수 전제조건이지만 고객이 레스토랑 서비스에 만족한다고 하여 고객이 그 레스토랑을 반드시 재방문하거나 그 레스토랑을 추천하지는 않는다는 것을 이해해야 한다.

고객이 어떤 서비스에 만족했다고 해서 그것이 반드시 고객충성도로 이어지지는 않는다. 레스토랑의 마케터들은 고객 방문 시 레스토랑의 서비스에 아주 만족할 수 있도록 모든 노력을 기울여야 할 것이다.

(6) 교환(Exchange), 거래(Transactions), 관계(Relations)

교환이란 자신이 원하는 혜택을 얻기 위해 어떠한 대가를 지불하고 서로 주고받는 것을 의미한다. 즉, 상대방과의 합의를 통하여 상호 유익한 가치를 제공하는 마케팅의 기본활동으로 이러한 활동을 위해서는 상대방에게 서로 가치 있는 것을 소유하고 있어야 하고 최소한 2인 이상의 대상자가 있어야 하며 상대방의 제의를 자유롭게 승낙 및 거부할 수 있어야 한다.

마케팅을 통해 교환하는 당사자 모두를 만족시킬 수 있어야 한다. 소비자가 외식기업을 방문하는 경우 경영자는 고객들을 통해 최대의 이익을 얻고자 하고, 반면에 소비자는 자신이 지불하는 가격에 비하여 높게 인식하는 가성비를 추구하고자 한다. 이와 같은 교환과정에서 상호 만족할 수 있는 최적의 조건을 모색하는 것이 요구된다. 경영자와 소비자가 동시에 만족할 수 있어야 기업은 수익을 올리고, 고객들은 만족을 느끼게 된다.

교환은 단기적인 의미의 거래(Transactions)와 장기적인 의미의 관계(Relations)를 모두 포함하는 의미로 사용될 수 있다. 현대의 마케팅은 단기적인 거래의 성격보다는 장기적인 관계 구축의 성격으로 변화하고 있기에 장기적인 관점에서 교환의 이익을 목표로 설정해 나가야 할 것이다.

3) 관계마케팅

(1) 관계마케팅의 개념

기업과 소비자 간의 교환이 이루어져 가치가 창출되면 차후에도 교환관계는 이루어질 것이고, 기업과 소비자 사이의 우호적인 관계가 성립될 것이다. 기업은 기존의 고객과 우호적인 관계를 계속 유지함으로써 소비자와의 지속적인 거래를 유지하도록 노력한다. 관계마케팅(Relationship Marketing)은 우호적이면서 지속적인 관계를 창출하여 기업의 매출 및 이윤을 창출하고 소비자의 브랜드 충성도를 높이는 활동이다.

관계마케팅은 신규 고객의 창출보다는 기존에 있던 고객의 유지와 관계 향상에 초점을 두는 전략적 마케팅으로 새로운 고객을 유인하는 것도 중요하지만 기존 고객과의 관계를 지속적으로 유지하는 데 초점을 둔다.

(2) 관계마케팅 목표

관계마케팅의 목표는 고객충성도를 제고함으로써 모든 관계마케팅 노력의 핵심 성과인 개인 고객이 특별하다고 느낄 수 있게 하고, 조직이 그들에게만 지대한 관심을 보인다고 믿게 하는 것이었다.

과거에는 마케터들의 주된 관심이 새로운 고객창출로 이를 중요시하였지만, 최근에는 고객들과의 개인적인 관계 구축을 중요시하고 있다. 최근 많은 기업들이 시행하는 충성도 프로그램의 운영은 관계지향성을 중요하게 여기는 마케팅활동이다. 기업에서는 새로운 고객을 유치하는 것이 기존 고객을 재방문하도록 유도하는 비용보다 많이 든다는 사실을 알고 있다. 기업 입장에서 관계마케팅을 사용할 때 이익 증가, 운영비 하락, 구전광고, 이직률 감소 등의 긍정적인 효과를 얻을 수 있다. 관계마케팅은 고객과의 장기적 관계 및 유지, 강화의 기본개념에서 출발하여 고객을 수입적인 측면보다는 하나의 사람으로서 대하여야 한다는 것을 의미한다.

고객생애가치(Lifetime Value)는 개인고객에게 장기간 관심을 가지면서 한 번의 구매로 끝나는 것이 아니라 평생 동안 고객 구매를 기업 자산화하는 것이다. 이때 주의할 점은 이익이 되는 고객과의 관계는 구축, 강화, 활용하는 한편, 수익성이 낮은 고객과의 관계는 적절하게 해지하는 것이 관계지향성에 따른 마케팅 과제이다.

4) 서비스마케팅의 특성

서비스산업은 유형적인 제품과 무형적인 서비스가 결합되어 제품과 서비스가 동시에 생산되는 산업이다. 예를 들어 레스토랑에서는 음식이라는 유형적인 제품과 직원들이 제공하는 무형적인 서비스를 함께 제공한다. 따라서 일반 제품에 대한 마케팅과는 다소 차이가 있다. 서비스산업의 일종인 외식업체에서 마케팅을 잘 활용하기 위해서는 먼저 외식업체가 갖는 서비스마케팅의 기본 특성을 잘 이해할 필요가 있다. 서비스의 4가지 특성에는 무형성, 이질성, 비분리성 그리고 소멸성이 있다.

(1) 무형성(Intangibility)

유형적인 상품은 구매하기 전에 다양한 방법으로 평가해 볼 수 있다. 반면 서비스는 무형적이기 때문에 직접 경험해 보아야만 알 수 있다.

즉, 제품과 서비스의 차이 중 가장 기본적으로 알려진 것으로 특별한 형태가 없다는 것을 말한다.

만약 소비자가 특정 레스토랑 특정 메뉴의 품질에 대하여 불확실하다면 일반적으로 소비자는 그 레스토랑을 방문하지 않거나 그 메뉴를 주문하지 않을 것이다. 따라서 외식업에 있어서 마케팅은 이러한 무형성으로 인해 발생되는 불확실성을 줄이기 위해 유형화하려는 노력을 해야 한다. 예를 들면 레스토랑의 상품은 주문하기 전에 만지거나 볼 수 없으므로 모형음식을 만들어서 레스토랑 밖에 진열해 놓거나 메뉴에 사진을 넣는다면 불확실성을 줄이는 방법이 될 수 있을 것이다.

(2) 이질성(Heterogeneity)

외식기업에서 서비스품질이 서비스를 제공하는 사람, 시간, 장소, 제공되는 방법에 따라 달라질 수 있다는 것이 이질성이다. 외식기업에서 제공하는 서비스는 제공자와 장소 및 시간에 따라 변할 수 있으며 인간적인 요소가 포함되어 있어 컴퓨터같이 일반 제조업의 제품과 같은 표준화가 어렵다.

이질성이 나타나는 이유는 외식상품은 생산과 소비가 동시에 일어나기 때문으로

질적 수준을 관리하는 데 한계가 있고, 수요의 변동폭이 큰 경우 성수기에 일관성 있는 메뉴의 품질을 유지하는 데 어려움이 있다. 또한 서비스 직원 기술과 수행도에 따라 서비스가 달라질 수 있다.

따라서 외식기업에서는 표준화된 매뉴얼을 만들어 직원을 지속적으로 교육함으로써 외식기업의 서비스품질이 일관성 있게 유지될 수 있도록 노력하면서 이질성을 해소하기 위해 노력하고 있다.

(3) 비분리성(Inseparability)

비분리성은 서비스가 생산과 소비로 분리될 수 없다는 의미이다. 레스토랑에서 생산되는 음식은 주방에서 생산됨과 동시에 고객에 의해 소비된다.

고객은 생산되는 과정을 눈으로 직접 볼 수도 있고 심지어는 생산과정에 참여할 수도 있다. 생산과 서비스의 동시성으로 인해 서비스 제공자의 서비스품질과 고객만족은 고객과 직원의 접점이 이루어지는 순간에 많은 영향을 받는다.

따라서 서비스 직원을 신중히 선발하고 철저히 교육해야 한다. 또한 고객관리의 중요성을 인식시킬 수 있는 교육 및 여건을 마련해야 한다.

(4) 소멸성(Perishability)

유형의 생산품은 그날 판매하지 못하면 다음에 다시 판매하기 위해 저장해 놓을 수 있지만 서비스는 그렇지 못하다. 예를 들어 제조업의 제품은 판매하지 못하더라도 창고나 매장에 저장한 뒤에 다시 판매할 수 있다. 하지만 서비스는 소멸성을 가진다. 특정 레스토랑에서 어떤 특정 직원이 제공하는 서비스는 저장할 수 없다.

특히 레스토랑의 경우 당일에 생산된 많은 음식이나 영업시간 내에 비어 있는 식당의 테이블 좌석 등은 소멸성이라는 특성 때문에 다음에 판매할 수 없다. 따라서 외식기업은 소멸성을 해소하기 위해 서비스에 대한 정확한 수요 예측이 필요하며 수용력에 대한 활용방안들이 계획되어야 한다.

② 외식마케팅 믹스

기업에서 마케팅은 목표고객을 이해하고, 그들을 만족시키기 위한 다양한 마케팅 믹스를 창출함으로써 수익성을 확보하기 위해 필요하다. 모든 마케팅활동은 마케팅 믹스를 필요로 한다. 이때 마케팅 믹스란 목표시장 안에서 마케팅 목표 달성을 위해 활용할 수 있는 모든 마케팅 수단들의 묶음이라고 할 수 있다.

서비스가 핵심을 이루는 서비스마케팅 목표를 달성하기 위하여 이용할 수 있는 도구들의 집합을 서비스마케팅 믹스라고 한다. 따라서 서비스가 핵심을 이루는 외식기업의 마케팅 목표를 달성하기 위해서 이용할 수 있는 모든 마케팅 수단들의 집합을 외식마케팅 믹스라고 한다.

마케팅 믹스는 4P(Product, Price, Place, Promotion)라고 불리지만 서비스마케팅 믹스 또는 외식마케팅 믹스는 서비스 재화의 특성상 여기에 3P(Process, Physical Evidence, People)를 추가해 확장된 서비스마케팅 믹스(7P) 또는 외식마케팅 믹스로 구분하고 있다.

외식기업이 성공하기 위해서는 외식마케팅 믹스를 이용해서 고객을 만족시키고 경쟁업체로부터 차별화를 시도해야 한다. 마케팅으로부터 얻는 효익을 최대화하기 위하여 외식업체 경영자는 외식마케팅 믹스를 잘 활용할 필요가 있다. 외식마케팅 믹스(7P)의 주요 내용에 포함되는 상품, 가격, 유통, 촉진, 사람, 물리적 환경, 과정의 일곱 가지 전략수단을 살펴보면 다음과 같다.

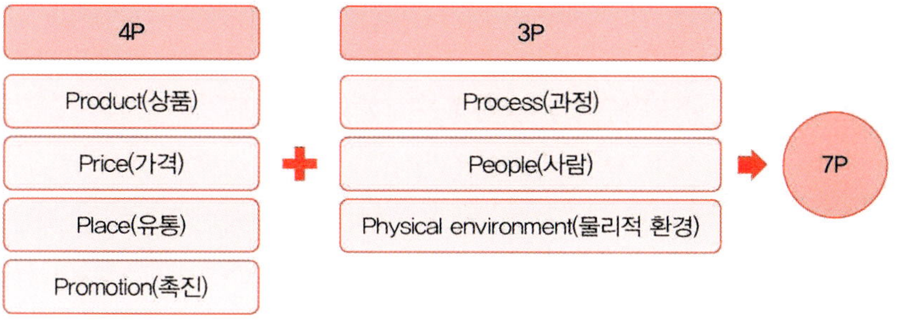

출처: 김동진 외(2017)

[그림 11-2] 외식산업마케팅 믹스(7P)

1) 상품(product)

상품이란 소비자의 니즈와 욕구를 충족시킬 수 있는 유형, 무형의 충족물이다. 고객의 욕구를 충족시킬 수 있는 경제가치를 가진 상품은 교환의 대상이 되는 재화로서 효용, 가치, 품질, 가격에 따라 그 상품력도 달라질 수 있다. 또한 상품의 브랜드 파워, 점포 이미지, 고객서비스 수준에 의해서도 달라질 수 있다.

현재 소비자의 상품에 대한 기대는 다양하게 나타나고 있고, 상황에 따라 달라질 수 있으므로 표적시장 소비자의 기호와 욕구에 부합하는 상품의 개념을 파악하여 개발하고, 상품의 종류도 판매이익과 기여도에 따라 주력상품, 보조상품, 항시상품, 계절상품 등으로 세분화하여 효과적인 판매를 하여야 할 것이다.

낯선 지역에서 레스토랑을 선택하고 메뉴를 선택할 때 어려움을 느낄 수 있고, 외식업체나 메뉴 선택 시 쉽게 결정을 내릴 수 없게 된다. 따라서 고객이 갖는 선택의 어려움은 서비스상품을 고객들에게 가시적으로 보여줌으로써 해결해야 할 것이다. 궁극적으로 품질관리를 철저히 하고, 고객만족을 통한 브랜드의 이미지를 제고시켜 고객들에게 서비스상품 구매에 따른 불안감을 줄여줄 수 있다. 브랜드명을 선정할 때는 외식기업 점포에서 제공되는 음식 및 서비스가 가격대비 최고의 가치를 갖고 브랜드에 의해 쉽게 구별되어야 할 것이다. 그리고 서비스품질 보증제도 등의 도입을 통해 서비스품질을 가시적으로 확인시켜 주는 등의 다양한 유형화 노력이 필요하다.

상품은 자체의 질이 우수해야 고객이 구매를 하며 계속해서 외식업체를 이용하게 되는 것이다. 상품력의 체크포인트는 상품 자체의 품질이 우수해야 하지만 그 상품을 높이 평가받기 위해서는 진열이 우수해야 하며, 상품포장이 적절해야 하고, 적정한 가격, 직원의 우수한 서비스가 곁들여져야 하는 것이다. 따라서 외식업체 경영주는 기준을 설정하여 그 기준을 틀림없이 행하는지를 체크하고 노력해야만 경쟁점에 뒤지지 않는 상품력을 확보할 수 있는 것이다.

2) 가격(price)

가격이란 서비스를 구매하거나 고객들이 지불하는 돈, 시간, 기타 노력 등을 통칭

한다. 마케팅에서 가격이란 자신에게 필요한 것을 제공받는 사람이 그에 대한 반대급부로 상대방에게 주는 유형적 및 무형적 가치의 총합을 의미하는데 대체로 화폐액으로 표시된다.

가격은 구매자가 지불해야 할 비용이지만, 기업에 있어서는 수익에 직접적인 영향을 주는 마케팅 믹스 요소이다. 많은 기업은 가격 차별화를 통해 경쟁업체로부터 차별화를 꾀하기도 한다. 가격은 고객유치에 있어 아주 중요한 요인의 하나이다. 그러므로 기업은 가격의 전략을 개발할 때 여러 현상들에 대해 이해하고 전략을 세울 필요가 있다. 레스토랑 마케터들은 가격 결정에 있어 수요를 고려해야 할 것이고, 생산과 마케팅, 목표가격, 수요, 원가, 관리의 비용, 경쟁제품의 가격, 서비스품질에 대한 고객들의 지각, 소요된 비용에 대한 지각된 가치 등을 고려해야 한다.

가격 품질의 관점에서 볼 때 소비자들은 가격이 낮으면 품질이 떨어진다고 추정하는 것이다. 따라서 가격 결정 시 이러한 점들을 고려할 필요가 있다. 또한 최근 인터넷, SNS, 소셜커머스 등의 발달이 가격 결정에 영향을 미치고 있다. 가령 오프라인에서 판매되는 제품과 동일한 제품이 온라인에서 판매될 때 일반적으로 온라인이 오프라인보다 비교적 가격이 저렴하다.

3) 유통(place)

유통이란 제품이나 서비스를 생산자로부터 소비자에게 이전시키기 위한 활동을 의미한다. 유통단계란 외식기업 및 점포에서 음식 및 서비스를 최종고객에게 제공하기 위해 업무를 수행하는 것이다. 유통의 기본적인 기능은 소비자가 원하는 제품을 원하는 장소와 원하는 시간에 구매할 수 있도록 해주는 것이다. 이러한 유통기능을 수행하는 개인이나 조직의 집합체를 유통경로라고 한다. 하지만 외식기업의 경우 편의점과 같은 곳에서 판매하는 즉석식품을 제외하고는 물리적 유통단계는 없다. 즉, 무형적인 특성으로 인하여 서비스는 보관과 저장이 불가능하기 때문에 서비스를 전달하는 장소 또는 입지(location)가 매우 중요하다. 따라서 외식 마케팅 믹스에서 유통은 결국 입지를 의미한다. 레스토랑의 경우 서비스를 제공받는 고객들이 접근하기 편리한 곳에 위치하는 것이 유통관리의 핵심이다.

외식 비즈니스는 '첫째도 입지, 둘째도 입지, 셋째도 입지'라는 격언은 레스토랑 마케팅 믹스 중 유통(입지)이 얼마나 중요한 요소인지를 알려준다. 입지는 장기적이고, 고정적이므로 결정 후에는 변경이 어렵다. 또한 투자비가 막대하므로 최대한의 투자수익을 보장할 수 있는 입지를 선택해야 한다. 외식업체 사업의 성공을 위해서는 우수한 입지에 외식업체를 개점하는 것이 그 성공의 80% 정도를 좌우하게 된다. 따라서 좋은 장소에 외식업체가 입지하는 것이 외식업체의 번성을 이루는 데 필수불가결한 요소인 것이다. 아무리 업종이 좋고 자금준비가 원활하더라도 적정한 입지에 외식업체를 개점하지 않으면 사업의 성공은 불투명해진다. 물론 개점 초기에는 외식업체의 배후세력, 접근성, 경쟁세력, 향후의 발전가능성 여부를 다각적으로 검토한 후 외식업체를 계약하고 사업을 시작하게 마련이다. 그러나 개점 후에도 외식업체 경영주는 외식업체의 입지변화에 대해 늘 예의주시해야 한다.

외식업체의 입지조건은 고정되어 있는 것이 아니고 변화한다. 개점할 때 조사해 놓은 입지조건에 맞추어 외식업체를 시간이 지나도 계속해서 같은 영업방식으로 운영하는 것은 잘못된 생각이다. 초기에는 매출이 높고, 고객도 많았으나 몇 년 후에는 매출이 낮아진 외식업체는 변화하는 입지조건에 발 빠르게 대응하지 못하고 개점 초기의 판매방법, 고객응대를 계속해서 사용하는 외식업체라고 볼 수 있다. 입지는 고객층의 변화, 교통수단의 변화, 경쟁점의 출현 등으로 변화되는데 이러한 입지조건의 변화를 정확히 파악하여 외식업체 운영에 반영하는 것이 영업을 안정화시키고 나아가 매출을 증대시킬 수 있는 좋은 요인이 되는 것이다.

4) 촉진(promotion)

촉진은 다양한 방법으로 제품의 정보를 고객에게 알리고 제품의 구매를 설득하기 위한 여러 가지 활동이다. 마케팅 활동은 기업이 고객들에게 특정 서비스상품을 알리고 선호도를 높이기 위해 실행하는 것으로 광고, 홍보, 판매촉진, 인적 판매 등이 있다. 촉진은 신제품이 시장에 출시됨을 알려주고 가격이나 구매방법, 제품의 편익 등을 잠재고객에게 알려주고, 새로운 상품에 대한 바람직한 태도를 통해 올바른 제품을 선택할 수 있도록 설득하는 역할을 한다. 외식업체의 판매촉진은 서비스가 무형성의 특성 때문에 서비스를 직접적으로 보여줄 수 없고 서비스를 체험함으로써 얻게 되는 혜택을 강조하는 촉진활동을 하게 된다.

촉진은 광고나 인적 판매에 의해서 전달된 촉진 메시지를 보완해 주고 강화시켜 줌으로써 구매를 유도하는 활동이다. 광고(Advertising)란 특정 다수의 소비자에게 정보를 제공하고 설득할 목적으로 광고주가 기업이나 비영리조직, 제품, 아이디어에 관한 내용을 TV, 라디오, 신문, 잡지, 옥외광고, 다이렉트 메일(Direct Mail) 등의 매체를 통하여 유료로 널리 알리는 커뮤니케이션 수단이다. 하지만 일반인들 및 학생들 그리고 관리자들은 마케팅과 광고를 동일한 개념으로 이해하는 경우가 있다. 그러나 광고는 단지 마케팅 믹스의 한 부분에 속하는 판매촉진의 한 형태에 불과하다.

그리고 상황에 따라서 레스토랑은 마케팅 믹스 중 광고를 전혀 사용하지 않을 수도 있다. 일부 외식업체의 관리자들은 고객을 위한 가치를 만들기 위하여 마케팅 믹스의 다른 요소들을 활용하여 충분히 성과를 낼 수도 있다. 외식업체에 방문한 고객들의 구전효과로 광고를 거의 사용하지 않으면서도 큰 성공을 거둘 수도 있다. 한 번 온 고객들을 위해 최상의 서비스로 만족감을 주어야 좋은 효과를 볼 수 있는 것이다. 한편 소규모 레스토랑의 겨우 광고를 집행할 만한 비용의 여력이 없어서 광고를 하지 못하기도 한다. 판매촉진방법에 대한 내용은 추가로 더 살펴보고자 한다.

5) 사람(people)

외식기업에서 서비스는 직원의 행동을 통해 고객들에게 전달되기 때문에 직원은 서비스의 생산자이자 전달자이다. 마케팅 믹스에서 사람(people)은 서비스를 실패 또는 성공으로 만들 수 있다. 외식산업은 서비스를 제공하는 다른 사람과 서비스를 받는 사람에게 서비스를 제공하는 산업이다. 따라서 대부분의 성공적인 서비스기업들이 인적자원에 대한 중요성을 인식하고, 교육훈련을 꾸준히 하고 있다.

직원의 불친절한 태도는 방문한 고객에게 불쾌감을 주고, 이러한 불쾌감을 고객들은 많은 타인들에게 알리게 된다. 한 명의 불친절한 직원의 태도는 브랜드를 가진 레스토랑의 경우 전체 레스토랑의 이미지에도 나쁜 영향을 미치게 된다. 레스토랑 비즈니스에서 음식의 질이나 분위기도 중요하지만, 직원들도 중요한 부분을 차지하고 있다. 또한 소비자들은 부당한 대우가 없음에도 불구하고 레스토랑을 상대로 많은 것을 요구하고, 이 요구를 들어주지 않았을 경우 허위로 글을 작성해서 레스토랑 이미지를 나쁘게 만드는 블랙컨슈머(black consumer)도 최근에 사회문제가 되고 있다.

6) 물리적 환경(physical environment)

소비자는 서비스 구매 시 자신이 받을 서비스가 무엇인지에 대해 알 수 있는 유형적 단서인 물리적 근거를 통해 구매 전 서비스기업과 그 기업이 제공하는 서비스품질이나 서비스의 가치를 측정하고, 서비스를 받는 기간 및 서비스 후의 서비스에 대해 평가한다. 이렇게 소비자가 자신이 받을 서비스를 추론함에 있어 아주 중요한 역할을 수행하는 것이 바로 물리적 환경이다.

즉 물리적 환경은 서비스의 무형성을 해소하는 데 아주 중요한 역할을 한다. 또한 물리적 환경은 고객의 구매경험에 직간접적으로 영향을 미칠 수 있으며 좋은 서비스 이미지를 형성하는 데 기여할 수 있다. 서비스마케팅에서 물리적 환경의 중요성이 소비자행동의 측면인 고객의 관점에서 점점 크게 강조되고 있다. 물리적 환경의 역할은 처음에는 주로 소매업에서 관심을 끌었으나 최근 소매점, 레스토랑, 호텔, 항공사 등의 다양한 분야에서 그 중요성이 크게 대두되고 있다.

물리적 환경에 대한 개념은 1973년 코틀러(Kotler)에 의해 처음 제안되었고 비트너(Bitner)의 서비스스케이프(SERVICESCAPE)를 통해 많은 사람들에게 알려지게 되었다. 먼저 코틀러는 물리적 환경을 시각, 청각, 후각, 촉각의 인식을 포함하는 분위기로 설명하고 있다.

시각과 관련된 물리적 자극에는 색채, 조명, 크기, 형태가 있고, 청각에는 소리의 고저, 속도, 횟수 등이 있다. 후각에는 냄새, 신선함 등이 있고, 촉각과 관련된 물리적 자극에는 연함, 부드러움, 온도 등을 들 수 있다. 코틀러는 소비자의 특별한 감성적인 면을 자극해서 고객의 소비를 증진시킬 수 있는 일련의 모든 노력을 분위기라고 정의하였다.

비트너는 서비스산업에 국한한 물리적 환경을 측정하기 위한 도구인 서비스스케이프(SERVICESCAPE)를 개발하였다. 서비스스케이프는 자연적, 사회적 환경과 대비적 개넘으로 간단하게 서비스가 제공되는 장소에서 인간이 인위적으로 만든 물리적 환경이라 정의내려진다. 서비스스케이프는 주변환경, 공간배치와 기능성, 신호·상징물·인공물의 세 가지 차원으로 분류하였다. 첫째, 주변환경은 공기의 쾌적성, 날씨, 온도, 공기, 소음, 향기, 음악 등과 같은 환경의 배경적 특성으로 미각을 제외한 인간의 오감에 영향을 미칠 수 있는 요소이다. 둘째, 공간배치와 기능성은 작업장의 좌석배치, 계단위치, 출입구, 화장실 등의 설계에 관한 것이다. 셋째, 신호·상징물·인공물은 표지판, 인조물, 장식의 유형 등 고객에게 서비스 제공에 대한 정보제공, 커뮤니케이션 등을 의미한다.

물리적 환경은 외식업체를 방문하는 소비자들의 내적 반응과 외적인 행동에 영향을 미친다. 따라서 물리적 환경을 얼마나 잘 관리, 유지하는지는 외식업체 경영의 성공 여부에 큰 영향을 미칠 수 있으므로 외식업체 경영자들은 고객에게 긍정적인 생각이나 감정 또는 행동을 줄 수 있는 물리적 환경을 개선하고 지속적으로 유지하기 위하여 끊임없이 노력해야 할 것이다.

7) 과정(process)

서비스는 여러 가지 서비스 프로세스를 통해 생산되고 소비자에게 전달된다. 따라서 서비스의 효율성을 높이고 고객만족을 높이고 고객만족을 증대하기 위한 서비스 생산 및 전달시스템 설계가 대단히 중요하다.

아울러 제품과 서비스의 근본적인 차이점 때문에 서비스마케팅도 제품마케팅과 많은 차이가 있다. 이러한 것들로는 제품의 일부인 사람, 서비스 생산과정에 고객이 참여, 품질관리의 상대적 어려움, 시간의 중요성, 그리고 유통경로의 차별화 등을 예로 들 수 있다.

③ 시장세분화, 표적시장, 상품 포지셔닝

시장은 계속해서 변화하고 있고, 다양한 소비자의 니즈와 욕구를 발견하고 경쟁기업을 포함한 시장환경에 적극적으로 대응하기 위하여 전략적 마케팅이 필요하다. 산업에서의 마케팅 전략은 시장을 세분화한 후에 표적시장을 결정하고 그 표적시장 내에서 상품, 가격, 유통, 촉진, 생산과정, 사람, 물리적 환경 등의 마케팅 믹스 요소를 관리하여 레스토랑이나 레스토랑의 주요 메뉴를 어떻게 포지셔닝할 것인가에 대한 계획을 의미한다.

시장세분화	표적시장	상품 포지셔닝
전체 시장을 적당한 기준으로 맞추어 공통된 특성을 가진 소비자들의 집단으로 나누는 것	세분화된 시장 중에서 매력도가 가장 높은 시장을 대상으로 목표시장을 선정하는 것	표적시장 내의 소비자들의 니즈와 욕구를 충족시키기 위해 서비스와 마케팅 믹스를 개발하는 것

1) 시장세분화

(1) 시장세분화의 발생원인

외식시장에서 고객의 니즈와 욕구는 외식산업의 성장과 경쟁의 심화, 기술의 발달과 다양한 메뉴의 출시, 소득의 향상과 외식소비에 대한 경험의 증가로 더욱 세분화되고 있다. 매스마케팅(Mass Marketing)을 통해서도 모든 소비자를 만족시키기 어렵고, 기업은 경쟁에서 살아남기 위해서 고객 개개인의 차별화된 욕구를 정확히 충족시키기 위한 노력을 해야 한다.

특히, 외식기업을 찾는 고객들은 욕구와 행동, 선호도 등에서 다양한 차이를 보이고 있어 동일한 방법으로 접근하면 차별화가 될 수 없다. 따라서 외식시장을 세분화할 필요성이 있으며, 이때 필요한 것이 시장세분화이다.

(2) 시장세분화(Market Segmentation)의 정의

기업은 취향이 유사한 소비자들을 고객집단별로 공통된 니즈나 욕구 또는 선호도를 충족시키려고 노력한다. 니즈나 욕구 또는 선호도를 갖는 소비자집단을 세분시장이라 하고, 이렇게 서비스시장에서 공통된 특성을 가진 소비자들의 집단으로 나눈 것을 시장세분화라고 한다.

시장세분화란 전체 시장을 동질적인 몇 개의 세분시장으로 나누는 것이다. 소비자의 니즈나 욕구를 세분화하면 할수록 이를 충족하기 위한 비용이 증가하게 되므로 세분화에 따르는 경제성을 고려해야 한다. 그러나 기업의 경제성을 위해 모든 소비자의 니즈나 욕구를 동질인 것으로 간주하여 표준화된 하나의 제품을 대량으로 생산하고 판매하는 경우에 원가는 낮아질 수 있으나 다양하고 차별화된 개별 소비자의 니즈나 욕구를 정확하게 충족시킬 수 없다. 따라서 시장세분화를 할 때에는 소비자의 니즈나 욕구의 정확한 충족과 비용의 경제성이라는 두 가지 측면을 모두 고려해야 한다.

(3) 시장세분화의 요건

가. 내부적 동질성과 외부적 이질성

특정한 마케팅 믹스에 대한 반응이나 세분화에 대해 같은 세분시장의 구성원은 동질성을 보여야 하고, 다른 세분시장의 구성원과는 이질성을 보여야 한다. 예를 들어 전체시장을 소득수준에 따라 세분할 때 같은 세분시장 소비자들의 반응행동은 유사하고 다른 세분시장에 속하는 소비자들의 반응행동은 차이가 있어야 한다.

나. 측정 가능성

마케터는 각 세분시장에 속하는 구성원을 확인하고, 세분화 근거에 따라 시장 규모나 구매력 등의 크기를 측정할 수 있어야 한다. 이것은 시장을 계량적으로 측정할 수 있게 한다. 성별 또는 연령의 요인은 계량적으로 측정 가능하고, 가치관 또는 생활양식 요인은 측정이 어렵다.

다. 접근가능성(accessibility)

접근가능성은 세분된 시장 구분에 기업이 마케팅을 전개할 수 있는 가능성을 말한다. 마케터는 각 세분시장에 별도의 상이한 마케팅 노력을 효과적으로 집중시킬 수 있어야 한다. 그러나 글을 알지 못하는 문맹자들에게는 인쇄매체를 통한 접근이 불가능하고, 산간지방 같은 오지에는 제품을 유통시키기가 어렵다.

라. 경제성

각 세분시장은 별도의 마케팅 노력을 이익으로 전환시킬 만큼 규모가 크고 수익성이 있어야 한다. 시장규모가 커서 개별적인 마케팅 프로그램을 실행하고, 이익을 충분히 낼 수 있어야 한다.

마. 실행가능성

세분시장에 적합한 마케팅 전략을 개발하고 실제로 실행할 수 있어야 한다. 만약 마케팅 인력, 자금, 기술 등의 능력과 조건이 갖추어져 있지 않다면 시장세분화를 위한 계획은 무의미해진다. 따라서 시장세분화를 효과적으로 추진할 실행가능성이 있어야 한다.

(4) 시장세분화의 기준

시장세분화의 기준은 고객의 욕구나 행동에 있어서 차이가 있는 집단을 구분할 수 있는 분류기준을 말하며, 인구통계학적 기준, 지리적 기준, 심리적 기준, 행동적 기준으로 분류할 수 있다.

가. 인구통계학적 기준

소비자시장을 세분하는 데 가장 많이 사용되는 변수로 성별이나 연령, 결혼 여부, 세대, 직업, 가족구성 등을 들 수 있다. 인구통계학적 기준은 시장세분화 기준으로서 용이하게 이용될 수 있다. 연령은 구매행동에 중요한 영향을 미친다. 어린이와 청소

년, 성인 및 노년층 간의 욕구와 능력에는 큰 차이가 있으며 특히 고객의 참여가 필수적인 외식산업에서는 매우 중요하다. 또한 결혼 여부, 직업에 따라 큰 차이가 있다. 인구통계학적 변수에 따라 마케팅 방법을 사용하여 구매를 극대화시켜야 할 것이다.

나. 지리적 기준

소비자 시장을 거주지역, 지형, 기후대와 같이 측정 가능한 규모로 세분화하는 것이 지리적 세분화이다. 지역에 따라 소비자의 반응이 다르게 나타날 수 있으므로 지리적 기준을 기준점으로 잡는 것이다. 지리적 기준은 시장을 날씨와 같은 자연현상과 거주하는 지역의 지리적 차이에 따라 구분하려는 것이다. 곧 도시와 농촌, 도시 중심과 교외, 대도시와 지방도시, 따뜻한 곳과 추운 곳 등의 차이를 이용하는 것이다. 그러나 이것만으로는 시장을 효율적으로 구분하기가 어렵다.

다. 심리적 기준

고객의 상품 및 점포 선호행동을 사회계층, 라이프 스타일, 개성 등을 분석해 시장을 세분화하는 것이 심리적 세분화이다. 심리적 기준은 시장을 개인의 인식, 가치관, 문화 등의 차이와 행동의 차이에 따라 구분하려는 것으로 사람들의 구매가 사회규범에 의하여 영향받는 것을 감안하면 동질성이 높은 시장구분이 될 수 있는 가능성이 크다.

개성은 특정 대상에 대해 일관된 반응을 나타내도록 하는 개인의 독특한 심리적 특성이다. 개성을 시장세분화의 기준으로 활용할 수 있는 것은 자신의 개성과 부합되는 제품이나 상표를 선호하는 경향이 나타나기 때문이다.

라. 행동적 기준

행동적 세분화는 제품의 사용량이나 효용, 구매경험, 상표충성도, 가격에 대한 민감성 등과 같이 해당제품의 구매, 소비, 사용에 관련된 소비자행동에 따라 소비자를 세분화하는 것이다. 사용량에 의한 세분화는 음료수와 주류의 경우 대량 사용자가 전체 매출에서 차지하는 비중이 높기 때문에 대량 사용자를 찾아내서 표적시장으로 선정하는 것이 좋다. 우리나라에서도 대부분의 사람들이 커피를 마시지만, 이 중에서 커피를 가장 많이 마시는 고객층은 어떤 층인가를 구분하여 세분화하는 것이다.

2) 표적시장(Market Targeting)

표적시장(Market Targeting) 선정은 세분화된 시장 중에서 시장의 크기, 성장률, 수익성 등 매력도가 가장 높은 시장을 대상으로 표적시장을 선정하는 과정이다. 기업은 한정된 자원을 가장 효과적으로 사용하기 위하여 시장을 세분화한다. 이렇게 세분화된 시장에서 기업은 자원과 능력 그리고 시장환경을 고려하여 고객집단을 선정한다.

표적시장으로는 모는 세분화된 시장을 선택한 후 각 세분시장의 욕구를 최적으로 충족시켜 줄 수 있는 복수의 마케팅 믹스를 개발할 수도 있으나 이런 경우 많은 경제적 비용과 관리 노력이 필요하게 되고 또 어떤 시장은 규모가 작거나 마케팅 성과가 높지 않을 수도 있다. 따라서 모든 세분시장을 공략하지 않고 유리한 세분시장만 선별하여 공략하는 것이 바람직할 수도 있다.

이와 같이 전체 시장에 대한 시장세분화 여부와 표적으로 선택한 세분시장의 수에 따라 비차별화 마케팅, 차별화 마케팅, 집중화 마케팅으로 구분할 수 있다. 하지만 이러한 표적시장의 선정 전략을 선택하기 위해서는 세분화된 시장의 매력도와 자사의 자원 및 능력을 고려해야 할 것이다. 즉, 다양한 제품개발 능력이나 이를 뒷받침해 줄 수 있는 충분한 인적, 재무적, 마케팅적 시스템을 갖춘 경우라면 복수의 세분시장을 공략하는 차별화 마케팅이 효과적일 수 있으며, 자원능력이 부족한 경우에는 하나의 세분시장에 전문화하는 집중화 마케팅이 효과적일 수 있다.

3) 상품 포지셔닝(Market Positioning)

표적시장을 선정한 다음 단계는 포지셔닝을 통해 표적시장 내 소비자들의 니즈와 욕구를 만족시키기 위해 서비스와 마케팅 믹스를 개발하는 것이다. 상품 포지셔닝이란 고객의 마음속에 경쟁제품과 관련하여 소비자의 의식에 상품의 정확한 위치를 심어주는 것이고, 자사의 상품을 고객들이 어떻게 인식하느냐와 관련된 지각 차원이다.

포지셔닝은 소비자들에게 경쟁사 제품과 차별화된 위상을 구축하기 위한 것으로 차별화된 위상은 상품에 대해 소비자가 가지게 되는 지각, 인식, 느낌, 이미지가 혼합되어 형성된다. 포지셔닝을 통한 외식기업의 이미지가 소비자의 마음속에 자리 잡게 된다. 이때 다른 기업의 상품에 비해 독특하고 고유한 위치를 확보하였다면 성공적인 포지셔닝이라고 할 수 있다.

외식기업은 마케팅 프로그램 개발을 통해 마케팅 믹스 변수들에 대한 구체적인 계획을 수립한다. 마케팅 믹스는 목표시장 고객들의 욕구와 선호도를 효과적으로 충족시켜 주기 위하여 기업이 제공하는 마케팅 수단의 핵심요소이다. 외식기업은 상품, 가격, 유통, 서비스 과정, 촉진, 물리적 환경, 사람 등의 전략 수단을 이용하여 사전에 설정한 포지션에 부합되도록 전략을 수행하게 된다.

4 판매촉진방법으로 매출증대

1) 판매촉진의 목적과 종류

고객들은 외식업체에 있는 상품의 존재를 모르면 방문하지 않는다. 외식업체에서는 고객들에게 외식업체가 취급하는 상품들을 적극적으로 판매촉진하고, 고객들이 방문하면 만족을 얻을 것이라는 메시지를 담은 다양한 판매촉진을 하는 것이다. 판매촉진은 여러 방법을 통하여 고객의 행동에 변화를 일으키게 하는 외식업체와 고객과의 의사소통이라고 할 수 있다. 판매촉진의 목적은 관점에 따라 몇 가지로 나누어볼 수 있다.

(1) 정보의 제공

고객에게 외식업체 및 상품의 존재를 적극적으로 알리는 것이다. 상품이 신제품이면 더욱 고객들에게 알려야 하며 새로 개점한 외식업체라면 외식업체 자체에 대한 홍보를 해서 고객들에게 외식업체의 존재를 인식시켜야 한다.

(2) 고객의 유인

판매촉진의 근본적인 목적은 고객들을 외식업체로 많이 유인하여 상품의 판매를 증대시키는 것이다.

(3) 매출의 유지

계절적으로 판매량의 변화가 심한 매출을 안정시키는 역할을 한다. 계절에 따라 매출이 떨어지는 경우가 발생할 수 있으므로 이때 매출을 증가시키기 위하여 판매촉진이 사용되는 것이다.

(4) 매출의 증대

인기 있는 상품은 판매촉진을 하여 상품의 판매량을 더욱 증가시켜야 한다. 현대의 광고는 중요한 역할을 하고 있다. TV, 유튜브, 인터넷, 라디오 등의 광고들이 잠재고객들에게 기업의 상품을 알리고 있다. 외식업체는 매우 다양한 광고방법을 통해 고객들을 유인하고 있다. 앞으로의 외식업체 사업은 경쟁이 더욱 치열해지는 만큼 경쟁점들과 비교하여 우위에 서고 고객들의 관심을 끌기 위해서는 광고의 종류와 특징에 대해 알아두어야 할 것이다. 광고, 판매촉진, 홍보에 대해 자세히 살펴보면 다음과 같다.

가. 광고

신문, TV, 라디오, 잡지, 옥외광고판 등을 통해 선전하는 방법으로서 대규모상권에 필요한 방법이고 장기적인 효과가 있다. 광고 선전은 여러 방법을 통하여 많이 시행하는 것이 매출증진에 도움이 된다. 그러나 외식업체에서 지출하는 비용은 한정되어 있기 때문에 자신의 외식업체에 적합한 방법을 통하여 적정한 광고 선전을 시행해야 한다. 그래서 외식업체의 매출을 증대시키고 외식업체의 이익이 극대화되는 것이다. 적합한 선전방법을 선택하는 기준은 각 외식업체의 특성에 맞추어 결정해야 한다. 매출이 높은 외식업체가 높은 비용을 지불하여 TV광고를 시행한다면 광고를 통한 매출증대는 있겠지만 광고비용의 많은 지출로 외식업체의 손익은 악화될 것이다. 광고방법을 선택하는 데 있어서 가장 크게 고려해야 할 사항은 취급상품의 특성과 이 상품을 어디의, 누구한테 팔 것인가 등일 것이다.

① **TV광고** : TV광고는 시청자 시각과 청각을 동원하며, 시청 대상이 다양하고, 반복이 가능하기 때문에 효과가 큰 방법이다. 그러나 비용이 많이 들어가고, 목표고객을 정확히 공략할 수 없다는 것이 단점이다. 따라서 전국적인 TV광고는 소규모 외식업체에서 거의 활용하기 힘들지만 근래 케이블 TV광고는 지역 채널을 이용한 광고도 꽤 활용하고 있는 상황이다.

② **신문광고** : 신문광고는 지역별 선택이 가능하고 전달하고자 하는 메시지를 할당된 지면에 마음껏 표현할 수 있다. 그러나 최근에 신문을 인터넷을 통해 보는 경우가 많아졌고, 광고수명이 짧으며 1회성에 그치는 경우가 많다.

③ **잡지광고** : 특별한 고객층을 선정하여 공략하기가 쉽고, 신문 매체보다는 오래 볼 수 있으므로 광고 수명이 길다. 또한 여러 가지 인쇄기술을 통해 고객들의 눈을 끌 수 있다. 반면에 지역적 제한을 둘 수 없는 것을 단점으로 볼 수 있다.

④ **DM광고** : 광고 대상을 외식업체에서 선택할 수 있으며, 상품 및 외식업체의 특매행사에 대하여 자세히 고지할 수 있어서 매출과 연계시킬 수 있다. 비교적 비용이 저렴하며, 손쉽게 시행할 수 있는 장점이 있다. 평소 고객에 대한 데이터베이스를 구축해야 하며, 예상 고객 리스트를 많이 확보하면 효율적인 관리가 가능하다.

⑤ **옥외광고** : 야외광고판, 벽보, 플래카드 등을 이용한 광고로서 간단한 광고로 특정지역에 광고할 수 있지만, 중요한 내용만 전달할 수 있고, 자세한 설명은 생략해야 한다. 그리고 주변 환경을 해친다는 불만을 사기 쉽다. 플래카드를 설치할 때는 관할 관청에서 지정하는 위치에 부착해야 한다.

⑥ **생활정보신문** : 우리 주변에는 언제부턴가 생활정보신문들이 많아졌다. 지역신문들을 활용하면 광고비가 저렴하고 지역을 한정시켜 광고할 수 있으나 생활정보신문의 특성상 외식업체의 이미지를 실추시킬 수 있다.

⑦ **인터넷의 활용** : 가정용 컴퓨터 및 휴대폰의 대중화로 인터넷을 통하여 각종 정보를 얻는 추세가 증가하고 있다. 각 인터넷 사업자들은 일정비용을 받고 인터넷 화면에 광고를 게재하고 있으며 개인이나 소규모사업자를 위하여 무료로 광고를 게재할 수 있는 공간도 제공하고 있다.

나. 판매촉진(Sales Promotion)

현재의 경쟁시대에서는 고객을 유인하여 판매확대를 도모해야 한다. 고객의 욕구는 다양해지고 선택의 폭도 넓어져서 고객은 상품의 더 나은 서비스나 혜택을 제공받기를 원한다. 판매촉진은 주로 구매를 유도하고, 기존의 매출을 증가시키기 위해 실시하며, 가격을 할인하고, 경품을 제공하는 등의 방법으로 단기적으로 시행하는 직접적인 인센티브 활동이라 할 수 있다. 판매촉진활동은 단기로 시행하기 때문에 적극적이고 빠르게 매출을 증가시킬 수 있고, 결과에 대한 효과분석이 가능하다.

다. 홍보(PR : Public Relations)

외식업체의 선행 및 우수한 점을 각종 매체를 활용하여 외식업체가 위치한 지역사회와의 좋은 유대관계를 알려 간접적인 매출을 증대시키는 방법이다. 홍보의 특징은 광고비용이 들지 않고, 신뢰성이 매우 높다는 것이다.

2) 외식업체사업의 효과적인 판매촉진방법

고객들을 대상으로 구매의욕을 높이는 판매촉진방법에는 여러 가지가 있을 수 있다. 다양한 판매촉진방법에 대하여 꾸준히 공부하면서 외식업체에 맞게, 자신의 업종에 맞게 새롭게 변형, 개발하는 사람만이 판매촉진의 효과를 얻을 수 있을 것이다.

(1) 시식제공

새로운 요리 개발 시에 제공하는 것으로 고객의 구매욕구를 자극하여 주의를 집중시키며 인지도를 제고시킬 목적으로 사용된다.

(2) 경품제공

고객확대 및 고정고객화를 목적으로 사용하는 방법으로 고객에게 경품을 제공하는 방식이다. 사은품 제공은 구입자 일부에게 제공하는 현상경품 방법과 구입자 전원에게 제공하는 기념품 제공방식이 있다.

일정금액 이상을 결제하는 고객에게 그에 상응하는 경품을 증정하는 방식이 많이 사용되고 있으며, 일정 구매액 단위로 스탬프나 스티커를 제공하여 외식업체가 정한 수치 이상을 모은 고객에게 경품을 제공하는 방식도 많이 사용되고 있다. 예를 들어 중국음식점에서 쿠폰을 50장 이상 모으면 탕수육이 무료로 제공되는 경우이다. 이런 경우 외식업체에서는 기존의 양보다 줄일 것이 아니라 더욱 정성들여 음식을 준비해야 할 것이다. 외식업체에서 많이 하는 실수가 쿠폰을 이용하는 고객을 돈을 지불하지 않는 고객으로 생각해서 기존보다 질이 낮은 음식으로 제공하는 경우이다. 하지만 고객은 50번이나 이용한 우수고객이므로 더 최선을 다해 고객에게 제공해서 꾸준히 외식업체를 이용하도록 해야 할 것이다.

(3) 가격할인

고객의 구매를 촉진시키며 신규고객을 확대하기 위해 사용하는 방식으로 특매 캠페인, 시즌 캠페인을 통하여 시행한다. 비수기 및 불경기가 지속될 때, 특정 상품의 과다재고를 처분할 때, 전략적으로 경쟁점을 이기기 원할 때 사용된다. 이 방법은 일반적으로 1회 5~10일 정도 시행하는 것이 효과적이다. 이 방법은 가장 손쉽게 매상을 증진시킬 수 있으나 이를 남발할 경우에는 외식업체 이미지의 실추 및 싸구려 상품이라는 이미지로 매출에 악영향을 미칠 수 있음에 유의해야 한다. 또한 가격할인의 판매촉진방법을 시행할 경우 먹는 음식에는 가급적 사용하지 말아야 한다. 먹는 음식에 할인행사를 하면 고객입장에서는 품질 자체에 의구심을 갖게 되기 때문이다. 이때에는 앞에 설명한 경품제공 방식을 사용하는 것이 더욱 합리적이다.

(4) 회원제도

고객을 조직화하여 각종 정보제공 등의 혜택을 줌으로써 고객확대 및 고정고객화를 위하여 사용하는 방법이다. 고객을 우수고객으로 분류하여 멤버십카드를 발급하여 각종 행사에 초대하거나 할인 특전을 제공한다.

(5) 전단지 배포

점주 사진을 넣어 그의 경영이념, 신조를 강력히 피력하면서 고객을 위한 외식업체라는 것을 강조하고 외식업체의 주요 아이템 및 가격대를 소개한다. 배포방법은 가두에서 직접 배포하는 방법이 있고, 신문에 끼워 배포하는 경우가 있는데 이때에는 2차 상권(일반적으로 외식업체 반경 1km)까지를 대상으로 한다.

(6) 지역봉사활동 참여

지역의 고객과 밀착하여 외식업체의 이미지를 상승시키기 위한 목적으로 각종 지역행사에 참여 지원하며, 지역 불우단체를 방문한다. 이 방법은 장기적으로 외식업체의 이미지를 제고시켜 지역의 고정고객을 많이 창출시킬 수 있는 방법이다.

(7) 지불조건의 다양화

신규고객 확대 및 구매를 촉진시키기 위해 사용하는 방법으로 고객의 신용도에 따라 무이자 할부판매, 현금가 분할판매 등을 시행하는 방법이다.

제 12 장

Food Service Management

소비자행동

학 습 목 표

1. 소비자행동에 대해 이해할 수 있다.
2. 구매의사결정 단계에 대해 이해할 수 있다.
3. 소비자행동에 영향을 미치는 요인에 대해 이해할 수 있다.
4. 브랜드에 대해 이해할 수 있다.

Food Service **Management**

Chapter 12

소비자행동

Food Service Management

1 소비자행동의 이해

1) 소비자행동의 의의

소비자행동(Consumer Behavior)이란 외식 소비자가 어떠한 생각을 하고 그들이 왜 음식을 구매하는지에 관한 전반적인 이론과 실무를 종합하여 부르는 학술적인 용어이다. 소비자행동은 구매 및 소비를 위한 소비자의 최종적인 실행행동과 구매결정과 관련하여 발생한 소비자의 내, 외적 행동을 모두 포함하는 것이다. 소비자의 행동범위에는 제품을 직접 구매, 사용, 소비하는 행동 외에도 구매를 결정할 때 정보수집, 제품 및 상표를 비교, 검토하며 특정제품이나 상표의 지각, 태도, 선호도의 변화과정에서 생겨나는 소비자의 심리적 움직임까지도 포함된다. 따라서 소비자행동은 소비자의 물리적 행동과 인지적 활동을 포함하는 아주 포괄적이고 다양한 행동이라 볼 수 있다.

일상생활을 영위하기 위해

제품이나 서비스를 구매, 사용 또는 소비하는 사람을 소비자라 부른다. 소비자는 연령, 기호, 소득, 학력 등에서 차이가 있고, 소비자들마다 서로 다른 다양한 제품과 서비스를 구매하고 있다.

미국 마케팅 연구에서 소비자행동은 가장 중요한 요인으로 대두되고 있다. 외식업에 있어서도 외식을 구매하는 소비자가 하는 생각, 소비자가 하는 행동, 소비자가 하는 만족과 불만족에 대한 철저한 이해가 있어야 많은 외식을 판매할 수 있다.

2) 소비자행동의 특성

소비자행동은 다양하고 포괄적인 의미를 갖고 있으며, 이러한 소비자행동은 여러 가지 특징이 있다. 그중 소비자행동의 기본적인 특성을 몇 가지 살펴보면 다음과 같다.

첫째, 소비자행동은 목표지향적이며 의도적이다. 소비자행동은 우연히 발생하는 임의적인 행동이 아니라 특별한 목적을 위해 수행되는 의도적인 행동이다. 따라서 소비자행동에는 반드시 어떤 동기가 있으며, 특정한 목적을 달성하기 위한 수단으로 수행된다.

둘째, 소비자행동은 다양한 형태의 수많은 활동을 포함한다. 직접적인 구매행동은 물론이고 구매 전 활동과 구매 후 활동을 포함하기 때문에 매우 다양하고 포괄적인 성격을 가진다.

셋째, 소비자행동은 개인 외적 요인에 의해 영향을 받는다. 환경적 요인은 소비자의 구매의사 결정과정에서 소비자행동에 상당한 영향을 줄 수 있다.

넷째, 소비자행동은 행동주체에 따라 상이한 양상을 보인다. 어떤 소비자는 고가품만 선호하고 어떤 소비자는 할인제품이 아니면 구매하지 않으려고 한다. 따라서 소비자행동은 똑같은 상황에서도 소비자 개개인에 따라 상이하게 나타나는 경우가 많다.

다섯째, 소비자행동이 구매 또는 소비에 관한 의사결정 과정과 관련된 행동이라면 어떠한 행동도 포함된다. 어떤 사람이 제품에 대한 정보를 제공함으로써 타인의 구매 결정에 영향을 주었다면, 이 사람의 정보제공행동도 중요한 소비자행동으로 보아야 한다.

② 소비자 구매의사 결정과정

소비자들은 제품이나 서비스로 구매할 때 보통 다섯 단계의 구매의사 결정과정을 거치게 된다. 그러나 보다 일상적인 구매에 있어서는 몇 가지 단계를 생략하는 과정을 거치게 된다.

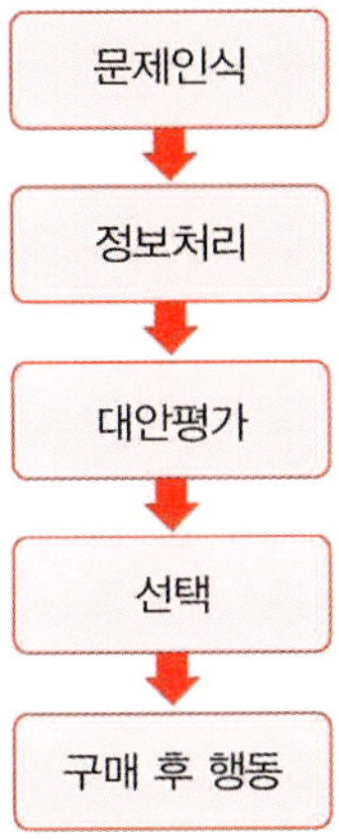

[그림 12-1] **소비자 구매의사 결정과정**

1) 문제인식

문제인식이란 소비자가 제품이나 서비스의 구매 필요성을 느끼게 되는 심리적 불안상태를 말한다. 소비자는 그가 기대하는 이상적인 상황과 실제상황 사이에 격차가 있음을 지각할 때 문제를 인식하게 된다.

예를 들면 배가 고픈 사람은 식욕이 활성화됨으로써 어느 음식점에 가서 무엇을 먹을 것인가에 대한 문제인식을 하게 된다. 또한 갈증을 느끼는 사람은 이를 어떤 방법으로 해소할 것인가에 대해 문제인식을 느끼게 될 것이다.

이처럼 소비 및 구매를 위한 문제인식은 우리의 일상생활 속에서 끊임없이 경험하게 된다. 소비자는 그가 기대하는 이상적 상태나 현재의 실제적 상태에 어떤 변화가 주어지면 반드시 문제를 인식하게 된다.

2) 정보처리

정보처리란 인식한 문제에 대해 어떻게 해결할 것인가의 정보를 찾는 것이다. 외식소비자가 자신의 머릿속에 있는 과거의 기억에서 문제해결 방법을 찾는 것이다. 만일 기억 속에 내재하고 있는 정보가 부족하거나, 제품이나 서비스 구매에 따르는 위험이 크거나, 또는 정보의 처리능력에 자신이 있는 소비자는 보다 많은 정보를 찾으려고 할 것이다. 따라서 소비자는 다양한 정보매체와 주변 사람들을 통해서 적극적으로 정보를 탐색하려는 경향을 보인다.

3) 대안평가

탐색한 정보를 기초로 하여 여러 대안을 비교, 검토하는 과정을 대안평가의 단계라고 한다. 대안을 평가하기 위하여 소비자들은 몇 가지 평가기준을 정하는데, 이때 소비자의 신념이나 태도가 중요한 변수로 작용한다. 왜냐하면 소비자가 가장 중요하게 여기는 구매 및 사용상의 혜택이 무엇인가에 따라 평가기준이 달라지기 때문이다. 예를 들면 레스토랑을 선택하고자 할 때의 속성요인으로는 친절, 분위기, 음식의 맛, 주차장의 편리성 등을 고려할 수 있다.

4) 선택

가장 선호하는 상점이나 상표를 선택하고 선택된 제품이나 서비스를 실제로 구매하게 된다. 이 단계에서는 대안평가 과정에서 결정된 외식업체를 방문하여 식사를 하게 되는 것이다. 식사하는 과정에서 식당의 분위기, 직원의 서비스 태도, 음식의 맛 등이 소비자의 지각에 영향을 주게 된다.

5) 구매 후 행동

소비자 구매의사 결정과정의 최종단계로서 제품의 사용결과를 평가하는 단계이다. 이 단계에서 소비자는 제품이나 서비스의 구매 및 사용경험을 통해 새로운 학습을 하게 되고, 그 결과 특정 상표나 그 상표에 대한 새로운 태도를 형성한다. 이렇게 형성된 소비자의 태도나 학습의 내용은 차기 구매결정에 중요한 영향변수로 작용하기 때문에 이 단계는 소비자나 마케팅관리자에게 모두 중요한 단계이다. 만일 외식업체를 이용한 후, 소비자가 만족을 느끼면 소비자는 그 외식업체를 재방문할 가능성이 높기 때문에 소비자의 구매 후 만족 여부는 외식업체에 큰 영향을 미친다.

③ 소비자행동에 영향을 미치는 요인

소비자 구매행동에는 여러 요인들이 영향을 미치게 된다. 즉 개인이 지닌 동기유발, 학습, 개성 및 라이프 스타일 등 내적 요인은 물론이고 개인이 속한 환경적 요인으로 가족, 준거집단, 사회계층, 문화 등이 직간접적으로 영향을 주고 있다. 소비자행동에 영향을 주는 요인들을 요약하면 **그림 12-2** 와 같으며, 그 요인들에 대하여 살펴보고자 한다.

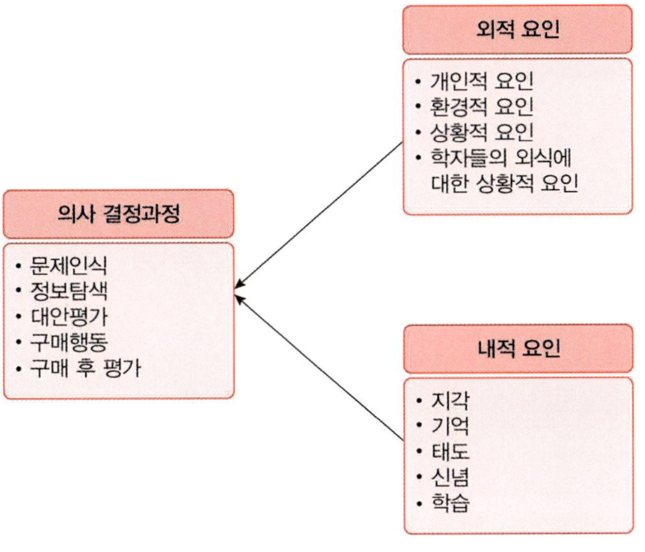

[그림 12-2] 소비자 구매행동에 영향을 미치는 요인

1) 개인적 요인

소비자의 구매의사 결정과정에 영향을 주는 개인적 요인으로는 여러 가지가 작용할 수 있다. 동기유발의 정도, 학습의 경험 정도, 태도의 형성, 지각상태 그리고 개인의 라이프 스타일 등이 크게 영향을 줄 수 있다. 각각의 요인을 살펴보면 다음과 같다.

(1) 동기유발

인간에게는 다양한 욕구가 내재되어 있는데, 이들 욕구가 어떤 계기로 활성화되면 이 욕구를 충족시키기 위해 필요한 행동이 유발된다. 즉 동기란 행동을 유발시키는 강력하고 지속성 있는 내적 자극을 말한다. 동기가 활성화되면 행동이 시작되고 일정한 목표가 달성될 때까지 그 행동은 지속되는데, 이처럼 동기가 활성화되어 행동을 유발시키는 과정을 동기유발이라고 한다.

많은 심리학자들이 동기이론을 연구하였는데, 그중 가장 많이 알려진 것이 매슬로(Maslow)의 욕구계층이론이다. 매슬로는 인간의 욕구를 다음과 같이 다섯 유형으로 나눈다.

가. 생리적 욕구

인간의 가장 기본적인 욕구로 의식주에 대한 욕구가 주축을 이룬다. 만약에 자신, 가족을 위해 원하는 음식을 구입할 금전적 여유가 없다면 그 돈을 마련하기 위해 모든 노력을 할 것이다.

나. 안전의 욕구

신체적 보호, 직업의 안정 등에 대한 욕구를 말한다. 음식과 공중위생 그리고 직원의 개인위생 등을 말한다. 만약 안전에 대한 욕구가 충족되지 못하면 고객은 다시 오지 않을 것이다.

다. 사회적 욕구

소속감, 친교, 애정, 우정 등에 대한 욕구이다. 이 욕구는 다른 사람 또는 다른 그룹의 사람들에게 받아들여지게 되는 것이다. 친구를 사귀고 모임을 만들어 그 레스토랑을 많이 이용하게 된다. 대부분의 경우 고객은 방문한 레스토랑에서 생리적 욕구, 안전의 욕구 그리고 사회적 욕구를 충족시킨다.

라. 존경의 욕구

명예, 신분, 권력, 존경 등에 대한 욕구를 말한다. 그러나 레스토랑의 성패에 직접적인 영향을 미치는 존경에 대한 욕구는 충족시키지 못하는 경우가 많다. 그래서 레스토랑의 모든 구성원들은 이 욕구를 충족시킬 수 있도록 최선을 다해야 한다.

마. 자아실현 욕구

자기개발, 성장, 성취 등에 대한 욕구를 말한다. 이 욕구는 레스토랑의 모든 구성원들이 고객을 존경하고, 기억해 주고, 중요한 사람 등으로 서비스받고 있다는 것을 느끼게 한다. 그리고 다른 사람과 차별화된 대접을 받고 있다는 것을 느끼게 하면 된다. 고객의 이름을 불러주고, 가족의 안부를 물어주고, 사업이나 직장에 대한 관심을 표명해 주는 것과 같은 방법으로 고객의 마음을 사로잡아 단골고객을 만들 수 있다.

(2) 학습

학습은 경험으로부터 생기는 개인행동의 변화를 말한다. 소비자에게 있어서 학습이란 직간접의 다양한 경험을 통해 나타나는 제품, 상표, 상점, 광고 등에 대한 지식, 신념, 태도, 구매방법, 실제 구매행동 등에 있어서의 변화를 의미한다.

사람들은 행동과 학습을 통하여 신념과 태도를 형성하고, 이것이 또한 구매행동에 영향을 미친다. 마케팅관리자는 사람들이 특정제품이나 서비스에 대하여 가지고 있는 신념에 높은 관심을 보이고 있다. 왜냐하면 신념이 제품과 상표의 이미지를 강화시키고, 사람들은 신념에 따라 행동하기 때문이다. 만일 근거 없는 소비자신념이 구매행동을 방해한다면 마케팅관리자는 그 신념을 바꿀 캠페인을 전개할 필요가 있을 것이다.

예를 들면 외식업체의 식품관리가 비위생적이라는 등 근거 없는 소비자의 신념이 외식업체의 수익은 물론 운명까지도 결정하는 등의 심각한 영향을 미칠 수 있다.

(3) 태도

태도는 어떤 대상이나 아이디어에 대해 상대적으로 일관된 평가, 감정 그리고 선호경향 등을 말한다. 사람들은 태도에 의하여 사물을 좋아하고 싫어하는 마음이 생기고 그에 따라 대상을 받아들일 것인가, 거부할 것인가를 결정한다.

소비자의 레스토랑 평가는 마지막으로 이용한 식사평가에 달려 있다고 한다. 부분적이기는 하지만 같은 레스토랑에서 여러 번 식사한 고객일지라도 어느 때에 맛없는 식사를 경험하게 되면, 그 식당에서 좋은 식사를 기대하는 것이 불가능하다고 믿기 시작한다. 즉 그 레스토랑에 대한 고객의 태도가 변화하기 시작한다. 만일 또다시 맛없는 식사가 나오면 그 부정적인 태도는 영원히 고정되어 다시는 찾아오지 않을지도 모른다.

유소년기에 형성된 태도는 성인이 되어도 구매행동에 영향을 미친다고 한다. 맥도날드는 어린이들을 '평생고객'이라는 관점에서 파악하고 있다. 이러한 기업들은 어린이들이 10대가 되고, 청년이 되고, 부모가 되며, 나아가서는 조부모가 된 후에도 다시 오기를 기대하며 미래지향적으로 어린이들을 취급하고 있다.

(4) 지각

동일한 사건, 대상, 자극, 현상 등에 대해 사람들은 저마다 보는 시각이 다르다. 그 사람이 어떤 행동을 할 것인가는 그의 상황에 대한 지각에 달려 있다. 지각이란 외적 세계를 보는 시각을 말하며, 동일한 대상을 놓고 보는 시각이 서로 다른 이유는 개개인의 지각체계와 인지구조에 차이가 있기 때문이다. 즉 어떤 사람은 특정 패밀리 레스토랑 직원의 옷차림이 캐주얼하고 세련되지 않다고 느낄지 모르나, 다른 사람은 유쾌하고 자연스러워 좋다고 생각할지도 모른다.

사람들은 동일한 상황에서도 서로 다른 지각을 하게 되는데, 이것은 인간의 시각, 청각, 후각, 촉각 그리고 미각 등의 오감을 통하여 들어오는 정보를 자기방식에 의해 수용, 조직 그리고 해석하게 되는데, 이러한 사람들의 세 가지 지각과정을 살펴보면 다음과 같다.

가. 선택적 노출

사람들은 매일 수많은 자극에 노출되고 있으며, 많은 사람들이 모든 자극에 주의를 기울이는 것은 불가능하다. 선택적 노출이란 자신이 원하지 않는 정보에의 노출은 스스로 회피하고, 원하는 정보에만 의식적으로 노출하려는 성향을 말한다. 육식주의자는 고기가 건강에 좋지 않다는 정보는 외면하려 하지만 고기를 이용한 맛있는 요리에는 적극적으로 정보를 수용하려는 관심을 보이게 된다.

나. 선택적 보유

사람들은 학습한 내용의 대부분을 금방 잊어버린다. 그러나 자기들의 태도와 신념을 지지하는 정보는 오래도록 보유하는 경향이 있다. 이러한 선택적 보유 때문에 고급 호텔에서의 식사를 희망하는 소비자는 그 고급에 대한 우호적인 기사를 기억할 것이다. 다른 호텔을 자주 가는 사람들은 그런 기사에 별로 관심이 없다. 사람들은 자기의 신념을 지지하는 정보를 보유하는 경향이 있다.

다. 지각적 왜곡

사람들은 자신의 과거경험이나 현재의 욕구 및 동기 등에 의하여 전적으로 자신의 관점에서 모든 자극을 지각하기 때문에, 자극을 해석하고 이해하는 과정에서 왜곡과 오해가 발생할 가능성이 높다. 왜곡현상은 아주 단순하고 명확한 자극에 대해서도 발생할 수 있다.

예를 들면 어떤 사람이 단골로 삼고 있는 태국요리 레스토랑에 대하여 비판적인 기사를 읽은 경우, 그 레스토랑에 대한 생각을 합리화시키기 위하여 그 정보를 왜곡할지도 모른다. 사람들은 자기가 이미 믿고 있는 것을 지지하는 방향으로 정보를 해석하는 경향이 있다.

(5) 라이프 스타일

라이프 스타일이란 사람들이 생활하고 행동하는 방식으로, 생활을 위해 시간과 돈을 사용하는 방식을 말한다. 사람들의 생활방식은 그들이 속해 있는 문화권, 사회계층, 준거집단 등의 영향을 받기 때문에 국가별, 집단별, 개인별 등으로 라이프 스타일은 다른 양상을 보인다.

라이프 스타일의 개념은 소비자행동을 이해하는 데 매우 유용하게 이용된다. 왜냐하면 라이프 스타일은 제품이나 서비스에 대해 돈과 시간을 사용하는 방식이 그대로 반영되기 때문이다. 예를 들면 '주말이면 가족과 함께 외식을 즐겨한다', '그는 시간만 있으면 여행을 즐긴다' 하는 식으로 표현되는 특정인의 라이프 스타일은 그가 무엇을 주로 구매하고 무엇을 위해 시간과 돈을 소비할 것인가를 잘 암시해 주기 때문이다.

2) 환경적 요인

소비자의 구매의사 결정과정에 영향을 주는 환경적 요인, 즉 외적인 요인에는 가족, 준거집단, 사회계층 그리고 문화 등이 있다. 환경적 요인들을 간략하게 살펴보면 다음과 같다.

(1) 가족

가. 가족의 중요성

가족이 소비자행동에서 중요한 이유는 크게 두 가지로 요약할 수 있다. 첫째, 가족 구성원 개개인의 행동에 대한 가족의 영향력이 매우 크기 때문이다. 둘째, 가족 그 자체가 하나의 '소비단위' 또는 '구매의사 결정단위'로서 소비자행동의 주체가 되는 경우가 많기 때문이다. 가족의 구성원은 구매행동에 커다란 영향을 미친다. 기업의 관리자들은 여러 가지 제품과 서비스를 구매하는 데 있어 남편, 아내 그리고 자녀들의 역할과 영향에 대하여 연구해 왔다.

미국의 경우 패스트푸드에 대한 의사결정에는 자녀들의 의견이 크게 영향을 미치고 있음이 밝혀졌다. 또한 유명 햄버거의 상업광고는 토요일 오전 중의 만화프로그램에 삽입하고, 어린이들의 재방문 유도를 위하여 정기적으로 새로운 장난감을 선물하고 있다.

나. 가족구성원의 역할

가족이 구매의사를 결정하고 실행하면서 각 가족 구성원들은 다양한 역할을 분담하게 된다. 정보를 수집하고 제공하는 일, 상표대안을 결정하는 일, 실제로 구매하는 일 등 제품과 서비스 구매에 필요한 다양한 일들을 분담해서 수행한다. 그러나 상황에 따라 이들 모든 역할이 가족구성원 중 어느 한 사람에 의해 단독으로 수행되기도 하지만, 대개는 여러 구성원에 의해 분담, 수행된다. 가족의 구매 및 소비행동과 관련하여 가족구성원이 수행하는 역학을 분류해 보면 다음과 같다.

① **제안자** : 특정 제품과 서비스의 구매를 맨 먼저 생각하거나 제안하는 사람이다. 예를 들면 가족 중에 외식하자는 말을 할 수 있는 사람이다.

② **정보수집자** : 구매결정에 필요한 제반 정보를 수집하고 제공하는 사람이다. 예를 들면 패밀리 레스토랑을 저렴하게 이용할 수 있는 정보를 알아보는 사람이라고 말할 수 있다.

③ **구매결정자** : 최종적으로 결정을 내리는 사람으로 가족 중 누군가가 일식요리를 원하지 않기 때문에 한식으로 결정했다면 그 사람이 구매결정자이다.

④ **영향력 행사자** : 최종 의사결정 시에 직간접적으로 영향력을 행사하는 사람이다. 주말 점심시간에 분식 먹을 것을 제안할 수 있다면 그 사람이 영향력 행사자이다.

⑤ **구매자** : 실제로 구매하는 사람으로서 경제력 있는 남편이 카드로 식사값을 계산했다면 그 사람이 구매자이다.

⑥ **사용자 또는 소비자** : 사용자 또는 소비자는 어떤 제품이나 서비스를 실제로 소비하거나 사용하는 사람을 말한다. 따라서 기업의 담당자는 제품의 특성, 서비

스와 관련한 최종 의사결정권자와 정보제공 및 영향력 행사자를 식별한 후, 그들을 표적으로 하는 광고 및 판촉전략 등을 개발하는 것이 중요하다고 볼 수 있다.

(2) 준거집단

사람들은 누구나 가족을 비롯하여 학교, 직장, 종교단체 등 여러 집단에 소속하게 되고, 이들 집단의 규범에 의해 직간접적으로 영향을 받게 된다. 준거집단이란 개인의 가치, 태도, 행동 등을 형성할 때 직접 혹은 간접적으로 비교점이나 준거점을 제공하는 집단을 말한다. 그러나 현재 개인이 속한 집단뿐만 아니라, 그가 소속하기를 희망하거나 회피하고 있는 집단에 대해서도 개인은 영향을 받게 된다. 사람들은 누구나 그가 소속하기를 희구하는 집단에 대해서는 그 집단의 기대에 부응하는 행동을 하고 싶은 강한 욕구 때문에 그 집단의 규범에 순응하게 되고 그로 인해 그 집단의 강한 영향권하에 놓이게 된다.

준거집단이 소비자행동을 이해함에 있어서 중요한 이유는 다음과 같은 특성을 지니고 있기 때문이다.

첫째, 준거집단의 영향은 소비자 자신의 뚜렷한 목적이나 의도 또는 의식적인 노력 없이도 발생한다는 점이다.

둘째, 소비자가 준거집단과 직접적인 대면관계를 유지하고 있지 않아도 준거집단은 소비자에게 영향을 미칠 수 있다. 어떤 소비자가 연예인을 준거대상으로 여기고 있다면, 그 소비자는 연예인들의 행동규범에 호의적 반응을 보이고, 그들의 행동을 모방함으로써 그들과 직접적인 접촉 없이도 영향을 받게 된다. 준거집단은 소비자에게 직접 또는 간접적으로 그리고 의식 또는 무의식상태에서 뚜렷한 대면적 접촉 없이도 영향을 줄 수 있는 매우 중요한 요인이다.

(3) 사회계층

가. 사회계층의 의의

사회계층이란 사회구성원이 사회적으로 향유하는 명성, 신망, 권력 등의 차이로 인하여 형성되는 사회적 신분계층을 말한다. 사회구성원들은 그들의 혈통, 부, 직업, 학벌, 기술수준 등이 각각 다를 뿐만 아니라, 그들의 사회적 역할 및 사회에 대한 기여도가 제각기 다르기 때문에 구성원 모두가 동등한 지위를 향유하는 사회를 기대하기는 어렵다.

나. 사회계층의 측정

거의 모든 국가들은 어떤 형태이건 간에 사회계층구조를 가지고 있다. 또한 역사가 오래된 대부분의 나라에서 사회계층은 출생과 동시에 부여된 것으로 받아들여지고 있다. 미국, 캐나다, 오스트레일리아 그리고 뉴질랜드 등의 비교적 신생국가들에서는 사회계층을 소득 등의 단일지표로 판단하지 않고 직업, 소득, 교육, 재산, 그 밖의 요인들을 결합하여 측정하고 있다. 사회에서 혈통이 소득이나 교육 이상의 의미를 지니고 있다.

어떤 계층에 속해 있는지 파악하는 것은 마케팅관리자에게 매우 중요하다. 왜냐하면 같은 사회계층에 속해 있는 사람들은 구매행동을 포함하여 유사한 행동을 하려는 경향이 있기 때문이다. 특히 사회계층은 음식, 여행 그리고 레저활동 등과 같은 분야에서 제품 및 상표 선호성을 보인다. 우리나라의 사회계층은 객관적인 측정법을 이용하는데 직업, 교육수준, 소득원천, 주택유형, 주거지역 등의 여러 변수를 기준으로 분석하여 사회계층을 분류하고 있다.

이와 같은 사회계층은 소비자행동에 영향을 주는 중요한 요인이 되고 있다. 일반적으로 동일한 계층에 속한 사람들은 그들의 유사한 사회, 경제적 특성 때문에 서로 비슷한 라이프 스타일을 공유하게 되고 그 결과 여러 행동 측면에서 유사한 형태를 보이기 때문이다.

(4) 문화

가. 문화의 정의

문화는 개인의 욕구와 행동을 결정하는 가장 기본적인 요소이다. 문화는 개인의 특정 사회에서 지속적으로 학습하는 기본적인 가치관, 지각, 욕구 그리고 행동 등으로 구성된다. 문화는 우리들이 무엇을 먹고 어디를 어떻게 여행하는지 또한 사는 지역 등에 커다란 영향을 미친다. 또한 문화는 음식물, 건물, 의복, 예술 등과 같은 유형재를 통하여 표현되기도 한다. 따라서 마케팅관리자는 신규수요를 불러일으킬 만한 신제품과 서비스를 개발하기 위하여 지속적으로 변화의 문화에 대한 중요성을 인식해야만 한다.

나. 한국의 문화적 특성과 소비자행동

한국의 지배적인 문화적 가치로서 특히 소비자행동과 관련하여 중요한 특성을 몇 가지만 요약해 보면 다음과 같다.

① **신분중시주의** : 기성세대를 중심으로 아직도 많은 사람들에게 신분중시 사상이 팽배해 있다. 이 때문에 한국에서는 사회적 신분이나 권위를 상징하는 제품과 서비스에 대한 수요가 많은 편이다.

② **타인지향적 형식주의** : 한국 사람들은 체면과 형식을 중요시하는 편이다. 이 때문에 불필요한 구매행동이나 낭비적 소비행동이 문제가 되고 있다.

③ **향락주의적 사고** : 지속적인 경제성장으로 인해 소득수준이 향상되자 소비자들의 라이프 스타일이 서구화되면서 소비생활양식도 변해가고 있다. 즉 절약보다는 소비를, 근면보다는 향락을 선호하는 경향이 뚜렷하게 나타나고 있다. 이로 인해 여가관련 상품, 인스턴트식품 등에 대한 수요가 급증하고 있으며, 외식산업이 성장하고 있다고 볼 수 있다.

④ **외래문화 숭상 사고** : 비교적 외래문화를 숭상하는 경향이 있다. 이런 성향 때문에 한국에서는 외국제품이나 외국상표와 기술 제휴한 제품에 대한 선호도가 매

우 높은 편이다.

⑤ **자녀중심주의** : 최근에 핵가족화되면서 더욱 자녀중심적 성향이 강해지고 있다. 한국에서는 아동용품 시장의 잠재력이 크고, 꾸준히 성장하고 있는 것도 자녀중심적 문화 때문이라고 볼 수 있다.

3) 상황적 요인

소비자의 행동은 여러 가지 환경요인과 소비자의 개인적인 요인에 영향을 미치기도 하지만 소비자의 구매행동이 동일한 제품에 대하여 다르게 나타났다면 그 차이를 어떻게 설명할 수 있을까? 이와 같이 환경적 요인과 소비자의 특성, 제품 특성이 동일하더라도 소비자의 행동이 달라질 수 있는데 그 원인은 바로 상황으로 설명될 수 있다. 예를 들어 무덥거나 시원한 날씨, 쇼핑 중 자녀 동반 여부 등의 상황적 특성이 소비자의 지각, 선호, 구매행동에 영향을 미치는 것은 당연하므로 마케터는 소비자가 당면한 상황적 요인을 고려하여 전략을 개발해야 한다.

(1) 상황요인의 본질

한 사람 혹은 그 이상의 사람에 의하여 점거되는 분리된 시간과 공간은 소비자행동에 대한 영향요인으로서의 상황을 구성한다. 따라서 상황은 '개인적 특성과 선택 대안의 특성으로부터 당연히 도출될 수는 없으나 현재의 행동에 논증가능하고 체계적인 영향을 미치는 관측의 시간과 장소에 대하여 독특한 모든 요인'이라고 정의한다. 즉 상황이란 소비자가 당면하는 선택대안의 특성뿐만 아니라 개별소비자의 특성 이외의 모든 영향요인들의 집합이다.

(2) 상황의 유형

상황요인은 소비상황, 구매상황, 커뮤니케이션 상황 등의 세 가지 유형으로 구분할 수 있다.

가. 소비상황

소비상황이란 제품에 대하여 예상되는 사용계기나 목적, 장소 등의 상황요인들을 포함한다. 즉 소비자는 가정 내에서의 소비와 손님 접대를 위하여 각각 다른 상표의 커피를 선택할 수 있으며, 어떤 상표의 향수를 특별한 계기에만 사용할 수 있다. 이러한 예는 상표 선택에 대하여 소비상황이 미치는 직접적인 영향을 보여주는 것이다.

나. 구매상황

소비자의 구매상황이란 외식업체 내의 환경적 특성이나 시장여건의 변화 등의 상황요인들을 포함한다. 즉 소비자 선택에 대한 외식업체 내 환경의 영향을 평가할 때 제품의 가용성, 가격변화, 경쟁자의 할인판매, 쇼핑의 용이함과 같은 상황요인은 소비자의 제품선택이나 외식업체 선택, 고려해야 할 상표의 수, 기꺼이 지불하려는 가격 등에 영향을 미칠 것이다.

다. 커뮤니케이션 상황

소비자가 어떤 상황에서 노출된 광고를 접하는가에 따라 기억에 영향을 미치게 된다. 광고는 한가한 시간에 들을 수도 있고, 바쁜 시간에도 들을 수 있다. 외부에서 들을 수도 있고, 집안에서 들을 수도 있다. 매체도 TV나 라디오로 접하기도 하고, 영화 상영 전에 접할 수도 있다. 이렇게 다양한 상황요인들은 광고물의 노출, 주의해석, 기억에 영향을 미친다.

4) 학자들의 외식에 대한 상황적 요인

외식부분에서의 소비자의 상황적 요인은 패스트푸드 레스토랑에서 4가지의 다른 상황, 즉 평일의 점심식사, 쇼핑 중의 스낵, 시간에 쫓기는 상황하의 저녁식사, 시간이 넉넉한 상황에서 가족과 함께하는 저녁식사로 측정되기도 했으며(Miller & Ginter, 1979), 레스토랑을 이용하는 2가지 상황, 즉 점심을 먹을 때 회담하는 경우와 계약을 체결한 경우로 나누어 분석하였다(Schurr & Calder, 1986). 레스토랑 선택 요인을 상황적 요인에 의해 분석한 경우도 있는데 친구·친지와의 식사상황, 사업 목적상황, 주말 가족 식사상황의 3가지로 분석하였다(Filloatrault & Ritchie, 1988). 이외에도 식사상황과 관련된 상황을 시간적 제약, 혼자 식사, 가족동반 식사, 친구동반 식사, 주중식사, 주말식사, 배가 고픈 상황, 목이 마른 상황, 혼자 있는 상황, 다른 사람과 같이 있는 상황, 점심상황, 디저트, 손을 사용하여 먹을 상황, 날씨 상황, 동반자관계, 시간적 상황, 이용목적, 심리적 상황, 정기적인 모임, 사업목적상 약속장소 이용 상황, 생일이나 결혼기념일 등 가정행사 상황들이 활용되었다.

이러한 상황을 활용한 연구들이 공통적으로 제안하는 바는 (정도의 차이는 있지만) 상황적 요인이 포함되었을 때 소비자의 행동을 이해하고 예측하는 데 효과적이라는 것이다.

4 브랜드

소비자행동에 영향을 미치는 브랜드에 대해서도 함께 알아보면 브랜드(brand)는 사업자가 자기 상품에 대하여, 경쟁업체의 것과 구별하기 위하여 사용하는 기호·문자·도형 따위의 일정한 표지 등이라고 사전적으로 제시되어 있다. 우리나라 「상표법」에서는 "상표란 생산·가공 또는 판매하는 것을 업으로 영위하는 자가 자기의 업무에 관련된 상품을 타인의 상품과 식별되기 위하여 사용하는 기호·문자·도형, 입체적 형상 또는 이들을 결합한 것을 말한다."고 되어 있다.

제품의 브랜드가 이러한 유통단계를 거치면서 브랜드는 점차 제품의 질, 속성, 이미지를 형성하는 하나의 자산적인 의미를 갖게 되었다. 이러한 상표기능의 변천을 보면 고대는 소유표시, 중세는 품질표시, 근대는 신용표시, 현대는 자산표시로 제시하여 주고 있다.

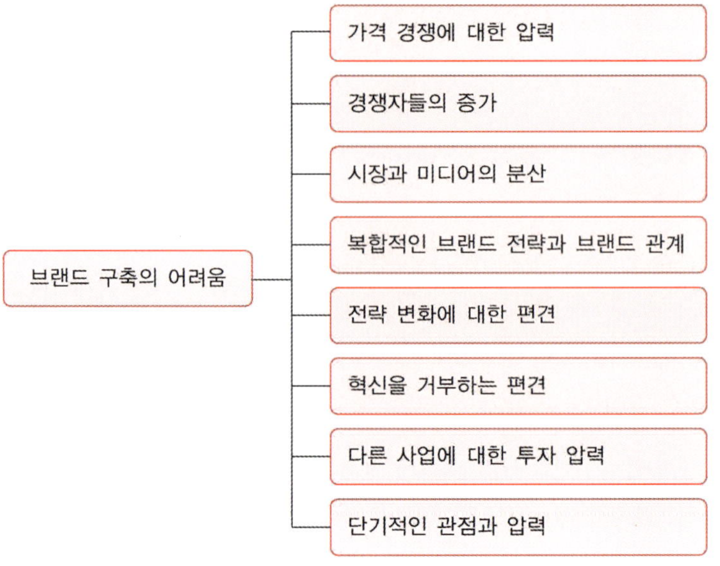

[그림 12-3] 브랜드 구축의 어려움

1) 브랜드의 역할

좋은 브랜드는 고객에게 인지도와 호감을 준다. 고객에게 이미지가 좋은 기업의 브랜드는 시장에서 경쟁력을 확보할 수 있게 한다. 기업은 제품을 판매하지만 소비자는 브랜드를 구매한다. 소비자의 무의식에서 나오는 상품에 대한 감정과 구매행위를 분석하여 기업의 마케팅 전략에 효과적으로 적용할 수 있다. 이러한 브랜드 이미지의 역할을 소비자, 기업 측면에서 보면 다음과 같다.

[표 12-1] 브랜드의 역할

	소비자 측면	기업 측면
브랜드 역할	구매효율성 증대 품질에 대한 보증 상징적 수단 구매의사 결정과정 단축	경쟁우위 제공 마케팅비용 절감 거래우위 제공 고가격정책 법적 보호 브랜드 진입장벽 구축

2) 브랜드 자산(brand equity)

브랜드 자산이라는 용어를 사용하기 시작한 것은 90년대 초반으로 브랜드 확장에 대한 각종 연구가 진행되면서 브랜드 고유의 가치가 존재하는 것을 구체적으로 인정하면서였다고 볼 수 있다. 또한 브랜드 자산이란 특정 브랜드와 그 브랜드 네임 및 심벌에 관련된 일련의 자산과 부채의 조합이라 말하기도 한다.

브랜드 자산구성요인을 Aaker(1991)는 브랜드 충성도, 브랜드 인지도, 지각된 품질, 브랜드 연상 이미지 그리고 독점적 브랜드 자산으로 보아, 브랜드 자산모델을 브랜드 충성도, 브랜드 인지도, 지각된 품질, 브랜드 연상, 기타 독점적 자산 등으로 제시하였다. 브랜드 자산이 소비자에게 제공되는 가치로는 해석 및 정보처리 과정, 구매 결정에 대한 확신, 사용만족감 등을 제시하였다. 그리고 브랜드 자산이 기업에 제공되는 가치로 마케팅 프로그램의 효율성 및 가치, 브랜드 로열티, 가격, 브랜드 확장, 감성적 우위 등을 제공한다고 하였다.

3) 브랜드 아이덴티티(brand identity)와 브랜드 요소

브랜드 아이덴티티는 소비자들이 특정 브랜드에 대한 전반적인 지각을 형성하는 데 영향을 주는 브랜드 연상요소들의 집합을 뜻하는 용어이다. 브랜드 아이덴티티는 브랜드와 아이덴티티가 결합된 합성어로써 네임, 심벌, 개성, 이미지, 바람직한 연상 등을 포함하는 폭넓은 개념으로 볼 수 있다.

브랜드 아이덴티티를 확립하려는 최종적인 기업의 목표는 **그림 12-4** 와 같이 기업이 원하는 브랜드 이미지를 소비자가 갖도록 하는 데 있다.

Aaker는 브랜드 아이덴티티를 통일되고 일관성 있게 전달하기 위한 아이덴티티 구성요소를 핵심 아이덴티티와 확장 아이덴티티로 구분하였다. 핵심 아이덴티티(core identity)는 브랜드의 기본정신으로 고객과의 관계 속에서 존재하는 의의와 가치를 말한다. 그리고 확장 아이덴티티(extended identity)는 핵심 아이덴티티를 유지하기 위해 주변에 존재하는 유형의 제품, 시각적·언어적 요소들을 말한다.

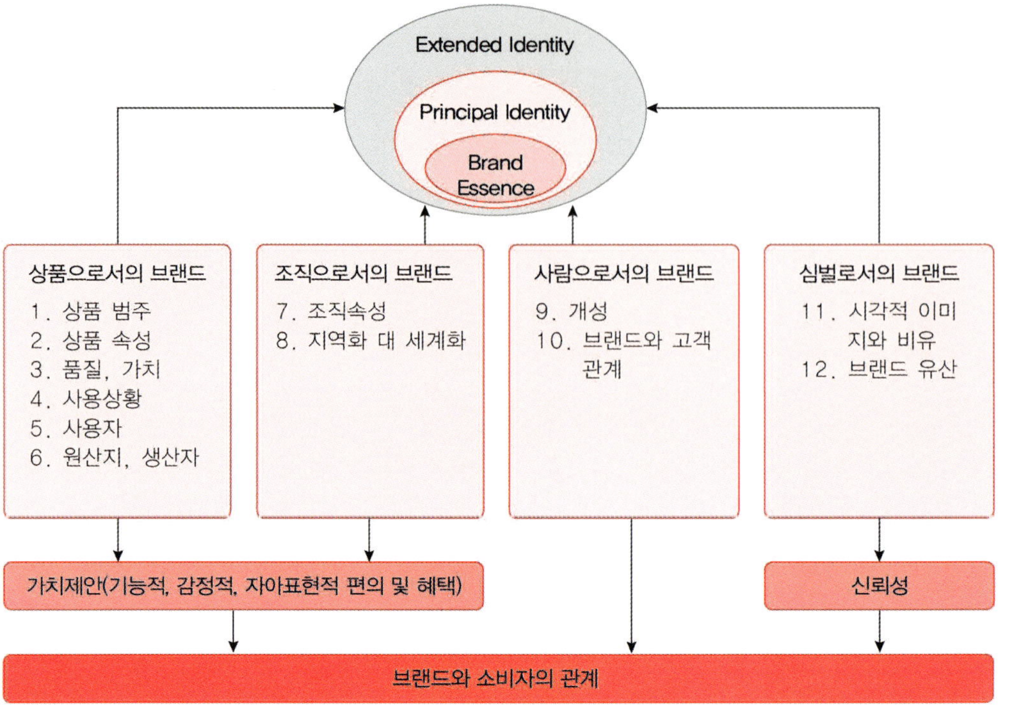

[그림 12-4] **브랜드 아이덴티티 플래닝 모델(Aaker, 1996)**

브랜드 아이덴티티 구성요소 중 첫 번째는 바로 제품에 대한 연상이다. 제품도 브랜드 아이덴티티에서 기본적으로 먼저 고려되어야 하는 요소이며, 기업은 무엇보다도 제품 자체의 차별화를 통해 브랜드의 독창성과 가치를 실현해야 한다. 또한 소비자들의 요구에 따라 경쟁 브랜드들이 소홀한 제품들의 특성을 찾아 브랜드 아이덴티티를 형성하는 토대로 삼아 경쟁력을 높여야 한다.

4) 브랜드 마케팅 전략

기능적인 제품의 정보 또는 내용을 전달함과 동시에 기업과 제품을 차별화시킬 수 있는 브랜드를 구축하고 이를 소비자들에게 인지시키는 것을 브랜딩(branding)이라 한다. 다시 말해 브랜딩은 소비자에게서 브랜드에 대한 인식을 확보하여 소비자의 마음속에 강하게 자리 잡는 상표를 만드는 과정이다. 우리나라 기업들이 브랜딩에 집중적인 관심을 갖기 시작한 지는 그리 오래되지 않았다. 기업이 제품에 이름 붙인 상표는 소비자에 의해 가치가 형성되어 상품에 의미를 부여하고 자신의 어떤 상징물로 내재화할 때 소비자에게는 브랜드로써의 가치가 형성된다.

우리나라의 경우 서구에 비해 다소 늦은 시기인 1960년대에 접어들어 서비스 신산업이 본격적으로 활성화되었고, 이 시기에 국민들의 소비수준도 크게 향상되었다. 이에 따라 서비스 기업들이 차별화의 일환으로 안락한 분위기 연출, 음료 제공, 영화감상, 인터넷 무료이용 등과 같이 자사 서비스를 이용할 때 소비자들이 직접 체험할 수 있는 특별한 기회들을 함께 제공하면서 감성 브랜딩을 구사하기 시작하였다. 서비스 산업에서 나타난 이러한 현상은 제조기업들의 제품 브랜드에도 직접적인 영향을 미쳐 결국 제조기업들이 서비스 기능을 한층 강화하도록 하였다.

1990년대 후반 들어 경영자들은 과연 고객만족경영이 그만큼 효과가 있는 전략인지 회의가 들었다. 고객만족은 절대평가가 아니라 상대평가이며 만족한 고객이 반드시 충성고객이 되는 것이 아니기 때문이다. 만족했지만 다른 이유, 다른 마케팅 자극에 의해 얼마든지 다른 브랜드를 선택할 수 있는 것이다. 어떻게 하면 만족한 고객이 충성고객이 되게 할 수 있는가가 중요시되었으며 고객의 기분과 감정에 영향을 미치는 감성적인 자극으로 브랜드와 유대관계를 강화하는 감성브랜드 마케팅이 대두된 것이다.

브랜드 마케팅 전략이란 브랜드 마케팅의 관리는 물론 전략적으로 활용할 수 있는 기법을 연구하고 실행하는 노력이며, 브랜드 관리란 브랜드에 관련하여 목표와 기대효과, 일정, 예산 등을 철저히 계획하고 이를 원활히 수행할 수 있도록 우수인재를 조직하며 지휘하는 동시에 역할, 갈등 등을 조정하며 진행과정 및 결과에 대해 통제하는 등의 제반활동을 말한다.

브랜드 관리의 목표는 자원축적, 제품의 우위성 확보, 이미지 구축, 시장점유율 확대, 대형 유통체제 확립, 이익극대화, 판매량 증대에 의한 부가가치를 높이려는 데 있다. 이를 위해 **표 12-2** 와 같은 브랜드 마케팅 전략을 살펴 자사와 자기브랜드에 접목함으로써 적시적량으로 적극 활용하는 방안을 모색하는 것이 효과적이다.

[표 12-2] 브랜드 마케팅 전략의 유형

구분	내용
선도기업	현재시장에서 우위확보 중, 제3위 기업도전방어 구축 필요, 새로운 브랜드 마케팅전략 창출(신소비자 확대, 시장점유율 유지, 혁신강화, 명성유지 향상 노력)
도전기업	제2의 기업으로 선도기업이 소비자요구를 만족시키지 못하고 있을 경우 타깃을 정해 침투공격함으로써 선점 확보하기 위한 공격적인 1위 탈환전략(정면공격, 측면공격)
추종기업	후발업계가 선도기업의 좋은 점을 모방하는 브랜드 마케팅 전략으로 완전추종은 적은 비용으로 짧은 시간 안에 효과를 거둘 수 있는 장점은 있으나 지적소유권 문제와 소비자들의 비난을 받을 수 있음. 차별적 추종과 선택적 추종은 효과가 있음
전문화기업	주요 기업들과의 충돌을 피하기 위해 경쟁사를 완전 무시하거나 틈새고객을 발견하여 전문화, 차별화를 추구하는 전략이나 무엇보다도 특정 부분만은 탁월한 우월성을 보여야 기대하는 효과를 얻을 수 있음

(1) 브랜드 연상(브랜드 이미지) 관리

브랜드 이미지는 브랜드 연상과 밀접한 관련이 있는 개념으로 소비자가 그 브랜드에 대해 갖는 전체적인 인상을 말하는데, 이는 브랜드와 관련된 여러 연상들이 결합되어 형성된다.

브랜드 연상은 기업과 소비자 모두에 가치 있는 브랜드 자산의 구성요소로서 소비자가 그들의 감각기관을 통해 브랜드를 수용하고 해석함으로써 얻는 의미이다. 소비자의 브랜드 연상은 개별 브랜드에 대한 인상으로 브랜드 가치와 개성 등을 포함한 추상적 개념을 포함하기 때문에 비사용자라 하더라도 브랜드 연상을 가질 수 있다. 브랜드 연상은 추상적이며 다소 막연하지만, 이를 통해 소비자는 브랜드 이미지를 형성한다.

브랜드 이미지는 여러 가지 개성을 나타낸다. 브랜드 개성은 소비자들이 특정 브랜드에 귀속시키는 이미지의 총체라고 할 수 있다.

(2) 브랜드 인지도 관리

브랜드 인지도는 소비자가 어떤 제품범주에 속하는 특정 브랜드를 느끼는 정도에 따라 재인식(recognition) 또는 회상(recall)할 수 있는 능력을 말한다. 회상범위에 따라

인지도는 '그 브랜드를 알고 있다'의 낮은 수준의 인지와 '그 브랜드만 있는 것으로 알고 있다'의 높은 수준의 인지까지 그 수준의 범위가 넓다. 인지도는 소비자들이 기억해 낼 수 있는 브랜드들의 회상범위에 따라 여러 가지 방법으로 측정되는데 회상범위라는 것은 보조인지(recognition), 비보조상기(recall), 최초상기도(top of mind), 지배력(dominant) 등을 의미한다.

소비자들이 자사 브랜드에 대해 강한 호의적인 태도를 보이는 것도 자산형성에 매우 중요하다. 제품에 대한 소비자 관여수준의 고저(高低)에 따라, 그리고 인지적 반응 혹은 정서적 반응에 의해 브랜드 태도가 형성되느냐에 따라 소비자의 브랜드 태도형성과정과 이를 위한 기업의 마케팅 전략에 상당한 차이가 있다.

브랜드 인지도를 높이기 위해서는 브랜드 재인식이나 회상을 높이는 마케팅 노력을 기울여야 한다. 첫째, 반복광고를 통해 브랜드 인지도를 높이고, 둘째, 브랜드명 및 제품정보가 소리의 형태로 기억되도록 한다. 셋째, 브랜드 제품의 정보를 시각적 정보와 함께 제공한다. 마지막으로 구매시점에 자사브랜드에 대한 기억을 쉽게 하도록 암시 또는 단서를 제공한다.

(3) 브랜드 확장 전략

브랜드 확장(brand extension)이란 기존에 높은 브랜드 가치를 가지고 있는 브랜드 네임을 다른 제품범주에 속하는 새로운 제품의 이름으로 확장하여 소비자의 즉각적인 관심을 끌기 위한 마케팅 활동이라고 할 수 있다.

브랜드 확장은 동일한 제품범주에 속한 제품인지 아닌지에 따라 라인확장과 카테고리 확장(category extension)으로 구분되고, 라인확장은 다시 수직적 라인확장과 수평적 라인확장으로 구분된다. 그리고 수직적 라인확장은 가격수준의 높고 낮음에 따라 상향 확장과 하향 확장으로 구분된다.

브랜드 확장을 활용하려 할 때 반드시 고려해야 할 사항은 다음과 같다.

첫째, 새로운 제품이 기존의 제품과 동일하거나 유사한 범주의 콘셉트를 가지고 있는가를 판단하여야 한다. 둘째, 원래의 제품 명칭이 어느 정도의 확장 가능성을 가지고 있는가를 고려하여야 한다.

⑤ 외식 소비자행동과 마케팅 관리도구들의 관계

외식 소비자들의 행동의 이해를 통해 외식마케터는 외식마케팅 활동 등을 잘 이해할 수 있다. 외식마케터는 제품, 가격, 유통, 촉진, 서비스 분야의 외식마케팅 활동을 수행하는데, 이를 구체적으로 제시하면 다음과 같다.

1) 외식 소비자행동과 제품

외식 소비자들이 찾는 외식제품들은 독특함과 창조성이 있어야 한다. 우리나라는 너무 많은 외식점포들이 있고, 많은 외식점포들은 대부분 유사한 메뉴들을 선보이고 있다. 나른 외식점포에서는 찾을 수 없는 메뉴가 있어야 손님을 끌 수 있나. 독특한 외식 브랜드로 각인되려면 아주 특색이 있고 달라야 한다. 외식 브랜드는 많은 소비자들이 알고 있다면, 호의적인 이미지를 가지게 된다. 가끔 외식 소비자들이 인지하지 못하는 경우가 있지만, 외식 소비자들의 머릿속에 한 번 입력되면 대부분 잘 기억하게 된다.

외식 소비자들은 외식 브랜드의 특색 있는 음식이 있다면 그 외식점포를 다시 방문하고자 할 것이고, 외식점포는 계속해서 수익을 유지하게 될 것이다. 따라서 수많은 외식점포 중에서 살아남으려면 독특함과 창조성이 있어야 할 것이고, 익숙한 맛이라면 맛이 좋아야 할 것이다.

2) 외식 소비자행동과 가격

외식 소비자들은 외식가격과 품질의 연상관계를 가지고 있다. 다시 말해, 외식가격이 높으면 외식품질이 높을 것이라고 믿는 것이다. 실제로 가격이 높으면 외식품질이 높아지는 것은 사실이나 가격이 무한정 올라간다고 해서 품질이 무한정으로는 올라갈 수는 없다.

집 주변에서 먹는 음식은 5만 원 미만에 먹을 수 있지만, 최고급 호텔에서는 가격이 몇 십만 원으로 올라간다. 그러나 집 주변의 음식과 호텔 음식의 맛이 가격만큼 차이가 난다고 말할 수는 없을 것이다. 그 가격에는 음식의 맛뿐만 아니라 여러 요소들이 포함되어 있기 때문이다.

3) 외식 소비자행동과 유통

외식 소비자들은 화려한 외식매장에 더 매료되어 음식이 더 맛있을 것이라는 착각을 하게 된다. 화려한 외식매장에서 외식 소비자가 즐기는 것은 점포분위기가 아니라 음식이다. 화려한 매장의 음식이 더 깨끗할 것이라는 것은 어느 정도 맞는 이야기이다. 그러나 화려한 매장에서 만든 음식의 영양가가 한없이 좋을 것이라는 생각은 상당부분 착각일 수 있다. 최고급 레스토랑은 화려한 매장을 만드는 데 비용이 들어가 투자비용을 회수하기 위해 오히려 영양가가 떨어지는 눈속임 재료들을 쓸 수도 있기 때문이다.

4) 외식 소비자행동과 촉진

외식 소비자들에게 통합적 마케팅 커뮤니케이션을 수행해야 소비자들은 외식 브랜드를 잘 인지하게 된다. 통합적 마케팅 커뮤니케이션이란 외식점포가 활용가능한 모든 촉진수단들인 대중매체광고, 인적 판매, 판매촉진이나 홍보들을 모두 동원하여 사용하는 것을 말한다.

소비자들은 외식 브랜드에 대해 일관성 있는 이미지를 구축하는 경향이 있다. 전국에 있는 매장이 동일한 이미지를 제공함으로써 일관성 있게 활용해야 한다. 지역별로 통일된 가격을 제공하여 외식 브랜드에서 똑같은 경험을 제공받도록 하는 것이 중요하고, 전국의 어디를 방문하더라도 유사한 음식의 맛이 유지되도록 하는 것이 소비자들에게 신뢰감을 주는 것이다.

5) 외식 소비자행동과 서비스

외식 소비자행동에서 외식업체 직원들의 서비스는 상당히 중요하다. 외식점포를 방문하기 전에는 외식경험을 하지 않았기 때문에 외식제품에 대한 경험이 형성되지 않았다. 과거에 방문해 본 경험이 있는 소비자의 구전활동을 통해 간접경험을 하는 것이 보통이다.

최근 외식업계의 거의 모든 사업자가 신종 코로나 바이러스 감염증(코로나19) 여파로 인한 혹독한 불황을 이겨내는 데 몰입하고 있다. 대표적인 불황 타개책이 배달과 포장주문(테이크아웃) 강화다. 물리적 접촉을 줄이고 비대면(언택트) 판매방식을 도입해야 소비자의 마음을 살 수 있으니 당연한 현상이다. 점주는 대부분 어떻게 하면 쏟아지는 배달주문을 효과적이고 빠르게 처리할 수 있을지, 배달과 테이크아웃으로 가져간 음식의 맛이 매장 식사와 같은 수준을 유지할 수 있을지 등을 고심하고 있다.

소비자는 일반적으로 외식업체를 방문하기 전에 주변에서 가성비가 있고, 친절한 곳이라는 추천을 받았다면, 그 외식점포에 대한 사전 이미지를 형성하게 된다. 소비자가 직접 방문했을 때 그곳에 손님이 많아 좋은 서비스를 받지 못했다면, 그곳에 대한 좋은 외식점포의 이미지를 형성하지 못하게 된다.

외식 소비자의 기대에 대비한 서비스경험이 소비자의 만족과 불만족 여부를 결정하게 된다. 외식 소비자기 사전에 기대했던 정도의 경험을 하면 만족하고, 반대로 사전에 기대한 것보다 못한 경험을 하면 불만족한다는 것이다.

제 13 장

Food Service Management

외식산업의 디자인 설계

학습목표

1. 영업장 디자인 프로세스에 대해 이해할 수 있다.
2. 영업장 동선에 대해 이해할 수 있다.
3. 외식업체의 설계에 대해 이해할 수 있다.
4. 차별화된 레스토랑 콘셉트에 대해 살펴본다.

Food Service **Management**

Chapter 13

외식산업의 디자인 설계

Food Service Management

1 영업장 디자인

외식기업의 영업장 디자인은 고객유인을 위한 기능과 기업의 경영이념 · 영업관리 정책 · 주고객층 · 상품구성 등과 밀접한 관련이 있다. 따라서 충분한 사전설계와 연구 및 검토가 필요하다. 영업장 디자인 설계에 필요한 요소로는 메뉴, 디스플레이 디자인, 외관, 환경, 인테리어, 가구 등이 있다. 또한 바닥 · 벽 · 천장 등의 각 부분의 소재와 컬러(Color) 이미지 및 조명 · 음향 등도 디자인 설계 자체가 마케팅 전략차원에서 전개되어야 한다.

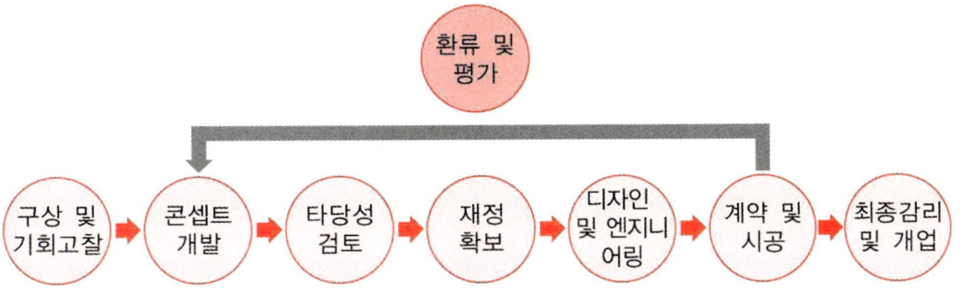

[그림 13-1] 영업장 디자인의 프로세스

1) 구상 및 기회 고찰

아이디어 생성이란 각 분야에서 포괄적으로 쓰이고 있다. 아이디어(Idea)의 사전적 의미는 관념, 상징, 이상, 이념을 뜻하는 말로 사고라는 넓은 의미로 사용하기도 하고, 사고활동의 일부인 창의나 착상, 고안, 발상 등으로 쓰이기도 한다.

영업장을 개점하고자 하는 사람들은 수년간 구상한 아이디어 혹은 미래에 대한 직관으로 설계도를 그린다. 그러나 자신의 생각이 창의적이든, 오랜 기간 계획했든지 간에 그것을 실현시킬 수 있는 기회가 현실적으로 나타나기 전까지는 허상일 뿐이다. 이러한 실현가능성을 확인하기 위해서는 기능적, 심미적, 독창적, 경제적인 면에서 살펴보고, 자신이 계획하는 실질적 요구사항에 대한 의문점에 대하여 시간 · 노력 · 자금을 투사하여 여러 사람들의 의견을 수렴해야 한다.

2) 시장 분석

시장에 대한 분석은 레스토랑 디자인에 본격적으로 들어가기 전에 수행해야 하는 가장 중요한 절차이다. 화려한 실내 장식과 훌륭한 서비스, 그리고 맛있는 요리가 있어도 시장의 요구를 만족시키지 못하면 결국 실패한다. 시장분석이 제대로 이루어지기 위해서는 다음 요소들을 잘 살펴보아야 한다.

가. 경쟁자

경쟁자는 크게 제1경쟁자와 제2경쟁자로 나누어볼 수 있다. 제1경쟁자는 지리적으로 가까운 위치에 있는 비슷한 업종과 업태의 레스토랑이고, 제2경쟁자는 근처에 위치한 다른 모든 업종과 업태의 외식 비즈니스를 포함하는 잠재적 경쟁자이다. 경쟁자 분석을 통해 차별화할 수 있는 방안을 강구해야 한다.

나. 잠재고객

잠재고객에 대한 분석은 인구통계학적 접근과 심리적 접근으로 분류할 수 있다. 먼저 인구통계학적 접근은 상대적으로 쉽게 얻을 수 있는 정보로서 평균 수입, 나이 분포, 교육수준 등이며 이는 잠재고객에 대한 이미지를 그려보는 데 도움이 된다. 심리적 접근은 잠재고객의 개인적 특징에 따라 소비패턴을 분석하는 것이다. 경제적 상황, 동기, 태도, 라이프 스타일 등을 통해 소비행동을 파악하는 것이다.

다. 문화적 기대

문화는 개인의 행동과 욕구를 지배하는 가장 기본적인 결정요소라고 볼 수 있다. 글로벌 외식기업의 필수적인 절차는 목표시장의 문화를 파악하고 그에 적절하게 대응하는 메뉴를 개발하는 것이다. 세계적으로 다른 인종과 종교, 문화에 따라 상대성이 존재하므로 이를 인정하고, 현지문화에 적응하는 기업만이 살아남을 수 있다.

라. 입지

외식 비즈니스 성공에 있어서 중요한 열쇠는 입지이다. 목표고객에게 근접할 수 있는 장소개념으로서 입지는 잠재고객에 대한 인구통계학적, 심리적 정보도 제공한다. 특정 입지에 주로 나타나는 고객층이 다르기 때문이다. 따라서 입지에 따라 잠재고객을 분석하고 경쟁자를 파악하여 고객이 원하는 콘셉트, 차별화된 콘셉트를 개발하는 것이 가능하다.

마. 경제상황

시장분석 시 지역, 국가 및 세계의 경제상황을 고려해야 한다. 외식산업은 경제 상황에 민감하다. 경제상황이 좋지 않으면 우선 외식비부터 줄이는 경향이 있고, 외식활동을 하더라도 최상의 소비가치를 얻을 수 있는 레스토랑을 선택하려 한다. 그러므로 경제상황에 따라 고객의 행동이 변하면 그에 맞게 레스토랑 디자인의 변화가 뒤따라야 한다.

3) 콘셉트 개발

콘셉트(Concept)의 사전적 의미는 '개념'이라고 정의할 수 있다. 콘셉트는 상대적인 개념이다. 다른 레스토랑의 본질을 정확히 보여줄 수 있으면서 색다른 레스토랑은 콘셉트에 강하다고 할 수 있다. 여기서 중요한 것은 비교대상이 되는 콘셉트와는 달라야 하고, 그보다 더 나아야 한다는 것이다. 시장과의 비교를 통해 차별화를 위한 끊임없는 노력을 강구해야 한다는 뜻이다. 레스토랑 콘셉트의 목적은 고객에게 만족감을 주고 기업에게는 이익을 가져다주는 데 초점이 맞추어져 있다. 이러한 만족감과 이익을 동시에 가져올 수 있는 아이디어의 조합을 레스토랑 콘셉트라고 한다.

콘셉트는 기업의 이미지를 반영한 식음에 대한 욕구만족으로서 미각을 돋우기 위한 공간으로 편안하고 안락한 분위기 연출, 고객에게 효과적인 서비스를 제공하기 위한 기능적이고 합리적인 설계, 경영방침에 부합하는 기획 및 디자인의 전개, 위생적인 측면의 고려와 함께 메뉴의 종류와 어울리는 코디네이션으로 시각적 통일성이 연출되어야 한다. 효과적인 업무수행을 위해 결정해야 하는 몇 가지 사항들은 다음과 같다.

[표 13-1] **콘셉트 업무수행사항**

식음공간의 실내계획	• 공간요소: 객석 공간, 주방 및 작업 공간, 서비스 및 기타 공간 • 공간의 조닝 및 동선계획 • 가구 및 배치계획 • 한식당, 중식당, 양식당, 뷔페, 일식당, 패스트푸드, 카페테리아, 커피숍, 카페와 바, 나이트클럽
서비스방식	• 서비스방식에 따라 전혀 다른 동선계획이 필요하기 때문에 서비스 방식을 먼저 결정하는 것이 바람직함
메뉴의 분류	• 판매예상가격과 메뉴의 종류에 따른 주방설비를 고려
표적시장	• 레스토랑의 주고객을 누구로 할 것인지를 경영자와 상의해서 업장이 디자인되어야 함
업장의 규모	• 좌석 수, 대략적인 면적, 예산
디자인 설계 시 고려요소	• 디자인 설계 시 전망, 접근성, 법적·문화적 제약 등을 고려

벤치마킹	• 기존의 유사업종에 대한 정보들을 업장 디자이너와 함께 방문하여 경험을 통해 상의함으로써 디자이너들은 확실한 시작점을 인식할 수 있고 디자인 단계의 속도를 높일 수 있음

4) 타당성 검토

콘셉트가 결정된 후에는 콘셉트에 대한 경제적 타당성이 검토되어야 한다. 이 단계는 전문적인 타당성 검증이 필요하기도 하지만 경험법칙에 의한 접근이 일반적이다.

경험법칙은 업장의 한 좌석당 필요면적, 한 좌석을 서빙하는 데 필요한 주방면적, 평방미터(㎡)당 필요로 하는 공사비용 등의 요소들로 파악할 수 있다.

5) 재정 확보

재정은 콘셉트에 대한 타당성 검토가 이루어진 뒤 비용과 자원에 대해 디자이너의 투입이 이루어지고, 확보되어야 한다. 계약금과 건축 디자인 및 건물인가 등에 쓰일 비용 등의 현금을 확보하고 있어야 한다. 많은 외식업자들은 현금 대신 계약서나 서약서만으로 지나친 긍정적 확신을 하다가 이후 실제 비용을 지불해야 할 때 어려움을 겪는 경우도 있다. 이와 같이 사업자금의 조달방법은 개인, 기업, 금융기관, 정부기금 등 자금 조달원에 따라 매우 다양하다.

[표 13-2] **자금 조달원**

사업자금	자금 조달원
개인	친척, 친구, 과거 고용주, 미래 납품업자·고객, 도용예정자, 투자가
기업	원자재 납품회사, 상품의 판매회사
금융기관	IBK기업은행, 국민은행, 외환은행, KDB산업은행, 한국수출입은행 등
창업투자회사	창업투자회사, 창업투자조합
중소벤처기업진흥공단	중소벤처기업진흥공단
신기술사업금융회사	신기술사업금융회사
신용보증기관	신용보증기금, 기술보증기금, 지역신용보증재단

사업자금	자금 조달원
리스회사	리스회사
투자기관	투자금융회사, 종합금융회사, 투자신탁회사, 증권금융회사
보험회사	생명보험회사, 손해보험회사
저축기관	신용금고, 체신예금, 신용협동조합, 상호금융, 새마을금고 등
증권회사	증권회사
정부기금	중소벤처기업진흥공단, 중소기업구조조정기금, 중소기업창업지원기금 등
공모전	각종 창업공모전 수상

6) 디자인 및 엔지니어링

재정 확보가 확실해지면, 전체 공정의 난관은 극복되었다고 가정하고 과정 내내 참여하는 디자이너들은 이 시점에서 모든 프로젝트를 이해하는 데 필요한 배경적 지식을 갖게 되며, 프로젝트에서의 아이디어를 구체화시키는 시점이다.

외식업을 계획하기 위한 디자이너들의 능력은 프로젝트에 참여하는 모든 이해관계자들 간의 의사소통을 효과적으로 조절하는 것이다.

7) 계약 및 시공

계약 및 시공단계에서는 원래 계획한 콘셉트가 외형을 잡기 시작한다. 업장모형이 올라가게 되면 공사과정에서는 모형이 디자인대로 정확히 시공되는지를 확인하기 위해 지속적인 감독이 필요하다.

8) 최종감리 및 개업

업장 오픈이 가까워질수록 업장경영자들은 많은 일들을 처리해야 하는데(직원채용 · 장비 · 영업허가 · 마케팅 등) 이 단계에서 업장모형이 완공되는 시점까지 디자이너들이 매우 큰 도움이 될 것이다.

업장모형공사가 끝난 후 디자이너들은 실제 영업장이 디자인한 대로 잘 되었는지를 확인하기 위해 모든 아이템들에 대한 체크리스트를 작성하는데 시정할 부분들에 대해서는 시공자들에게 재공사를 요청할 수 있다.

9) 환류 및 평가

일반적으로 사용되는 평가(Evaluation)는 가치의 유무를 따진다는 의미의 라틴어 Exvalere(밖으로, 가치)에서 유래한 것으로 사람이나 사물 또는 그 속성에 대한 가치를 판단하고 평정하는 것이다. 즉 평가란 어떤 것의 장점, 유용성, 가치 등을 결정하는 과정으로 볼 수 있다.

② 영업장 동선계획

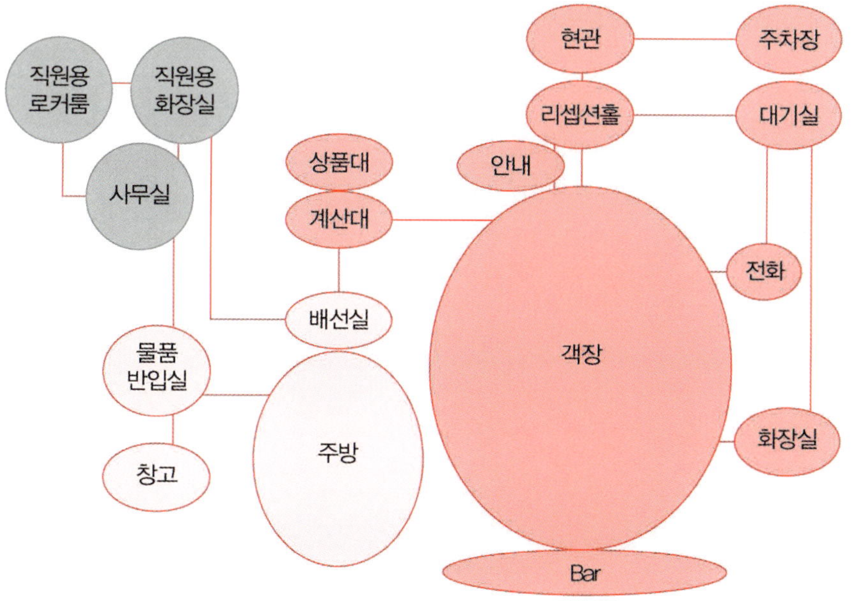

출처: 김양한(2003); 최병호, 이현재(2015)

[그림 13-2] 패밀리 레스토랑의 기능 조직도

패밀리 레스토랑의 실내공간은 크게 객석공간, 주방공간, 관리공간의 세 가지 기능을 가진 공간과 복도, 계단 등의 공용공간으로 분류할 수 있다. 이 공간들이 갖는 기능에 따라 여러 공간이 필요하다.

1) 영업기능 공간

영업기능 공간은 고객이 머무는 곳으로 수익을 가져오는 부분이다. 이는 크게 세 부분으로 나눌 수 있다. 영업장 동선은 고객과 주방관계의 동선이 혼란되지 않도록 계획한다. 특히 주방기구(식기, 식품)를 보관하는 배선실(Pantry)로의 물품반입, 쓰레기 반출, 고객의 출입구는 명확하게 구분되어야 한다. 또한 배선실과 식당 간 직원의 동선은 고객의 동선과 관계없이 바닥의 고저차가 없게 하고, 요리의 출구, 식품의 회수를 별도로 하여 직원의 동선 흐름을 단순화시킨다. 화장실과 세면실은 영업장에서 직접 들어가지 않고, 로비나 라운지 등에서 연결되도록 한다. 최근에는 로비, 라운지, 카페테리아, 식당 등을 별도로 계획하지 않고 개방적인 형식으로 유리 스크린(Glass Screen)이나 칸막이(Partition) 및 화분 등으로 구획하는 경향이 있다.

[표 13-3] **영업기능 공간**

구분	내용
도입부분	• 외부에서 객석으로 진입하는 부분으로써 공적으로 개방 • 이중문(방풍실), 리셉션, 대기실
서비스부분	• 손님이 사용하기 위한 카운터, 화장실, 전화대 등 • 상품대, 어린이 놀이공간
객석부분	• Bar 카운터와 고객의 식사 공간 및 접객 직원의 유동공간
가구의 형태와 특성	• 업종에 따라 가구의 크기, 형태, 안락성, 종류 • 좌석 회전율을 높이는 것이 일반적임 • 재질 면에서 내구성이 높고 유지관리가 용이

(1) 배치와 소요치수

홀 규모는 어떠한 메뉴를 고객에게 제공하느냐에 따라 달라진다. 메뉴의 종류가 다양하고 고급 서비스를 제공할수록 식당 내의 홀 크기는 여유 있게 계획해야 한다. 식당의 객석을 구성하는 중요한 요소는 식사하는 자세, 식탁의 형상, 식탁의 배열형식, 상차림 등의 서비스 형태 등에 의해 결정된다고 볼 수 있다. 이와 연관 지어 식당 각 타입별로 평균 수치를 살펴보면, 식당 총면적이 200㎡(60평)이고, 테이블 서비스식당을 계획한다면 좌석 수는 평균 67석(200㎡÷3.0)부터 90석(200㎡÷2.2)까지 확보할 수 있다.

[표 13-4] 객석의 구성별 밀도

객석의 구성	각 열 정사각형 테이블			각 열 직사각형 테이블	
좌석패턴	평행 2석	평행 4석	대각 4석	평행 4석	평행 6석
	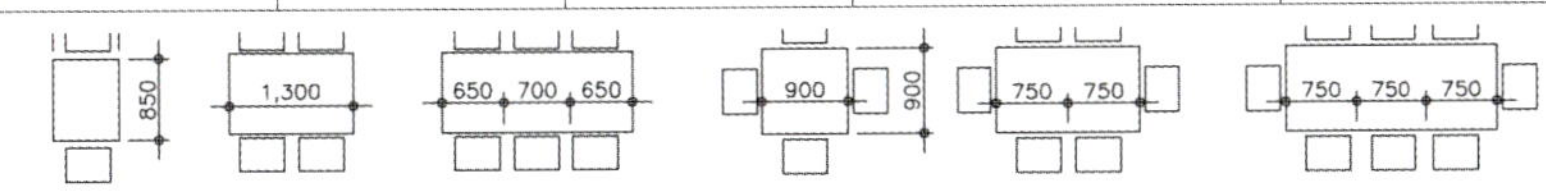				
밀도(㎡/인)	1.7~2.0	1.3~1.7	1.0~1.2	1.3~1.5	1.0~1.3

출처: 최병호, 이현재(2015)

좌석패턴			밀도(㎡/인)
원형식탁	원주 4석	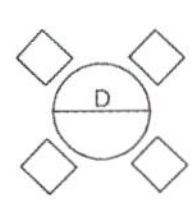	0.9~1.4
박스형	대면 4석	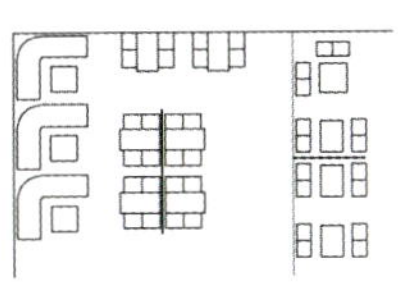	0.7~1.0

출처: 최병호, 이현재(2015)

[표 13-5] 바닥면적과 주방면적의 비율

종류		인/㎡	주방면적/전체면적(평균)
음식	일반식당	0.510명	30.26%
	중식당	0.551명	21.50%
	일식당	0.435명	25.60%
	레스토랑	0.550명	24.74%
유흥음식점		0.440명	10.80%
주류		0.666명	28.70%
경양식	스낵	0.620명	21.80%
	우동	0.630명	28.80%
주류		0.666명	28.70%

2) 주방의 레이아웃

조리실의 작업은 크게 검수·저장, 예비요리, 가공·조리, 배식(그릇에 담기, 상차리기), 개수(세정, 소독), 수납·보관 등의 6가지 공정으로 분류할 수 있다. 그러나 이러한 공정은 음식의 종류와 식당의 규모에 따라 몇 가지 기능으로 복합하거나 부분적으로 구성하기도 한다. 또한 조리실의 공간면적은 식당의 면적, 직원의 수, 공간의 연면적, 객석 수 등과 상관관계를 가지며 적정규모로 계획한다.

(1) 공간배치

외식업체를 위한 특수한 설비의 결정과 공간의 필요조건을 마무리짓는 주방이 완성되면, 식당설비 설계자는 계획과정의 배치단계를 끝낼 마지막 준비가 된 것이다. 실제로 이것은 다양한 다른 계획단계들이 성취된 만큼 아마도 설계자의 마음속에서 결정될 것이다. 특정한 기능을 위한 일부 장비의 배치는 주방을 설계하는 동안에 최종 결정된다. 설계자는 투박한 밑그림을 시작으로 최후의 청사진의 형태를 갖추어 작업공간을 형식화할 것이다.

레이아웃의 목적은 경영을 공간적으로 표현하는 것이다. 경영의 사명을 달성하는 가장 용이하고 효과적인 시스템을 전제로 하여 이것을 공간적으로 표현하는 것이나, 구체적으로는 이 시스템 설계를 통하여 주방 내의 설비나 기기, 작업자나 장비 · 기물 등의 위치를 결정한다. 통로의 구획이나 각 직장의 구획 할당을 한다든지, 이것에 입각한 레스토랑의 콘셉트를 결정하고, 이것을 공간에 적용시키는 것이다.

① **물리적 요건을 충족시키는 배치일 것** : 소음 · 진동을 발하는 작업공간과 품질 · 설비 · 안전 · 작업상 그 영향을 받는 다른 작업공간과의 위치를 고려한다. 관리상 형편에서 서로 접근시킨 쪽이 좋은 경우에는 대책비용과 효과를 비교하여 물리적 조건에 기술적으로 접근한다.

② **탄력성이 있는 배치일 것** : 융통성이 높은 레이아웃은 음식량의 증감이나 메뉴의 변화, 공정이나 설비의 변화에 대하여 적응성이 높다. 탄력성을 가지려면 이설하기 쉽도록 설비를 배치한다.

③ **최단이용의 배치일 것** : 탄력성 등 다른 중요한 요소가 발생되지 않으면 극력흐름에 따라 각 공간을 배치해야 한다. 흐름이란 물건의 움직임은 물론, 운항기기나 사람의 움직임이나 겸임작업자의 움직임, 세면장이나 화장실로의 보행, 휴식시 사람의 흐름 등이다.

④ **관리 · 감독하기 편한 배치일 것** : 필요에 따라 관리부문과 작업장을 접근시켜 커뮤니케이션을 양호하게 한다. 전망이 좋은 배치나 통로를 잡는 방법에 따라 관리 · 감독하기가 쉬워진다. 더욱이 주방 전체에서 커뮤니케이션을 잘하도록 배치하면 그만큼 직원의 모럴은 높아진다. 운영방식이나 레이아웃의 형식도 관리 · 감독하기 쉽도록 목표된 것으로 해야 한다. 흐름작업이나 컨베이어 시스템은 이 효과가 크다.

⑤ **안전하게 작업할 수 있는 배치일 것** : 레이아웃상으로는 작업공간이 넓으나 통로를 잡는 법 또는 출입구나 비상구의 수나 크기, 더욱이 위험한 설비로의 접근상태 등을 안전하게 작업할 수 있도록 한다.

⑥ **인체공학적인 배치일 것** : 작업에 있어서 식재료의 위치나 높이, 작업자에 대한 설비의 위치, 높이나 구조, 설비의 보수, 장비의 조작이나 보전작업에 있어서의

작업성을 고려한 세부적인 레이아웃을 한다.

⑦ **설비비가 경제적인 배치일 것** : 기기별 배치나 흐름배치 등 레이아웃의 형식에 따라서는 일정한 생산량에도 불구하고 설비치수에 차이가 생기는 경우가 있다. 생산량이나 관리는 고객 수에 따른 설비와 레이아웃 형식으로 배치한다.

⑧ **기분 좋게 일할 수 있는 배치일 것** : 정돈된 배치, 친근감이 가는 건물, 기분 좋게 일할 수 있는 작업공간, 빈번히 사용되는 냉장고나 가스레인지의 위치, 작업능률에 직접 영향을 미치는 장비는 레이아웃의 단계에서 고려해 두어야 한다.

⑨ **단위면적당 생산량이 향상되는 배치일 것** : 적정공간의 유지, 유휴공간의 활용, Dead Space의 해소, 공정의 합병이나 생략, 종합효과에 따라 좁은 면적에서 보다 많은 생산이 가능하도록 한다.

(2) 흐름

수정개념에 따른 흐름의 기본적 개념은 계획자에게 시설배치에 대한 기본적인 가이드라인을 제시해 주며, 모든 주방의 시설에 대한 유형별 배치를 가능하게 해준다. 대부분의 주방시설은 단위주방 전체 식재료의 흐름에 기조를 둔다.

식재료는 준비단계 전에 검수되고 저장되기 때문에 건조 · 냉장 · 냉동 · 저장구역은 검수지역 가까이에 위치해야 하고, 준비단계지역과도 접근성이 용이해야 한다.

조리지역 또한 준비단계지역으로부터 식재료의 유입이 손쉬운 곳에 위치해야 하고, 서빙지역으로 직접 연결된 구조여야 한다. 직원의 동선은 식재료의 흐름과 교차되지 않도록 해야 하며, 기능적 지역에 의한 총체적 시설의 레이아웃이 설계의 시작이다.

배치의 기준에 의해 선택된 흐름의 유형에는 다음과 같은 원칙이 적용된다.

첫째, 흐름은 가능한 한 일직선이 되어야 한다.

둘째, 교차흐름이나 교차통행의 양이 최소화되어야 한다.

셋째, 후방이동(backtracking)은 가능한 적어야 한다.

넷째, 우회로는 최소화되어야 한다.

배치의 궁극적인 목표는 교차통행과 후방이동, 그리고 우회의 최소화로 일직선상의 동선을 기본으로 하여 주방설비의 장비와 공간들의 배열을 개발하기 위한 것이다.

(3) 배치

생산의 특성 또는 다양한 형태에 따라 설비 배치방법과 종류가 각기 다르나 생산효율의 극대화와 제조공정상의 낭비를 최소화하기 위한 기본목적은 같다. 장비의 범위와 직무상의 작업장은 대체로 직선 형태이거나 직선 형태에서의 결합과 변형형태이다. 기본적인 형태는 다음과 같다.

가. 단일직선형 배치

가장 간단한 형태이지만, 배치되는 장비의 수와 작업장에 제한을 준다. 보통 벽을 따라 배치되며, 고립된 형태를 가진다.

나. L자형 배치

직선형태의 변형으로 많은 장비와 작업장을 수용한 형태이다. 직선공간에서는 제한될 수 있고, 중요한 여러 장비가 분리된 곳에 매우 적합하다. 한 장비는 L자형의 다리부분에 둘 수 있고, 또 다른 장비들은 두 번째 다리에 배치한다.

다. U자형 배치

좁은 작업장이나 1~2명의 조리사가 작업하는 장소에 이상적이다. 이러한 형태의 단점은 작업장을 통한 일직선상의 흐름이 불가능하다는 것이다.

라. 제품별 배치

제품별 배치(layout by product)형태는 단체급식이나 연회주방, 또는 기내식 주방의 케이터링센터처럼 조립라인과 연속생산(대량생산) 업장에서 흔히 볼 수 있는 배치형태로서 라인식 배치(line layout)라고도 한다. 많은 양의 단일 또는 2~4종류의 유사 메뉴상품을 생산할 때 동일한 메뉴를 대량생산할 경우에 적합하다. 이 배치는 주방시설의 장비들을 특정 메뉴상품의 공정순서에 따라 배열하고, 작업장 간의 식재료 및 상품의 이동은 보통 컨베이어와 같은 운반장치를 이용하는 경우가 많으며, 조리의 표준화와 양목표가 정확해야 한다.

마. 배치

수정개념에 따른 흐름의 기본적 개념은 계획자에게 시설배치에 대한 기본적인 가이드라인을 제시해 주며, 모든 작업장에 대한 주방시설의 유형별 배치를 가능하게 해준다. 일반적으로 대부분의 시설이 있는 몇몇 공유 작업장의 배치는 정해져 있다. 시설의 전체적인 디자인은 보통 주요 식자재의 흐름에 기초를 둔다. 대부분의 식자재는 준비단계 전에 검수되고 저장되기 때문에 건조·냉동 저장지역은 검수지역 부근에 위치해야 하고, 여러 준비단계지역과도 접근성이 용이해야 한다.

주된 조리지역 또한 준비단계지역으로부터의 식자재 유입이 손쉬운 곳에 위치해야 하고, 서빙지역으로 직접 연결되는 구조를 가져야 한다. 비식자재의 흐름은 다른 지역들의 위치를 평가한다. 서빙지역에서 식사공간으로, 그리고 다시 서빙지역으로의 반복되는 루트 안에서 식기류의 흐름은 양쪽 공간에 근접한 식기류 세척공간을 필요로 한다. 비슷한 예로 조리기구의 흐름도 주된 Cooking, Baking, Serving 지역 근처의 Pot, Pan Washing 지역에 위치되어야 한다.

직원들의 동선을 포함한 지역은 자재의 흐름과 교차됨이 없도록 설계되어야 한다. 그러므로 기능적 지역에 의한 총체적 시설의 레이아웃(layout)이 설계의 시작이다.

① **저장고의 배치** : 저장지역의 설계는 편의성과 접근성에 기초한다. 무겁고 부피가 큰 재료를 가능한 한 적게 그리고 쉽게 이동할 수 있도록 하는 설계가 선호된다. 여러 개의 보조공간을 가진 중앙의 저장시설은 여러 종류의 시설을 위한 좋은 설계이다. 준비·진행 그리고 다른 기능적 지역 내에서의 저장지역은 잘 계획되어 효과적인 운영에 방해되지 않도록 한다. Walk-in과 Reach-in 저장실의 통합적 사용은 이러한 지역에 대한 편의성을 증대시킨다. 청결성을 유지하기 위해 바닥에서 적어도 8인치(203mm) 위에 자재를 저장하는 것이 Walk-in 저장

실에서 최적의 설계이다.

Mobile Bins이나 컨테이너의 사용은 저장실의 청소 시 쉽게 움직이게 할 수 있는 대안이다. 비식자재의 저장실은 여러 기능적 공간에 위치시켜야 한다. 식기 · 컵 등 식기류에 대한 저장공간은 서빙이나 식당지역 안에 제공되어야 한다. 서비스에 사용되는 리넨이나 페이퍼류 또한 서빙 · 식당지역 안이나 그 가까이에 위치해야 한다.

② **메인주방의 배치** : 메인주방의 설치(layout of main cooking area)를 어떻게 하는가는 음식물을 빠르고 효율적으로 생산하는 데 있어서 매우 중요한 사항이다. 이 구역에 있어서 영향을 미치는 흐름의 유형은 저장고와 준비구역으로부터 들어오는 음식물과 주전자 · 용기세척장으로부터 유입되는 기구들을 포함한다. 서빙되기 전의 샐러드 준비대와 샌드위치 준비구역으로 음식물이 유출되는 것이 보통이다. 조리설비는 가장 자주 사용되는 기구가 손으로 집어서 쓰기에 가장 좋은 곳에 놓일 수 있도록 배치해야 한다.

주요 요리지역의 디자인과 관련된 다른 요인들은 다음과 같다.

첫째, 모든 열기구와 습기방출기구, 예를 들면 튀김기 · 브로일러 · 그릴 · 레인지 · 스티머와 같은 것들은 환풍기 밑에 놓이며, 각각의 환기 시스템을 갖추고 있다.

둘째, 어떤 형태의 기구는 통풍이나 냉방을 위한 공기를 필요로 한다. 통풍구와 그릴의 구멍들을 다른 장비로 막으면 안 된다.

셋째, 규정상 연료 연소기구는 통풍구가 밖으로 직접 연결되도록 해놓았다.

넷째, 주요 건물 통풍구 또는 에어컨 삽입구의 위치는 조리기구를 차갑게 하지 않고 통풍설비 시스템에 지장을 주지 않도록 공기를 적절히 냉방시키는 것이 중요하다.

다섯째, 연회장으로 서브하려면 뜨거운 음식을 전달하는 방법과 그것을 내려놓을 적절한 공간이 필요하다.

③ 준비주방의 배치 : 준비주방의 배치(layout of preparation)는 대부분의 기능이 논리적인 순서에 따라 실행되기 때문에 장비의 배치가 똑같은 순서로 배치되는데, 예를 들면 다음과 같다.

첫째, 채소 준비대 : 다듬기 → 씻기 → 자르고 다듬기

둘째, 작업대의 배치 : 일자형 배치이고, 저장고로부터 채소가 유입되므로 조리대가 저장고와 가까워야 한다. 자르고 다듬는 기구는 메인주방과 샐러드 준비대 근처에 놓여야 한다.

셋째, 채소준비대의 배치 : 재료를 일시적으로 보관하고 쓰레기를 제거할 때 쓰는 작은 기구를 보관한다. 좀 더 큰 장비는 더 많은 공간을 필요로 하고, 채소 Peeler와 같은 장비를 배치하는 데 오래 걸린다.

넷째, 샐러드 조리구역 : 비슷한 방식으로 계획한다. 식재료의 흐름은 조리업무를 시작하면서 필요한 순서대로 나열되어 서빙될 때까지 다양한 작업장과 설비를 통해서 행해진다. 똑같거나 비슷한 샐러드를 준비할 때는 Mass Assembly(대량생산)의 개념을 참고해서 디자인한다.

④ 서빙지역의 배치 : 서비스의 방법과 스피드에 기초하며, 제공하는 데 쓰이는 기구는 사용순서에 따라 배열되어야 하고, 서빙직원이 쉽게 접근할 수 있도록 배치되어야 한다.

㉠ 뜨거운 음식을 Pick-up하는 구역 : 주요리 구역에 가까이 배치하고, 뜨거운 음식의 온도를 유지하는 준비가 필요하다.

㉡ 식품저장실과 서빙부서의 배치 : 혼잡을 피하기 위해 식사하는 구역 가까이에 위치해야 한다.

㉢ 테이블의 셋업에 사용되는 용품의 배치 : 접시 · 물 · 버터 등은 식당의 눈에 띄지 않는 지역에 위치하는 것이 가장 좋다.

바. 카운터 서비스

① 전형적인 카운터 서비스의 운영에 있어서 조리와 서빙기구의 대부분은 Back-bar

에 위치시킨다.

② 일반적인 배치 : 스트레이트 라인 또는 U형식 카운터를 가진 일자형 Back-bar를 설치한다.

③ 메뉴 수가 많을 경우 : 준비기구와 요리시설이 추가되어야 하므로 Back-bar의 한 부분으로서 픽업 카운터를 설치한다. 이러한 배치가 카운터 서비스나 테이블 서비스 모두의 운영에 좋다. 픽업 구역은 테이블 서버들이 쉽게 접근할 수 있도록 위치해야 한다.

사. 카페테리아 서비스

① 카운터 배치

㉠ 고객이나 사용자들의 자유로운 흐름에 가능한 적절하게 대응할 수 있도록 생산구역 가까이에 배치하는 것이 좋다.

㉡ 서빙구역과 예견되는 통행 패턴의 형태에 기초한다.

㉢ 카운터가 필요로 하는 길이에 따라 L자형, U자형, Hollow Square 또는 이러한 구성배치와 조화롭게 배치한다.

② 카운터 디자인

㉠ 전시용 음식이 나열되어야 한다.

㉡ 맨 앞줄에는 디저트와 샐러드를 놓는 것이 좋다.

㉢ 더운 음식은 차가워지는 시간을 최소화하는 의미에서 제일 끝부분에 두는 것이 좋다.

㉣ 계산구역은 영리를 관장하는 부분이므로 특별한 주의가 요구된다.

③ 카페테리아 서비스체계의 디자인

㉠ 양의 흐름에 기초하고, 서비스를 신속하게 하는 디자인이 배치설계에 응용된다. 예를 들면, 은식기류 · 냅킨 · 물 · 양념은 메인 카운터 지역에서 떨어진 스테이션에 위치시키고, 서빙지역과 식당 사이에 위치한 Island는 이러한 목적에 종종 이

용된다.

ⓛ Self-dispenser기는 고객회전율을 높인다.

ⓒ Cook-to-order Item은 시간지연이 발생되므로 고객이 그들의 차례를 오래 기다릴 수 있는 곳에 위치하게 하는 것이 좋다. 이것이 카운터의 개방식 사각배치이다.

③ 외식업체 설계

1) 외식업체 콘셉트의 명확화

고객의 입장에서는 외식업체에 구비된 상품, 가격, 서비스에 대해 한눈에 알 수 없으면 선뜻 그 외식업체에 방문하지 않는다. 따라서 상점의 외관은 그 특징이 한눈에 띌 정도로 인상적이어야 한다. 또한 상호도 판매하는 상품을 직접적으로 연결시킬 수 있는 것으로 정해야 한다. 과거에는 상호 자체가 좀 모호한 면이 많았으나 오늘날과 같이 외식업체가 산재되어 있는 상황, 특히 그 업종이 전문화되고 세분화된 상황에서는 고객이 상호만 보고도 그 외식업체가 어떤 업종인지, 주로 취급하는 상품이 무엇인지를 한번에 알 수 있어야 한다.

예를 들면 음식점에서 자신이 취급하는 상품을 포함시킨 상호들은 매우 인상적이며 고객에게 이 외식업체에서 무엇을 먹을 수 있는지를 쉽게 판단할 수 있게 한다. 상호의 선정에서부터 고객에게 쉽게 다가갈 수 있도록 무엇을 파는 외식업체인지를 명확히 해야 한다.

2) 간판은 외식업체의 얼굴

간판은 외식업체의 얼굴이라 볼 수 있다. 외식업체의 얼굴이 벗겨지거나 낡아서 더러워진 간판은 외식업체의 외관은 물론 이미지를 해치게 된다. 외식업체를 한 번도 이용하지 않은 고객에게 간판은 외식업체로 유인하는 중요한 판단요소가 된다. 따라서 간판을 시공할 때에는 글자체, 색, 형태에 고객의 눈길을 주목시켜 고객이 한 번 방문하고 싶어 할 정도로 시공해야 하며 가급적 다른 부문에서 비용을 절약하고 간판만은 신경 써서 시공하는 것이 좋을 것이다. 이때의 간판형태는 간단, 명확, 눈에 잘 띄며, 쾌감을 주어야 더욱 효과적이다. 외식업체 입지의 형태에 따라 간판의 형태를 조정하는 것도 효과적인 방법이다. 예를 들면,

① 도로폭이 10m 이하일 경우 간판을 낮게 달아준다.
② 도로폭이 좁을 때는 돌출간판을 사용한다.
③ 도로폭이 넓을 경우에는 횡간판으로 강조한다.

그러나 간판을 시공할 경우에는 경영주 자신이 업계조사를 통하여 우수한 간판을 조사함으로써 간판 제조회사에 구체적인 방향을 제시하는 것이 좋을 것이다. 그렇지 않고 간판업자에게 일임하면 획일화된 보통의 간판이 제작되어서 다른 외식업체들과 차별화되기 어려워진다. 간판 제작에서부터 외식업체 경영주의 노력과 사업의 의지가 들어가야 한다는 것이다. 또한 간판의 사이즈 및 색상은 관할 구청에서 정해 놓은 일정기준이 있는데 이러한 점을 사전에 파악하여 다 만들어 놓은 간판을 달지 못하는 불상사를 피해야 하며, 제작업체와 면밀히 상담하여 결정해야 할 것이다. 기본적인 기준은 3층까지의 건물은 가로길이 3.5m 이상의 대형간판을 설치할 때에는 관할 동사무소에 신고해야 한다. 만일 3.5m 이상의 간판을 4층 이상의 높이에 설치하려면 구청의 허가를 받아야 한다. 색에 있어서 붉은색은 가급적 제한하고 있음을 고려해야 한다.

3) 우수한 레이아웃

장사가 잘 되는 외식업체를 방문해 보면 매장의 레이아웃이 잘 되어 있는 것을 발견할 수 있다. 매장 레이아웃이 잘 되어 있다는 것은 고객이 외식업체에 들어섰을 때 외식업체 내부의 구조를 알기 쉽게 구성했다는 것이다. 이러한 우수한 레이아웃은 고

객의 회유성을 높게 하며, 이에 따라 구입량이 증가되어 매출과 이익을 증대시키기 마련이다. 그렇다면 효율적인 레이아웃이란 무엇인가? 이것은 각 진열부문과의 구획과 통로가 유기적으로 연결된 레이아웃이다. 외식업체의 적정한 레이아웃은 상품구성의 편성과 그 배열방법이 중요한 포인트이다. 따라서 알맞은 상품을 명확한 목적으로 진열해야 하는 것이다.

외식업체의 레이아웃 구성에 있어서의 포인트는 외식업체 전체가 전반적으로 잘 보이게 하는 것이다. 이때 체크해야 할 포인트는 다음과 같다.

① 고객의 동선을 고려하여 부분영역을 계획한다.
② 주력상품군은 주통로의 가장 좋은 위치에 가장 넓은 면적으로 배치한다.
③ 주력상품 이외의 준주력상품이나 관련 상품도 고객의 시선을 끌 수 있도록 만들어야 한다.
④ 주통로와 연결통로가 유기적으로 연결되어야 한다.

4) 제1주통로는 고객유인의 지름길

제1주통로는 고객이 방문할 때 외식업체에서 제일 먼저 마주치는 통로이다. 이 주통로는 고객이 처음 외식업체로 들어와서 이용하는 통로이기 때문에 매출을 증가시킬 수 있는 많은 포인트를 갖고 있다. 따라서 주통로는 다음과 같은 특징이 있어야 한다.

① 주통로는 외식업체의 개성을 나타내야 하기 때문에 주력상품 위주로 진열되어야 한다.
② 고객 환영의 의미에서 주통로는 보조통로보다 폭이 넓어야 한다. 반면에 보조통로는 고객을 유인할 수 있도록 주통로보다는 좁아야 효과가 있다.
③ 주통로는 외식업체 각자의 독창적인 연출을 통하여 상품을 진열함으로써 고객의 시선을 끌어야 한다.
④ 주통로의 표준 사이즈는 120~150cm이며 보조통로는 90~120cm이다.

⑤ 주통로는 외식업체의 형태에 따라 다르겠지만 2곳 이상을 만드는 것이 매출증대에 효과적이다.

④ 차별화된 레스토랑 콘셉트

경제성장으로 인한 변화에 따라, 외식이 빈번해지고 있다. 이에 따라 레스토랑이 늘어나면서 외식시장의 경쟁은 갈수록 치열해지고 있다. 이런 상황에서 살아남기 위해서는 경쟁우위를 갖추어야 한다. 레스토랑이 경쟁우위를 확보하기 위해서는 특유의 분위기, 메뉴, 위치, 마케팅, 이미지, 경영 등에서 차별화된 노하우가 필요하다. 기념일이나 축하할 일이 생겼을 때 사람들은 특별한 장소에서 특별한 식사를 하고 싶어 한다. 특히 프러포즈 등 특별한 일이 있는 경우에는 레스토랑과 사전에 합의해서 특별한 이벤트를 준비하기도 한다. 보다 특별하고 차별화된 식사를 원하는 소비자들을 위해 저마다 창의적인 아이디어로 이목을 끄는 독특한 콘셉트의 레스토랑들이 점점 늘어나고 있다. 몇 가지 특별한 사례를 제시하면 다음과 같다.

1) 동굴 레스토랑

동굴의 지형을 살린 동굴 레스토랑은 특색 있는 장소라고 할 수 있다. 한국에도 레스토랑과 카페가 있다. 여름에는 주변보다 온도가 시원하고, 겨울에는 온도가 더 따뜻한 곳으로 이색적인 만남을 원하는 사람들이 한 번은 방문해 볼 수 있는 특색 있는 장소라고 할 수 있다.

출처: http://cappadociarestaurants.com/tr/evranos/index.html

2) 바다 밑 레스토랑

해저 레스토랑은 물고기떼가 오가는 환상적인 바다 아래 세상을 만끽하며 해산물 요리를 즐길 수 있는 곳이다. 바닷속 풍경을 감상하며 식사하면서 특별한 추억을 만들 수 있는 곳으로 볼 수 있다.

출처: https://news.naver.com/main/read.nhn?oid=353&aid=0000032607

3) 하늘에서 즐기는 식사

하늘 위의 식사라는 말을 들으면 비행기 기내식을 떠올리기 쉽지만, 실제로는 그렇지 않다. 답답한 비행기 내부가 아니라 날아다니는 새들 옆에서 하늘의 공기를 직접 느끼며 역사적 관광명소 위에서 즐기는 식사는 색다른 느낌을 선사할 것이다. 하늘에서 즐기는 식사는 크레인을 이용해 지상에서 레스토랑을 통째로 들어올린 후 하늘 위에서 식사할 수 있도록 만든 것이다. 식사하는 내내 볼 만한 구경거리가 많을 것이다.

출처: https://www.dinnerinthesky.com/products

4) 기린과 함께하는 식사

아침에 기린이 문안인사를 한다면 믿겠는가? 놀랍게도 실제로 그런 곳이 존재한다. 케냐 나이로비에 위치한 '기린 호텔'에서 제공하는 서비스이다. 이 호텔은 멸종 위기에 놓인 야생동물 보호구역 안에 있어 앞마당에서 기린이 자유롭게 돌아다니는 모습을 볼 수 있다. 모든 룸과 레스토랑에는 기린 얼굴이 들어올 수 있도록 창문이 제작되어 있으며, 매일 아침 9시가 되면 레스토랑에서 아침밥을 기다리는 기린을 만날 수 있다.

출처: https://www.thesafaricollection.com/

5) 기타 레스토랑

어둠 속에서 온몸으로 맛을 느끼고, 특별한 맛을 즐기고 싶다면, 블라인드 레스토랑이다. 이색적인 체험을 하고, 시각의 중요성에 대해 깨달음을 얻을 수 있는 레스토랑이라고 볼 수 있다. 레스토랑의 직원들은 야간 특수안경을 쓰고 서비스를 하지만, 고객은 아무것도 볼 수 없는 상황이다. 잠시나마 눈의 중요성을 확인할 수 있는 곳이다.

최근 기내식을 비행기 내에서 먹는 것이 아니라 이를 육지 위로 그대로 옮겨와서 일반고객에게 제공하는 경우도 생겨나고 있다. 팬데믹의 영향으로 여행이 제한되고, 비행기 편수가 줄어드는 상황에서 여행할 때의 기분을 유사하게 경험하도록 해주는 상품이다. 타이항공 측은 고객들이 비행기를 타는 기분을 느낄 수 있도록 실제 항공기 좌석을 그대로 가져와 설치했다. 식당 내부는 비즈니스석과 이코노미석 구역으로 분리되어 있으며 항공기 기내식을 만들던 주방장이 직접 요리한다. 특히 출입문에 항공기를 오르내릴 때 사용하는 계단도 설치해 고객들이 실제 비행기를 타는 느낌이 들도록 한 게 포인트다.

출처 : https://view.asiae.co.kr/article/2020090314051162552

참고문헌

강선호(2008). 브랜드 택시의 마케팅 전략 수립에 관한 연구. 인하대학교 경영대학원 석사학위논문.

국세청(https://www.nts.go.kr)

김동수(2003). 외식산업 창업에 따른 입지 결정요인에 관한 연구. 경기대학교 관광전문대학원 석사학위논문.

김동진, 김영갑, 남장현, 류기상, 배현주, 심순철, 윤혜원, 전민선, 전혜진, 한동철, 홍완수, 황조혜(2017). 외식경영론. 이프레스.

김상수(2007). 외식산업의 창업 입지 결정요인에 관한 실증적 연구. 대전한밭대학교 창업경영대학원 박사학위논문.

김양환(2003). 대형할인점내 레스토랑의 공간구성 및 활성화 방안에 관한 연구. 건국대학교 박사학위논문.

김영갑, 송병화, 홍종숙, 신재근, 윤경화(2012). 외식산업론. 현학사.

농림축산식품부(https://www.mafra.go.kr)

배현주, 백재은(2012). HACCP 이론 및 실무. 교문사.

법제처(https://www.moleg.go.kr)

식품안전정보포털(http://www.foodsafetykorea.go.kr)

식품의약품안전처(https://www.mfds.go.kr)

식품저널뉴스(2019). 2020 외식 키워드 '그린오션 · 나를 위한 소비 · 멀티 스트리밍 소비 · 편리미엄'. 11월 26일.

연합뉴스(2020). 양극화 심화하는 외식업계… 커피업종 매년 22% 성장 '독주'. 1월 20일자.

오피니언 뉴스(2019). [문화 트렌드] 햄버거 주문도 기계 앞으로? 중 · 장년층 디지털 소외감 극복하려면, 8월 17일.

유동규(2016). 프랜차이즈 배달음식 서비스품질이 고객감정반응 및 브랜드자산에 미치는 영향. 세종대학교 대학원 박사학위논문.

유재욱, 안수진(2017). 소자본 창업경영. 도서출판 청람.

이상규(2014). 식당부자들. 출판 이상.

이윤화, 김성화(2020). 대한민국을 이끄는 외식 트렌드 2020. 다이어리R.
정문원(2013). 이터테인먼트 개념을 적용한 식음공간계획에 관한 연구. 홍익대학교 건축도시 대학원 박사학위논문.
정연경(2010). 음식문화 전문분류표 개발 연구. 율촌재단 식품관련 기초연구과제.
조성호(2003). 체계적 배치(SLP)기법을 적용한 호텔주방 설비배치의 사례분석 - 조리 공정을 중심으로. 한국조리학회지. 9(2) : 98-114.
최기종(2019). 관광매너 서비스실무. 백산출판사.
최병호, 이현재(2015). 글로벌외식산업창업론. 백산출판사.
통계청(http://www.kostat.gto.kr)
파이낸셜 뉴스(2020). "프랜차이즈 가맹점도 노동자처럼 '단체협상권' 달라". 10월 6일.
한경수, 채인숙(2011). 외식경영학. 교문사.
한국식품안전관리인증원(https://www.haccp.or.kr)
Aaker, D.A.(1996). Building Strong Brands. The Free Press, p. 79.
Filiatrault P., Ritchie J.R.(1988). The impact of situational factors on the evaluation of hospitality services. Journal of Travel Research. 26 : 20-37.
Gilley, J.W., & Eggland S.A.(1989). Principles of Human Resource Development. Massachusetts : Addison-Wesley.
Gronroos(2007). Service Management and Marketing. 3rd ed. Southern Gate. Chichester : John Wiley & Sons, Ltd.
Miller, K.E., & Ginter, J.L.(1979). An investigation of situational variation in brand choice behavior and attitude. Journal of Marketing Research. 16(1) : 111-123.
Schurr, P.H., & Calder, B.J.(1986). Psychological effects of restaurant meetings on industrial buyers. Journal of Marketing. 50(1) : 87-97.
Zeithaml, V.A., and Bitner, M.J.(1996). Services Marketing. New York : McGraw-Hill.
http://cappadociarestaurants.com/tr/evranos/index.html
https://news.naver.com/main/read.nhn?oid=353&aid=0000032607
https://view.asiae.co.kr/article/2020090314051162552
https://www.dinnerinthesky.com/products
https://www.thesafaricollection.com/

저자약력

최병호

세종대학교 대학원 호텔관광경영학 박사
(특) 1급 호텔 20년 근무(신라, 롯데)
(현) 신한대학교 글로벌관광경영학과 학과장
신한대학교 대학원 호텔관광경영학과 주임교수
한국대학식음료교육교수협회 회장
글로벌식음료산업연구소 소장
(사)한국외식산업학회 부회장
(사)한국프랜차이즈경영학회 이사

[저서]
글로벌호텔경영론
호텔식음료실무론
음료서비스 실무 경영론
글로벌 외식산업 창업론
호텔 · 외식 연회컨벤션실무
커피 바리스타 경영의 이해
최신 와인 소믈리에 이해

외식경영의 이해

2020년 12월 23일 초판 1쇄 인쇄
2020년 12월 28일 초판 1쇄 발행

지은이 최병호
펴낸이 진욱상
펴낸곳 (주)백산출판사
교　정 성인숙
본문디자인 이문희
표지디자인 오정은

등　록 2017년 5월 29일 제406-2017-000058호
주　소 경기도 파주시 회동길 370(백산빌딩 3층)
전　화 02-914-1621(代)
팩　스 031-955-9911
이메일 edit@ibaeksan.kr
홈페이지 www.ibaeksan.kr

ISBN 979-11-6567-234-8 93320
값 25,000원